世界的征服者

成吉思汗 全传

金泽灿 著

远方出版社

图书在版编目（CIP）数据

成吉思汗全传 / 金泽灿著. -- 呼和浩特：远方出版社，2019.3

ISBN 978-7-5555-1256-1

Ⅰ. ①成… Ⅱ. ①金… Ⅲ. ①成吉思汗（1162-1227）- 传记 Ⅳ. ①K827=47

中国版本图书馆 CIP 数据核字（2019）第 044857 号

成吉思汗全传
CHENGJISIHAN QUANZHUAN

著　　者	金泽灿
责任编辑	董美鲜　奥丽雅
责任校对	心　妍
封面设计	刘红刚
版式设计	赵艳霞
出版发行	远方出版社
社　　址	呼和浩特市乌兰察布东路 666 号　邮编：010010
电　　话	（0471）2236473 总编室　2236460 发行部
经　　销	新华书店
印　　刷	北京市艺辉印刷有限公司
开　　本	170mm×240mm　1/16
字　　数	260 千
印　　张	18
版　　次	2019 年 3 月第 1 版
印　　次	2019 年 3 月第 1 次印刷
印　　数	1—3 000 册
标准书号	ISBN 978-7-5555-1256-1
定　　价	48.00 元

如发现印装质量问题，请与出版社联系调换

【序　言】

在蒙古草原，曾诞生过一位对中国历史乃至世界历史产生巨大影响的人物，他就是铁木真——蒙古帝国的开创者成吉思汗。

成吉思汗是中国乃至世界历史上伟大的军事家、政治家之一。他出身于蒙古贵族之家，由于父亲被仇敌毒杀，十几岁就担起了保护家人、统一蒙古的重任。面对部族的分裂、娇妻被掳受辱、势力分崩离析的不利局面，他以一代霸主的胸襟与气度，凭借一身武功、远见卓识、远大志向，以及杰出的政治谋略和正确的战略战术，结束了蒙古草原四分五裂的局面，创建了一个横跨欧亚大陆，从波罗的海到太平洋，从西伯利亚到波斯湾的大蒙古帝国。他创制蒙古文字，制定"札撒"（法律），极大地推动了蒙古社会的文明进程；他缔造的"蒙古和平"，对促进东西文化、经济交流做出了贡献，写下了历史上最为绚烂壮观的一页。

成吉思汗善于利用宗教力量。他借助这种神奇的力量，在政治和军事上取得了辉煌的成就。

成吉思汗"深沉有大略，用兵如有神"。他将松散的蒙古部落打造成一支号令统一、勇猛善战的铁军。他不仅善于发挥游牧民族固有的骑兵优势，而且能不断吸收新战法，化敌长为己长。在战场上，他通过骑兵的机动力、冲击力，造成变幻莫测的效果。每一次征战，或是分割包围，或是佯攻智取，或是联远攻近，无不绽放出智与勇的耀眼光芒。

作为一个杰出的军事家与政治家,八百多年来,人们对他的千秋功过争议不断。中外各国的政治家、军事家和名人学者,都从不同角度研究和探讨过这位伟大人物。

本书以丰富的史料为基础,试图通过复杂的矛盾和冲突,客观反映成吉思汗波澜壮阔的一生。书中真实而生动地叙述了成吉思汗经历的种种苦难和磨砺,以及统一蒙古、攻克金都、大规模西征等传奇经历,并从不同侧面描写成吉思汗生活中的一些细节,深刻剖析人物心理,反映了成吉思汗积极进取、自强自尊、勇猛顽强、恩仇必报、睥睨一切艰难险阻、压倒一切敌人的英雄主义气概。通过还原历史事实,再现特定时期、特殊背景下那段波澜壮阔的历史画面,为读者奉上一段传奇、一部史诗!

目　录
Contents

第一章　草原传说：苍狼与白鹿的后裔 …………… 1

　　一、命中注定的抢亲 ……………………………… 1

　　二、黄金家族的渊源 ……………………………… 6

　　三、草原狼王的诞生 ……………………………… 11

　　四、父母教诲获益多 ……………………………… 16

第二章　战火纷飞的时代 …………………………… 26

　　一、结姻亲突逢巨变 ……………………………… 26

　　二、黄金家族遭背弃 ……………………………… 32

　　三、兄弟阋墙酿悲剧 ……………………………… 39

　　四、闯敌营成阶下囚 ……………………………… 43

　　五、虎口脱险结情谊 ……………………………… 53

第三章 在仇杀与争战中崛起 60

　　一、娶得贤妻孛儿帖 60
　　二、四处求援壮实力 65
　　三、妻子被掳结仇怨 71
　　四、孛儿帖失而复得 74
　　五、结拜之交生嫌隙 83
　　六、独立发展称可汗 88

第四章 逐鹿草原终称霸 94

　　一、与札木合的大战 94
　　二、两军踏平塔塔儿 103
　　三、河畔宴会引争端 111
　　四、遭义父背弃 117
　　五、再战札木合 120
　　六、者勒蔑舍身救主 123
　　七、恩人合答安 128
　　八、与义父兵戎相见 131
　　九、与克烈部的苦战 137
　　十、最后的障碍——乃蛮 143

第五章 蒙古国横空出世 149

　　一、忽兰皇后 149
　　二、天赐"成吉思汗" 153

三、创制蒙古文 ……………………………… 158

　　四、神权与皇权的交锋 ……………………… 162

　　五、征服漠北黑林 …………………………… 165

　　六、招降畏兀儿 ……………………………… 169

第六章　伐金灭夏直指中原 ……………………… 175

　　一、三征西夏 ………………………………… 175

　　二、进军大金 ………………………………… 179

　　三、攻克中都大败金国 ……………………… 187

　　四、追击乃蛮余孽 …………………………… 194

　　五、"太师国王"木华黎 …………………… 199

第七章　蒙古的世界征战计划 …………………… 205

　　一、谋求通商 ………………………………… 205

　　二、攻克讹答剌城 …………………………… 211

　　三、剑指不花剌城 …………………………… 219

　　四、忽毡城围岛战 …………………………… 223

　　五、首都保卫战 ……………………………… 227

　　六、亡国之主摩诃末 ………………………… 231

　　七、玉龙杰赤持久战 ………………………… 234

　　八、横扫欧亚大陆 …………………………… 237

第八章　一代天骄的陨落 ………………………… 242

　　一、长春真人的长生之道 …………………… 242

二、结束远征凯旋 ································ 245

三、血屠斡罗思 ··································· 250

四、带病西征 ······································ 255

五、征西夏对战贺兰山 ························· 262

六、灭西夏转战金国 ···························· 268

七、葬身之地成谜 ······························· 273

第一章 草原传说：苍狼与白鹿的后裔

一、命中注定的抢亲

天似穹庐，原野茫茫。蔚蓝的天空中，一只苍劲的雄鹰伴随着它的主人缓缓滑翔。

这里是古老而神秘的蒙古大草原。斡难河畔，年轻的也速该把阿秃儿（把阿秃儿为蒙古语音译，汉译为巴特尔，即勇士）和他的哥哥蒙格秃乞颜、捏坤太石以及弟弟答里台斡惕赤斤四人正在高坡上以鹰猎为乐。也速该一身猎装，腰间有一长一短两把佩刀，当苍鹰飞回来的时候，他就用配刀将鹰嘴中的小猎物杀死，装进牛皮袋里。

在草原传统观念熏陶下长大的也速该，被认为是最能代表和领导蒙古部众的头领之一。这一年，他二十有三，正是年轻力壮的时候，兄弟们都陆续娶妻成家，只有他仍形单影只。当天鹰猎回来，他的大嫂过来问道："兄弟，你在族中也是个举足轻重的人物，怎么不想着娶一房妻室呢？"也速该听了嫂子的话，捂着胸口恭敬地笑道："大嫂说的是，我早有此意，但苦无合适的女子。"大嫂说："这有何难，包在我身上。"

然而，在草原上找媳妇并不是一件容易的事。蒙古部落普遍实行族外通婚制，不得与同宗同族人通婚，要到其他部落去物色，物色好了再找人牵线搭桥，下聘礼。由于一般人家与其他部落的人交往甚少，所以选择的范围相当有限。不过，除了传统办法外，还有一个办法可以娶到媳妇——抢婚。这也是传统，好比从战场上虏获"战利品"。鹰猎的时候往往就有这种机会。

巧的是，机会很快就来了。一天，也速该兄弟几人带着猎鹰在斡难河畔觅完食，正准备回去，突然看见一队人马护着一辆马车疾驰而来。这辆马车装饰得十分华丽，一个穿着盛装的汉子一马当先。也速该兄弟几个追过去一打听，原来是篾儿乞惕部的也客赤列都刚刚从斡勒忽讷兀惕部（属弘吉刺部）娶妻回来，路过此地。

捏坤太石眼力不凡，见到马车里的那位姑娘实属漠北大草原上少有的佳丽，于是对也速该说："兄弟，车上坐着的这个姑娘不但美丽动人，而且一定能生个好儿子。"

也速该早就听说弘吉刺部盛产美女，那里的女人个个貌美而聪慧。在也里古纳河畔，有位姑娘名叫诃额仑（又译诃额伦），是弘吉刺部落之一斡勒忽讷兀惕（额勒古纳）氏之女。此前，也速该刚刚继承叔父忽图刺汗的合木黑蒙古（众蒙古部落联盟）汗位不久，便慕名前往弘吉刺部向诃额仑的父母求婚。然而诃额仑早在十岁时，就已许配给篾儿乞惕部兀都亦惕氏酋长脱黑脱阿的弟弟也客赤列都，也速该只得怏怏而归。但是他一直耿耿于怀，伺机抢婚。眼下马车里的新娘想必就是弘吉刺部的诃额仑。想到这里，也速该提刀上前，拦下了马车，他的两位兄长也围了过去。

马车里的姑娘果然是诃额仑。她为人聪敏，已预感到来者不善，赶紧对丈夫说："你看见那几个人杀气腾腾的脸色了吗？如有不慎，恐会惹来杀身之祸，你还是自己先逃吧。"

也客赤列都一听顿时紧张起来，但是他认为自己人多势众，胜算较大，而且他也不愿意就这样丢下诃额仑。他说："我今日可能不能自保了，但我要保护你安然无恙，哪怕是拼上自己的性命。"他急中生智，跳到驾车的马背上，在马屁股上狠狠地连抽数鞭，马车立即飞奔起来。

也速该等人措手不及，忙打马直追。不一会儿，马车被也速该逼停下来。

诃额仑对也客赤列都说："你不是他们的对手！你且逃脱保住性命，又哪愁娶不着好女美妇……如果将来娶得妻室，可以用我诃额仑的名字给她起名，这样你就不会忘记我了。"她一边说着，一边脱下一件衣衫，"把这件衣服带走，想我的时候就闻闻它的气味……"说着，她将黄紫相间的外衫扔给新郎。也客赤列都急忙下马，接住她扔来的衣衫，骑上另一匹马，向斡难河的树林里逃去。他的十多个随从也东奔西逃，很快便跑得无影无踪了。

也速该的兄弟们直追也客赤列都而去，也速该自己则走到诃额仑车前，激动地对她说："草原的男子就是要用野性来征服女人的柔情。哪有美人喜恋如此怯懦软弱之辈的？"他掩饰不住对诃额仑美貌的垂涎，情不自禁地说出这番话来。但诃额仑是一个坚贞的女子，性格刚烈，她愤怒地喊道："我的丈夫是富贵之躯、圣洁之灵，他的手不曾沾染过污浊，他的嘴不曾少过野珍，他的命里不曾有过歹气，你们不配让我的丈夫受此奇耻大辱。你们是不得长生天保佑的野狼，是将来会被鹰叼食的下等人。"诃额仑对也客赤列都可谓情深义重，她一边咒骂也速该，一边哭泣道："我的情郎也客赤列都，连逆风都没吹拂过你的发辫，也不曾在荒原野外遭遇过饥饿，现在却被一群野狼打劫，让你受苦受惊了。不知你脱险了没有，现在你怎么样了呀？"诃额仑的哭诉使斡难河河水荡起怒涛，使森林随之呜咽。

也速该无言以对，正尴尬之时，他的兄弟们都回来了，没有追到也客赤列都。捏坤太石抓住车辕，用尽全身力气将马车掉转。他在前引路，答里台斡惕赤斤在车辕旁护着车，也速该亲自驾车，得意扬扬地带着诃额仑踏上了归途。

可怜的诃额仑得知也客赤列都成功逃脱，心上的石头总算落下了。答里台斡惕赤斤以挖苦的口吻劝说诃额仑，要她忍耐顺从。不久，诃额仑终于停止了咒骂，紧闭双眼静静地坐在马车里，什么也不看，什么也不想。当马车在也速该的蒙古包前停下来时，诃额仑自知无力逃脱，势必要成为这个莽汉的女人，只得顺应了这一变化，默默忍耐。她心里明白，抢婚、夺财、强占牧地是大漠草原上征战的主题，部落间即使和平相处，抢婚或劫婚仍时有发生。未婚男子经常背弓提刀跨马，在草原上四处转悠，见谁娶亲回来，预计自己能打得过新郎，便放马去抢，抢回来就是自己的媳妇。当然，新娘必须是别的部落的，如果是同一部落的，再好的姑娘，族内的人都不得惦记。

当天晚上，几个兄弟都来看望也速该，对他说："兄弟果真是个有福气的人，今日能得到这个美丽的夫人，实在是可喜可贺。"在也速该的蒙古包里，见了诃额仑的人都说他们是天下绝配。也速该十分高兴地对众人说："你们看，这个女子很古怪，到现在还想着那个夹着尾巴逃跑的胆小鬼，不跟我说半句话。"

站在一旁的蒙格秃乞颜哈哈大笑起来，说："这有何难，用我的三寸不烂之舌来劝说，一定让她安心服侍我兄弟。"蒙格秃乞颜让众人到另一个小帐篷去，自己带着也速该来到诃额仑的营帐外面。他轻轻拉起门帘，笑呵呵地站在有光线的地方，拿出一个小小的金佩来。在明亮的光线下，金佩反射出耀眼的光芒。但诃额仑始终紧闭双眼，并不正眼瞧他。蒙格秃乞颜小声说道："诃额仑美人，今日你能在这里与我的兄弟喜结良缘，不是我们的意志，也不是你的意志，而是上苍的安排。昨夜我做了一个梦，见到我的兄弟也速该骑在一匹野马上打猎，但这匹野马不听使唤，将他摔倒在地，用马蹄踩烂了他的装束。不一会儿，草原深处走来一个美人，将那匹野马束住，并脱下自己的衣服，给了我兄弟。他整理好装束再次上马，那马却温驯了。那女子见我兄弟打猎勇武异常，便做了他的妻子。"蒙格秃乞颜擦了擦额头上细细的汗珠，接着说："诃额仑美人，你说那女子是不是你呢？上天安排好的，谁也不能违抗啊！"说完蒙格秃乞颜就坐了下来，此时也速该正在外面等待进帐的时机。

诃额仑听了瞪圆双眼，怒视着蒙格秃乞颜说："我是我的夫君也客赤列都明媒正娶的，他相貌堂堂，身份高贵，与他结合岂不是更合天意？"

蒙格秃乞颜恭敬地递上金佩说："你若不信，有信物为证！这是那个梦中女子给我兄弟也速该的信物。"

诃额仑心如明镜，怎会不知蒙格秃乞颜是在忽悠她，但是，她从中看出了也速该的诚意。再说，也速该也是一部之首，家族一脉相承，又有数代把阿秃儿（勇士）。他身材健硕且器宇不凡，并非一个下等莽夫。想到这里，诃额仑动摇了，叹息说："如果真有天意，为什么老天不知道怜悯被强抢者？"

蒙格秃乞颜轻轻地咳嗽一声，也速该赶紧走进来，说道："你看，我们的事情真是天定的，因为我昨晚听说你的夫君已经在逃跑的路上死了，现在就让这金佩作为我们的信物吧！"诃额仑低下头，一言不发，但她的意志开始动摇了。她看着也速该坚定的神情，良久才自怜地叹道："若真是天意，我怎会遭此厄运？看来与其为那已魂飞魄散的人儿牵挂，不如珍重眼前的强抢者。"说完，她站了起来，对着也速该的脸狠狠地打了一巴掌，说："为什么现在才说出我们的姻缘？"也速该激动地看着诃额仑，兴奋地说："事实上，我和你也是明媒正娶，只是我提亲晚了一步，但是，正式娶你做新娘，我却是抢先了一步。"他顺势在诃额仑身边坐了下来，"我也速该现在以蒙古部族首领的身份正式将弘吉剌部的诃额仑聘娶为妻。日后若有背离，犹如此案。"说完他拔出腰刀斩断了诃额仑面前的案台。

诃额仑终于妥协了，说："好吧，也速该把阿秃儿，你的英名我早有耳闻，但大草原上美丽的女子多如格桑花，为什么偏偏是我呢？我配做你的守身家妇吗？"说完她向后退了几步，小心翼翼地拿下肩膀上的红包袱，交给也速该，"这些都是我与也客赤列都相爱的信物和见证。如果你觉得这些东西晦气，就把它扔掉吧，我已经没有什么挂念了。既然是天意让我们结为夫妻，那我就只能尽我所能，做一个贤内助，让长生天保佑我们吧！"说完，她挥刀将也客赤列都送给她的缎袍斩断。

第二天上午，也速该宴请了族内亲朋和几个陪伴诃额仑来的客人。酒过三巡，诃额仑对众人说："今日能到蒙古部，实属天意。上天会保佑也速该，上天也会庇护蒙古部所有的族人。"说完她端起酒杯一饮而尽，也速该也喝了满满一杯。宴席过后，诃额仑就成了也速该的正配夫人，也就是后来大名鼎鼎的月伦夫人。

大家见诃额仑如此美丽贤惠，都赞叹不已。她的坚贞与专一，更让蒙古族人认为诃额仑是历史上少有的才貌双全的女性。她能满怀柔情地安慰明媒正娶的丈夫不要为失去她而忧伤，劝他赶快逃命；而进入也速该家族后，她又以同样直率的忠诚和专一来爱也速该。也速该去世之后，她坚强地承担起家庭的重担，这是因为她从小就敬重英雄，而也速该正是她心目中的英雄。

二、黄金家族的渊源

说到蒙古部族的英雄（勇士），可追溯到也速该的先祖九代以前。中世纪，在漠北大草原这片神奇而美丽的土地上，众多游牧民族中流传着种种神话。其中有一个蒙古部族，据说其先祖是孛儿帖·赤那（苍色狼）和他的妻子豁埃马阑勒（白色鹿）。这个关于蒙古人起源的传说中讲道：有个受九天之命而生的苍色狼娶惨白色的鹿为妻，渡过叫腾汲思的湖水（内蒙古自治区呼伦湖），定居在斡难河源头的不儿罕山。

苍狼与白鹿的故事流传了一百多年之后，蒙古部族步入朵奔蔑儿干时代。从字面意义来看，朵奔蔑儿干就是善射者朵奔。人们认为朵奔是游牧民族的英雄。这可能是有文字记载的蒙古部族的第一代英雄。

据说朵奔的一生非常传奇。他有个哥哥名叫都娃锁豁儿，因为天生有三只眼而锐气胜过朵奔。都娃锁豁儿的第三只眼睛睁开能看三程远，没有他捕不到的猎物。兄弟俩生活富足，都娃锁豁儿还有一个妻子和四个儿子。有一天，朵奔和都娃锁豁儿纵马一口气爬上不儿罕山的山腰。朵奔对哥哥说："今天可没有好征兆。草地上的露水差点将我的马滑倒，幸好我机灵。"说完，朵奔用力挥了挥马鞭，向山下的树林奔去。

"那可不一定，你看，我们的好事来了。"都娃锁豁儿扬鞭向山下跑去，并指着黄土路上的一队人马，大叫道："朵奔，你看，车帐前站着一个挺拔的女子，不知婚否？如果有福，我愿意将她抢来做弟妹，你觉得怎么样？"

朵奔放眼望去，羞赧地笑着说："姑娘再好，也不便抢啊！她愿意吗？你最好派人去问个虚实，我好做准备。"

就在都娃锁豁儿高兴之时，他的大儿子纵马跑来，举着手中的貂鼠要父亲归去。都娃锁豁儿大声对大儿子喊道："孩子快来，看看山下是什么人，问问那个姑娘是否婚嫁，回来告诉我。"说完，他和朵奔一同爬到一块巨石上，急切地等待着。就在都娃锁豁儿的长子走近那群人时，天上忽然闪现一只雄鹰，嘴里叼着一根树枝。朵奔很是好奇，目不转睛地盯着那只鹰。都娃锁豁儿大声道："朵奔，这是你即将有红运的征兆啊，看来长生天在保佑我兄弟成就好事！"朵奔听了这一席话，不由得振奋起来："好啊！那我们快快行动吧！"

大约半个时辰，都娃锁豁儿的长子风尘仆仆地跑过来，回报道："坐在车帐前的女子果然生得好看，名叫阿阑豁阿，不曾嫁人。他们是秃马敦人，到不儿罕山来游牧……"还没等他说完，都娃锁豁儿就拍着朵奔的肩膀，粗鲁地大喊道："妙极了，让我们以长生天的名义去抢劫秃马敦人吧！我的好弟弟可以享福了！"伴着飞扬的尘土，朵奔一马当先，带上几个随从，拦住了秃马敦人的去路。

秃马敦的族长豁里剌儿台蔑儿干见来者不善，迎上前去喊道："你们想要什么？我可以满足你们的要求。"一脸凶煞的都娃锁豁儿脱口而出："留下车帐前的女子做我兄弟朵奔的妻子，如此我们便可世代交好，否则只能兵戎相见。"坐在车帐前的阿阑豁阿浑身一颤，两眼紧紧盯着族长豁里剌儿台，双方用目光传递着信息。豁里剌儿台笑着大声说："这个不是我说了算，我的阿阑自己答应了，我便可成全这桩美事。"

朵奔一直悄悄盯着阿阑豁阿，发现她的眼神并没有抗拒之意，于是轻快地走过去，含笑看着阿阑豁阿，问道："美丽的人儿，我朵奔的身份和脸面可衬得上你？"阿阑豁阿看了朵奔一眼，心中对他的英俊和潇洒产生了好感。她低下头默默无语，但心中的喜悦已溢于言表。于是，豁里剌儿台当即宣布："让阿阑豁阿美人随朵奔去，相信长生天会让他们成为幸福的一对。"就这样，朵奔带着阿阑豁阿回营帐去了。

朵奔和阿阑豁阿成婚后，生了五个儿子。朵奔的第五子叫孛端察儿，即也速该的氏族祖先（已经没有任何神话色彩）。在这五个孩子中，孛端察儿最为笨拙，兄弟们都看不起他。阿阑豁阿去世后，他们将家产分成四份，单单撇下了孛端察儿。就这样，粗笨的孛端察儿成为一个孤苦伶仃、无家可归之人，以游牧为生，独自在大森林中生活了几年。后来，他的哥哥不忽合塔吉忆起父亲让他们兄弟团结一心的教诲，于是沿着斡难河一路寻找孛端察儿。几天之后，兄弟俩相遇了。不忽合塔吉带着孛端察儿返回营地，路上，孛端察儿请求哥哥去劫掠兀良哈人，他一连说了几遍，不忽合塔吉才明白弟弟的意思，于是决定抢劫兀良哈人。

这次抢劫使他们获得了大量财宝，孛端察儿和他的兄弟们一夜暴富，摇身一变成为奴隶主。更重要的是，孛端察儿在抢劫中得到了一个女子，她被掳来仅几个月就生下一个遗婴，起名为札只剌歹，他就是后来蒙古部另一部族扎答阑氏的祖先。

不久，孛端察儿又娶了一个妻子，算是正式夫人。这个夫人生下了三个儿子，延续孛儿只斤黄金家族的香火。

孛端察儿是也速该的九世祖。在孛端察儿两代之后，蒙古部族进入土敦蔑年时期。但是，土敦蔑年早逝，他的七个儿子在夫人莫拿伦的教养下也没有太大的出息，因为莫拿伦本身就是一个性格暴烈、冷漠无情的人。但莫拿伦与许多部落有姻亲关系，所以她的财富从四面八方汇聚而来。她贪婪而且刚愎自用，常常将数不清的牛羊聚拢在山坡上让人点数，但谁也数不准她的牛羊的数量。

有一天，莫拿伦正坐在帐中享受美味佳肴，突然有人来报，称札剌亦儿人损坏了她儿子的驯马场，她愤怒地指使部众驾战车左冲右撞，将许多札剌亦儿人碾死。札剌亦儿人狗急跳墙，索性与之决战，抢走了她的牲畜。莫拿伦的儿子得到消息后，披挂战甲上马追赶，眼看就要追上了，札剌亦儿首领暗自思量：莫拿伦家族人多势众，逃是逃不掉的。于是，他一不做二不休，下令将莫拿伦的六个儿子全部杀死，回头又将莫拿伦及其族人全部斩杀，只有莫拿伦年幼的孙子海都因被扔进枯草棚而保全了性命。

还有一个幸存者，就是莫拿伦的第七子纳真，他当时正在妻子的娘家八剌忽氏家族。当他回到自己家中时，只看到十个老奴带着海都坐在草地上打盹。纳真遂带上十个奴隶和海都追赶敌人，想要夺回财物。他追上札剌亦儿的人马后，双方激战，纳真杀死了札剌亦儿首领父子二人，并抢回了一只狩猎的雄鹰。之后，他们继续追击札剌亦儿人，直到八剌忽之地而止。

此后，纳真一心一意抚养海都。海都十几岁时，已是相貌不凡、英勇善战，纳真带领他的部众拥立海都为首领。海都成为首领之后，第一件事就是讨伐札剌亦儿人，报灭族之仇，将札剌亦儿人变为海都家族的世袭奴隶。后来，纳真带领一支人马离开海都到斡难河流域放牧，这支人马渐渐演变成蒙古草原上叱咤风云的两个部落——兀鲁兀惕部和忙忽惕部。海都有三个儿子，他们都成了蒙古部各支部族的首领。海都的长子伯升豁儿有个儿子，名叫屯必乃。屯必乃从小聪颖过人，而且武艺超群。大家都认为屯必乃是家族中最合适的继承人，他与泰赤乌部联合，逐步形成了一个实力强大的草原部族，与草原西部的各部相呼应。屯必乃年迈之时，他的第六子合不勒继承汗位，即著名的合不勒汗。

在草原群雄中，合不勒汗不断与各部族作战，使部族进入了兴盛时期。合不勒汗有七子,其中第二子的子孙形成了后来的乞颜部孛儿只斤氏。正是从这一代开始,蒙古草原上的原始氏族社会实行的部落首领推举制,开始向汗权世袭制转变。

有一次,金国皇帝熙宗宴请合不勒汗。席间,合不勒汗觉得其中有诈,于是假装要去小解,到外面偷偷地将吃下的饭菜和饮下的酒水都吐了出来,然后若无其事地回到宴席上。金熙宗继续劝酒,最后,合不勒汗还是喝醉了,竟然在宴席上跳起了蒙古舞,而后又拉着金熙宗的胡子大喊大叫。

金熙宗在宴席上不便发作,一直忍耐着。宴后,大臣们都认为合不勒汗的举动是对大金皇帝的不敬。为了挽回颜面,金熙宗马上派人追赶。合不勒汗见金人追来,大为紧张,便马不停蹄地往自己的驻地三河源头奔去。

可是,还没等合不勒汗缓过神来,金国的使者又接踵而至,强行将他押回复命。当天晚上,金使一行人在途中找了户人家安歇下来。这户人家不是别人,正是合不勒汗的义兄撒勒只兀台。他得知其中原委后,悄悄地将合不勒汗放走了。惊慌失措的合不勒汗一口气跑回家,躲在儿媳的帐中。

金使再次追来,合不勒汗迫不得已将金使杀死,并立即整顿兵马,准备迎击金朝的进攻。此战合不勒汗大获全胜,但蒙古因此与金朝结下了仇怨。

合不勒汗仙逝之后,部众遵照他的遗愿,拥立泰赤乌部的俺巴孩为蒙古首领。年轻勇武的俺巴孩见塔塔儿部越来越强大,便想与其联姻。但塔塔儿部趁机将俺巴孩汗绑送到金国,这样既可借刀杀人,又可向金国邀功。俺巴孩汗被送到金国后,被金国皇帝钉在木驴上,震颠而死。从此,蒙古部与金国势不两立。

金国朝廷中有一个俺巴孩的旧友,他敬佩俺巴孩坚贞不屈的英雄行为,偷偷将其随从放回去报信。正是这个随从传达了俺巴孩的遗旨,并决定了他的继承人——第五子忽图刺。

忽图剌戎马一生，他先后向塔塔儿部发动了十三次战争，双方杀得难解难分。在金皇统七年（1147年），忽图剌终于攻入金国边境，初战大捷。忽图剌任蒙古首领期间，金军对其强大的实力感到十分棘手。金朝对蒙古部采取的残酷镇压和打击政策，在忽图剌时期还没有明显表现出来。忽图剌去世后，由于蒙古部没有选定首领，金国乘虚而入，三年一小剿，五年一大杀，使整个蒙古部陷入了发展的最低谷。

就在蒙古部难以支撑之时，俺巴孩汗的下一辈中出现了一位骁勇善战的猛将，他就是也速该把阿秃儿，号称蒙古部落第一勇士，成为新的蒙古部可汗。

三、草原狼王的诞生

作为蒙古部可汗，也速该身负重任，即使是新婚燕尔，也没能享受几天幸福安稳的日子。由于蒙古部与塔塔儿部之间的明争暗斗愈演愈烈，也速该又要出征了。

1162年初夏，也速该召集众兄弟和几个贴身的那可儿（原为门户奴隶，这里为亲兵或伴当），下达命令说："各位兄弟，各位热爱胜利的那可儿们，我们现在拥有的财富都是靠战争夺来的，对于用性命换来的东西，我们要善用之。塔塔儿是我们的劲敌、世仇，也是垂涎我们财富的人。我觉得应该在我的第一个孩子出生之前，与塔塔儿殊死一战。相信诃额仑腹中的孩子会保佑我们！"说完，他亲自倒上一杯马奶酒，举过头顶，再一饮而尽。看着帐里几个彪悍的身影，捏坤太石和答里台斡惕赤斤也对着也速该痛快地饮下一杯酒。其他几人见状也都满饮一杯，然后拔出佩刀，举过头顶齐声高呼道："长生天保佑，我们蒙古部定要荡平塔塔儿，报仇雪恨，光大蒙古。"

这天，也速该与众人一直商谈到深夜。诃额仑坐在床前，她心情烦躁，坐立不安，于是拉开帐门，想看看也速该。她在也速该议事的帐前轻轻咳嗽了几声。也速该等人听到咳嗽声，马上停止了议论。也速该心想，诃额仑身怀六甲，自己却不能留在她身边给予照顾，实在有些愧疚。他立刻给了答里台斡惕赤斤一个眼神，答里台斡惕赤斤心领神会，对大伙说道："好了，我们的计划已经商议妥当，具体部署明日再谈。夜已深了，我们各自回帐歇息去吧！"

众人离开后，诃额仑走了进来，含情脉脉地看着也速该。也速该轻轻地搂住诃额仑的双肩，笑意盈盈地陪她回到寝帐。诃额仑担心地说："近来我心中烦躁，孩子可能会提前出生。"也速该给诃额仑端来一杯马奶，说道："如果我儿在近日诞生，那就是天赐之福，我将横扫塔塔儿，用一场胜利来庆祝。"

这天夜里，帖里温孛勒塔黑的营地里出奇地安静，好像大地也沉寂下来聆听诃额仑肚子里孩子的动静。

就在也速该出征后第四天，诃额仑独自坐在草地上看着两个牧童在马棚里玩石子。诃额仑的随身奴仆豁阿黑臣气喘吁吁地跑过来说："我的主人啊！你怎么坐在这里呢！我真担心你的身体，这几天你可能就要生育了。如果可汗知道我不尽忠职守，会让我一辈子也没有喝马奶酒的福分的。"说完，她牵着诃额仑的双手，要带她回营帐休息。诃额仑便顺从地回到营帐，躺在被窝里默默祈祷："我的也速该，我们的孩子生下来第一眼可能不会看到你，那就让他和长生天来保佑你凯旋吧！"她慢慢地闭上眼睛，等待着痛苦而幸福的时刻到来。

天色渐渐暗下来，豁阿黑臣端来一碗羊肉汤，放在桌几上。但诃额仑根本没有心情和胃口来享受美味。豁阿黑臣笑着对她道："好夫人，从今夜开始，我一步也不离开你，做一个让主子放心的奴仆，这样做才是最妥当的。"她一边说一边拿着刚刚挤下来的鲜马奶让诃额仑享用，但诃额仑还是摇了摇头。

过了一会儿，诃额仑睡着了。豁阿黑臣目不转睛地看着诃额仑，守着自己的女主人。大约过了烧开三次马奶酒的时间,诃额仑被痛醒了,她不停地喊着也速该的名字。

豁阿黑臣让守候在帐外的族人们点亮火把,将整个营地照得亮如白昼。很快,诃额仑后背就沾满了分娩的鲜血,豁阿黑臣不停地鼓励着她:"夫人再坚持一会儿,孩子就要降生了。"就在外面的猎狗叫声鼎沸的时候,诃额仑长长地出了一口气,应声而下的是一个沾满胎血的胖婴。婴儿神采奕奕,竟然睁着眼睛,双目炯炯,两拳紧握,一声不吭。豁阿黑臣接过婴儿一看,高兴地叫道:"是个小子,感谢长生天!"她扳开他的小手,只见他掌中竟握着一块凝血,其色紫赤,晶莹有光,形似蒙古战神手中的苏鲁锭。豁阿黑臣等人正惊讶不已,婴儿突然发出一阵啼哭,声似狼嚎。众人甚感惊异,认为这是吉祥之兆,连声称颂长生天。

这时,天空闪现出了一道红光,这道红光一直蔓延到诃额仑的帐中才渐渐消散。草原上的每个人都看到这道红光落在了斡难河畔的帖里温孛勒塔黑营地。诃额仑感到眼前一阵跃动,于是叫来一个仆从问是怎么回事。仆从激动地答道:"主人,是一道红光从天空闪过,落在了我们的营地。您的福子给草原带来了光辉。"

豁阿黑臣更为激动:"小主人手中的苏鲁锭在一阵光亮中飞走了,这恐怕是预示他将掌生杀大权,他是长生天派来的世间战神啊!"诃额仑也很惊异,于是抱过孩子仔细端详,但这个孩子并无异样,甚是可爱。诃额仑欣慰地笑了。

与此同时,也速该正骑在战马上观察塔塔儿部的动向。他对答里台说:"我的兄弟啊,我们出征几日了?我怎么老是觉得诃额仑在呼唤我。"答里台抚了抚额前的头发,淡淡地说:"我知道日月轮换已经三次了,我们很快就要逼近塔塔儿腹地了,你要静下心来,不能太分心啊!"就在答里台劝慰也速该的时候,哨马从正前方奔驰而来。也速该顿时感到一阵紧张,双手紧紧地握住缰绳,手心泛起微微的潮气。那个哨兵大声喊道:"首领,塔塔儿部正在前方二十里处整顿兵马,大有与我部决战的架势。"

也速该抬头看看太阳，已是傍晚时分，他准备在太阳下山之前整顿军马，待明日早晨与塔塔儿部进行一场殊死的战斗。

当晚，也速该做出了战斗部署，他将几个那可儿分配在塔塔儿部的左右角，又将自己最精锐的部队交给答里台率领，作为阵前先锋，以便对塔塔儿部进行最有力的攻击。

第二天清晨，也速该骑上早早备好的战马，举起锋利的战刀，大呼一声："兄弟们、族人们，让我们带着仇恨去荡平塔塔儿的牧场，夺取他们的财富吧！"说完，他两腿一夹马肚，一马当先，如雄狮般向塔塔儿部飞驰过去，众人紧随其后，一时间马声嘶鸣，尘土飞扬。

塔塔儿部早已严阵以待，打头阵的是两个小部族的首领，一个叫铁木真兀格，另一个是库鲁不花。铁木真兀格也是个勇士，他力大无比，挥舞着一根百余斤的狼牙棒，直冲也速该而来。

也速该见对方狼牙棒舞得虎虎生风，便左右躲闪，躲过五六招之后，终于瞅准机会，一矛扎过去，正中铁木真兀格胸部要害，铁木真兀格落马倒地，不停地抽搐。库鲁不花见状，立即驰马来救，但被也速该挡住，二人刀来矛往，激战起来。也速该不想与他过多纠缠，便故作败退之状，引他来追。库鲁不花果然上当，跃马猛追，也速该突然勒定马，杀了个回马枪。库鲁不花猝不及防，落马被擒。

时近中午，双方的主力厮杀在一起。也速该的蒙古军三路围敌，目标明确，步步紧逼；塔塔儿部因两个小首领战败，队伍显得有些混乱。蒙古军队在塔塔儿人的阵地上横冲直撞，将他们杀得四处逃窜。

直到天色渐黑，蒙古军队才陆续离开战场，塔塔儿部军队伤亡惨重，无心恋战，也收兵回营。

也速该刚回到临时营帐，那可儿们便将两个被俘的首领押过来。也速该说："你们塔塔儿人如豺狼虎豹般在草原上横行，现在蒙古部族、你们的仇敌将你们击败，你们还有什么话说吗？"库鲁不花单膝跪地说："你们蒙古人是草原上的英雄。我们塔塔儿人是你们的世仇，但我的心是偏向您也速该把阿秃儿的。"

铁木真兀格恼怒地瞪了库鲁木花一眼，既不下跪，也不说话。他虽然伤势十分严重，只能坐在地上，但却一直死挺着腰板，怒目而视。也速该非常惊讶，问此人是何人。随从回道："他的名字叫铁木真兀格，是塔塔儿部中最善战的酋长之一。"也速该看着铁木真兀格，大声喝道："你们塔塔儿人都是鹰犬，你们的头颅都是黑石。我今天倒要看看你们还有什么实力来跟我对抗！"说完，左右两边的人便要将这个黑石一样的铁木真兀格拖出去。也速该给了旁边的人一个眼色，于是铁木真兀格又被送了回来。

铁木真兀格说："败军之将，任你处置，绝无二话。我们塔塔儿部族会在我死后杀过来，就像我在战场上杀死你们的士兵一样杀死你们所有的蒙古部人。"

也速该没想到铁木真兀格态度如此强硬。他既佩服又气恼地说："好！将这个不知死活的贱奴拿下，割下他的头扔到旷野里，让野兽叼去，看他还有什么气魄敢在我蒙古人面前撒野。"

左右刚将铁木真兀格架出去，便有哨兵来报，说诃额仑夫人生了一个男婴。也速该听到这个消息，心中的阴霾顿散，立刻下令班师回不儿罕山营寨。

也速该见到了儿子，在他脸上轻轻吹了口气，婴儿竟然大声地憨笑起来。在听说儿子出生时的种种奇异之事后，也速该欣喜若狂，马上跪下来祈祷道："蒙古部的胜利是我儿保佑的，感谢长生天赐给我一个好儿子。我此番征讨塔塔儿部，首战就擒住了他们的大力士铁木真兀格，所以把我儿取名为铁木真，以作纪念吧。"

捏坤太石称赞道："如此甚好，这样既能记住我们的胜利，也喻示着这个孩子将来能成为坚毅如铁的勇士。"从"铁木真"这一名字的词源来说，回鹘式蒙古文词根"铁木儿"是铁或铁之变化的意思，以此来把"铁木真"解释成铁匠及坚韧之意。

众人皆称赞道："可汗取的这个名字太有意义了，相信铁木真将来一定会像您一样英勇善战，荡平塔塔儿部，将他们的勇士和财富全部据为我有。"

诃额仑希望儿子能平平安安地长大，但如今这个孩子一出生就染上战争的血腥，未免太残酷了。但她又想，草原上的战争从来没有停歇过，要想成为真正的强者，只有不断地征战，不断地取得胜利。因此，她也希望儿子能成为真正的勇士。

在动荡不安的草原上，战争是人们生存的一种方式，而这个"铁木真"的名号本身就带有战争的色彩，铁木真的确是为战争而生的。

四、父母教诲获益多

铁木真出生的消息传出后，草原上的许多部落都派使者来向也速该道贺，其中有诃额仑所在的部族弘吉剌部，还有与蒙古部非常友好的克烈部等。克烈部的首领脱斡邻勒见到铁木真的时候，铁木真正用双手捧着一个金罐子，里面放着用羊奶做成的糖块。脱斡邻勒正要将礼物放在桌子上时，突然发现小铁木真目不转睛地盯着自己，而且皱着眉头。脱斡邻勒感到很奇怪，于是打算从罐子里拿出一块糖让铁木真尝尝。没想到小铁木真突然大叫起来，不住地在自己脸上拍打着，好像是在对他说话。脱斡邻勒见状，一时不知如何是好，于是拿起金罐子在小铁木真面前摇晃起来，希望他不哭。这时，小铁木真一把抓住脱斡邻勒手腕上一个刀形饰物，怎么也不愿意放手。脱斡邻勒惊讶地嚷道："我的长生天啊！您送来的孩子一定是个战神，不然他怎么会揪住我战斗中的护身符呢？"说完，他用力地从衣袖上将刀形饰物摘下来，放在小铁木真的衣服里。拿到刀形饰物的小铁木真马上停止了哭闹，乖巧地看着脱斡邻勒憨笑。

这件事给脱斡邻勒留下了非常深刻的印象。他在宴席上对也速该说:"我的好兄弟也速该,你这个孩子将来一定是个草原英雄啊!他爱勇士的佩刀,而不在乎儿戏一般的糖果!"也速该听脱斡邻勒说了刚刚发生的事情后,也高兴地说:"草原上的虎子都是与刀枪为友,我这个小子自然也是一样了!"

铁木真出生的年代,正是草原上战争最激烈、最频繁的年代。

蒙古高原东经兴安岭与东北相连,西以阿尔泰山为界至中亚细亚,北从贝加尔湖一带直到西伯利亚,南越阴山山脉到万里长城与中原内地相接,西南毗邻天山山脉、塔里木盆地。在这片广阔的疆域里,生活着众多民族和氏族部落。不属于这个氏族的部族集团称为民(伊尔根)。草原部落中除了弘吉剌部落,还有乞颜部、塔塔儿部、克烈部、篾儿乞惕部、扎答阑部、泰赤乌部等,草原部落之间明争暗斗,各部落一直在残酷地较量着。这是个群雄逐鹿的时代。蒙古部与其他部落之间的矛盾、蒙古部内部的斗争,以及草原人与中原几个王朝之间的对抗,都让草原人吃尽了苦头。

在铁木真的童年时代,势力较大的部族有篾儿乞惕部、塔塔儿部、克烈部、乃蛮部及蒙古部。各部的那颜贵族为了对付共同的敌人而相互联合,又为了掳掠财富和争夺权位而相互攻伐。"没有思念的时候,只有彼此冲撞。没有躲藏的地方,尽是相互攻伐。没有彼此爱慕,尽是相互厮杀。"铁木真就是在这样的大背景下一天天地成长。几年之后,他有了弟弟拙赤合撒儿、合赤温、铁木哥斡赤斤,后来还有了妹妹帖木仑。

儿时的铁木真,前额宽阔,身体健硕有力。六岁那年的某一天,铁木真问父亲:"我能和您一起围猎吗?我要坐在父亲的马背上射穿野鹿的喉咙。"也速该听了,轻轻地在铁木真的头上拍打着,说:"孩子,你年纪尚小,怎能骑马射箭?"铁木真见父亲如此小瞧他,很不服气。他拿起挂在母亲营帐中的小弓箭,说:"父亲,我能用我的弓箭射杀野兔呢!我的堂兄们都看到过,您为何不相信我呢?"也速该见铁木真一心想去，于是领他走出大帐，大声说道："孩子，如果你能用你的弓箭射中帐顶上的红绒球，我就带你去围猎。你的堂兄歹儿只像你这么大的时候也没有射中过，今天看你怎么样！"

铁木真双眼锁定帐顶的红绒球，拿起那支唯一的箭就要射，这时，歹儿只走过来，笑着说："我的弟弟啊！你哪能有这样大的力气呢？不要在你的父亲面前丢脸了！"铁木真却不慌不忙地挽弓搭箭，只听"嗖"的一声，那支箭像长了眼睛一样飞向红绒球，旁观者不禁发出一片叫好声。也速该不由得竖起了大拇指。铁木真得到父亲的肯定后，高兴地收拾好弓箭，理直气壮地向父亲要求道："孩儿气力与歹儿只比如何，没有在父亲面前丢脸吧？我这身气力可是父亲遗传的，您还是带我去围猎吧。"

也速该听了小铁木真的话，既高兴又感到荣耀。他站在围猎场的一端对所有族人大喊："今日围猎不同寻常，因为有我的儿子铁木真参加，望大家全力以赴，好好表现，为铁木真做个榜样。"说完他抱起铁木真，背上箭筒，带着大队人马向山林深处前进。

也速该因为带着铁木真，所以没有像平时那样大显身手。当他看到一只野鹿时，并没有追捕，只是让自己的长兄蒙格秃冲在前面。而铁木真坐在马背上，却用手揪着马鬃驱马上前。也速该是个细心之人，他立刻按住铁木真，制止他一味逞强。正在冲锋的答里台稳住战马，高兴地对也速该戏谑道："我的首领啊！铁木真虽然年幼，但他在猎场上的勇气和激情却不在你我之下啊！这个男孩今后一定会为蒙古部带来更大的荣耀。"说完，他请求也速该带着铁木真一起去围攻一头硕大的野猪。铁木真一听，激动不已，突然从马上跳下来，抛开父亲，朝着野猪的方向奔去。

也速该慌了，跳下战马飞奔过去，要将铁木真抱回来。他一边追赶一边喊道："孩子，不要乱跑，那里危险。"但他的叫声像是吹过的暖风，怎么也进入不了铁木真的耳朵。就在所有族人都纵马搭箭要射向野猪的时候，铁木真突然出现了，众人忙住了手，看着铁木真在树林里奔跑，冲向野猪群。这时，一头母野猪凶狠地朝铁木真扑来，千钧一发之际，坐在马上的答里台一箭射中了野猪的喉咙，野猪即刻向答里台的方向窜去，但没跑几步便倒下了。也速该趁机抱起铁木真，将他重重地放到马背上，并用力地在他身上抽了一鞭子，厉声道："如此逆子，怎能成为真正的勇士？"说完，又在他背上抽了几鞭子。

铁木真一边哭，一边大声地辩解道："别人都在进攻的时候，我们为何不进攻？别人都在尽职的时候，我们为何偷懒？我们要成为狩猎勇士，怎么能这样懒惰呢？"站在一旁的蒙格秃惊笑道："你父亲不采取行动是因为要顾及你的安全，你却责问起他来了。孺子不可教也！"也速该这时气消了一些，语气稍微平和地说道："你想成为勇士，那也是以后的事。要记住，无知的鲁莽并不是真正的勇敢。以后你可以跟小伙伴们在草地上玩射箭游戏，别在围场上让我担忧。"也速该一边教导着铁木真，一边带领着族人回到营地。

这件事之后，大家都对铁木真产生了一种亲近感。因为他小小年纪竟敢在围场上冲杀，大家认为他身上天生具有草原人特有的强悍秉性，那是一种强烈的英雄气概和过人的勇气。

有一天，铁木真走到母亲诃额仑的帐前，大声叫喊："合撒儿，你的头被野狼吃掉了吗？怎么不愿意拜见我们的母亲呢？"诃额仑闻声马上从帐中走出来问道："孩子，你在大呼小叫什么呢？"铁木真皱着眉头说："母亲，合撒儿在生您的气呢。他说如果您再生一个儿子，他就不受宠爱了，怕失去您对他的关爱之心。我不相信，想带他来见您，问问到底会不会这样！"说完，他就要去找合撒儿。

过了一会儿，铁木真领着合撒儿走了进来。诃额仑看着满脸泥土的合撒儿，责怪道："合撒儿为何如此狼狈地来到我身边，是想污浊你母亲的眼目吗？"铁木真清理了一下身上的杂草，气冲冲地说："合撒儿说他要离开我们，因为他不想看到自己再有弟弟了。"合撒儿听到铁木真说出了自己的心事，马上用手中的皮鞭在铁木真脊背上抽了一下。但铁木真也不是好惹的，他一把抓住合撒儿的脖颈，将合撒儿手中的皮鞭夺了过来，气恼地喊道："还不跪下，你想让母亲生气吗？你这个野狼般的家伙！"铁木真狠狠地在合撒儿的脑袋上打了一下，合撒儿僵直的身子马上颤动起来，大声地哭喊："我不要兄弟，我只想让母亲给我马潼和青稞奶喝，如此我方能长大成人。"

铁木真见合撒儿冥顽不化，就将他按倒在地，用力在他身上捶打。豁阿黑臣提着马奶桶走进来，见状急忙将两人拉开，责备道："你们兄弟之间怎么能这样殴斗呢？兄弟不和让草原上的无数家族走向了末路。父母对你们寄予厚望，你们怎么还这样不知好歹呢？"

诃额仑伸手拿起床头的手杖，将兄弟二人各打几棍。铁木真、合撒儿疼痛难忍，都坐在地上哭了起来，帐里顿时哭声一片。

就在诃额仑心痛不已之际，也速该从山上赶了回来。他大步跨进诃额仑帐中，见此情景，非常震惊，大声喝道："到底是什么人在诃额仑夫人的帐中撒野，我定不饶恕他。"诃额仑小心地向也速该诉说了事情的原委，但她有意隐瞒了事实。她说合撒儿因为被铁木真吓唬而害怕得哭了起来，是铁木真太顽皮了。也速该听后反倒笑了起来，说道："孩子顽皮，正好把他训练成勇士，日后得让夫人多费心了。"说完，也速该让合撒儿与铁木真一起向诃额仑道歉。两个孩子毕恭毕敬地跪在地上向诃额仑道歉："亲爱的母亲，今天是我们不对。我们不应该让母亲劳心伤神，以后我们兄弟二人一定会相互照顾，团结友爱，做个真正的草原勇士。"

也速该让两个孩子站起来，然后给他们讲先祖的故事：

我们的老祖先朵奔生活的草原上，有一个貌美如花的女子，她的名字叫阿阑豁阿。一个偶然的机会，朵奔在自己的领地上抢来了阿阑豁阿，并将她娶为自己的妻子。几年后，他们生育了两个儿子，一个叫不古纳台，另一个叫别勒古纳台，他们都是非常出色的勇士。可惜没过多久，朵奔就病死了，阿阑豁阿成了一个寡妇。但阿阑豁阿在后来的一年里又生了三个儿子。这三个儿子渐渐长大，遭到了不古纳台和别勒古纳台的嫉恨。因为失去丈夫的妇人如果没有嫁给本族兄弟是不能生子的，这是对蒙古人的大不敬。一天，阿阑豁阿发现两个大儿子坐在石板上对着三个小儿子不停地谩骂，不由得非常生气。她烤了一只刚满一岁的羊羔，然后把两个大儿子和三个小儿子叫来共进家宴。席间，她向两个大儿子披露了她一直守口如瓶的秘密。她说："每日夜间，我见一金色人从天窗空隙进来，钻入我被，将我腹屡次摩挲，把他的光明透入我腹。末了，那人依日月之隙光如黄犬之伏行而出。我因此怀孕，连生三男。"然后，她对儿子说："今日我桌上有一支箭，你们给我把它折断。"不古纳台和别勒古纳台伸手将箭折断，得意扬扬地坐在那里。阿阑豁阿又拿来五支绑在一起的箭，说道："吾子再将这五支箭折断。"但不古纳台和别勒古纳台都折不断这五支箭。阿阑豁阿微笑着问他们："你们怎么折不断这五支箭呢？"营帐中悄无声息。孩子们都诧异地看着母亲。阿阑豁阿严肃地说："你们兄弟几人就如此箭，如果一个人与敌人争斗，那么一定会被打败；如果你们五人同心协力，那么就没有什么可以战胜你们。你们要友好团结，不能互相忌妒，更不能互相攻击。只要你们五人同心协力，日后一定能在大草原上干出一番大事业来。"五个孩子听了，都恍然大悟。后来，他们都成为草原上的英雄。

也速该对两个儿子讲完这口口相传的故事后，叮嘱他们一定要铭记于心，每日早起晚睡都要想一遍。

这时，铁木真惭愧地低下了头，合撒儿也呜咽着说不出话来。诃额仑说："如果你们兄弟像阿阑豁阿的儿子们一样不和，那就记住五支箭的力量吧！我的孩子们，以后你们不能和睦相处的时候就想想这个故事。"

铁木真明白了母亲的苦心，他突然坐了起来，跪在母亲面前，攥着拳头说："阿阑豁阿祖辈的故事就是我们兄弟生活的明镜。今日的事情一定不会再发生，因为我们有一个仁慈贤惠的母亲。"

也速该不但教育孩子坚毅勇敢，而且让孩子们拥有童年应有的快乐。在铁木真身上，也速该看到了自己小时候的影子，他常常在族人面前说:"我的孩子之中,唯独长子铁木真不同凡响、智勇双全,将来可以托付重任。"而在众人眼中,铁木真的确聪慧灵秀,答里台对兄弟们说:"铁木真乃富贵之相,勇猛和智慧都在众子之上。"

也速该将振兴蒙古部落的希望都寄托在了铁木真身上,因而对他严厉管教。但铁木真毕竟还是个孩子,平日除了努力练习骑射,难免也会有顽劣调皮的时候。

一天,铁木真带着自己的兄弟和伴当去抓土拨鼠。他们在树林里大呼小叫,四处奔跑,像脱缰的马驹,又像是没有战胜过对手的夜鹰,不停地欢叫着。

傍晚时分,别勒古台对铁木真说:"我的兄长,我等今日滴水未沾,我都饿坏了。我们还是去父亲的营帐中偷些美味来吃吧!"铁木真迟疑地看着别勒古台。这时合撒儿也过来帮腔说:"我的好兄弟,你的身手最为矫健,肯定能在父亲的帐中拿些美味来给兄弟们享受,我们都推举你做我们的头儿。"铁木真看着几个兄弟,忍不住苦笑着说:"这会犯家法的!你们就不怕父亲怪罪?我们早晨本来可以堂堂正正地吃到的,现在却要偷着吃,实在不应该。不过,如果兄弟们保证不说出去,我可以为兄弟们去冒点险。"他们几个点头应允,于是,铁木真带上他们一溜烟地跑向父亲的营帐。

铁木真几人刚走到营帐门口,就看到也速该正从营帐中走出来,他们赶紧躲在帐幕后,等也速该走远了,才小心地出来。铁木真高兴地对几个如饿狼一般的兄弟说:"好了,我们今日有口福,父亲到中军帐议事去了,我们可以饱饱地美餐一顿。"他悄悄地绕过小径,将头伸进也速该的营帐,只见里面空无一人,而食案上放满了羊腿肉和牛排干。他轻轻地爬到食案前,一点点地将几大块羊腿肉和最大的一块牛排干装入羊皮袋中,然后又轻轻地爬出帐外,像受惊的野马一样向自己的营帐狂奔而去。

合撒儿远远望见铁木真满载而归,兴奋地欢呼道:"好哇,我们的晚餐终于来了,我的肚子都叫了一天了。"当铁木真来到他们面前时,合撒儿首先迎上去说:"我先吃,饿得腿都发软了。都是铁木真让我今日出猎,才遭受如此苦难。"铁木真见自己冒险为他们偷来食物,竟然还被指责,心里顿觉不悦,赌气地将羊皮袋中的所有食物都倒了出来。他还没有来得及动手,其余几人就将食物都抢光了。铁木真嚷道:"我的长生天啊,你也得为我留下一些啊!怎么能不顾别人,如此狼吞虎咽呢?"他连抢带拽地从合撒儿手中拿过一些肉皮啃了起来。

这时,一个牧人从帐旁走过,伸头看了看里面的动静,又悄悄地走开了。合撒儿心中打起鼓来,预感到事情被人发现了,便一个人轻手轻脚地溜了出去。

铁木真毫无察觉,仍专心地啃着肉皮。突然背上被皮鞭狠狠地抽了一下,他疼痛难忍,大叫了一声,扭头一看,原来是父亲。此时营帐中只剩下铁木真一人,几个兄弟都不知跑到哪儿去了。也速该没等铁木真分辩,就狠狠地将他抽打了一顿。铁木真的脸上被打出了几道血红的口子。他跪在地上,实在受不住父亲的痛打,于是就质问父亲为何如此重打自己。也速该气愤地喝道:"你这个逆子,竟然私自进入我的营帐中偷拿东西。你如此胆大妄为,视家法为无物,事实俱在,还敢强辩,我怎能饶你?"

铁木真一听,马上站起身来,将合撒儿、别克帖儿和别勒古台等人拉到也速该面前,一把将别勒古台的脖子抱住,用力将他摔倒在地,然后又想打倒合撒儿。就在四人大打出手的时候,也速该却站在远处冷眼旁观。作为蒙古部最有声望的首领,也速该知道憨直的铁木真上了别人的当,他倒要看看铁木真如何处理这件事。

合撒儿见铁木真冲自己而来,便双手抓住铁木真的耳朵使劲将他的头往下拉,铁木真伸腿将合撒儿一脚踢开,退出了三四步。这时,别克帖儿从背后一把抱住铁木真,好让别勒古台对铁木真使拳头。铁木真被别勒古台重重地打了一拳后,马上扳住别克帖儿的双手。别克帖儿感到一阵剧痛,赶紧松开双手,他举手一看,发现自己的手已经被铁木真勒出了鲜血。与此同时,别勒古台又挥起拳头,铁木真一把抓住他的拳头,用力一扭,别勒古台疼得直甩胳膊。合撒儿拿着木棍正要过去帮忙,也速该走上前来大声地呵斥道:"住手,你们这些逆子!我看你们既是共犯,又如此内讧,犯了两条大罪:合谋偷窃,遗忘祖训。"

铁木真面带鲜血,跪在父亲面前说:"是他们让我偷肉的,现在还先告发我偷食,孩儿实在不服,所以我要他们也来受教训,这样才算公平。"也速该知道铁木真说的是事实,但犯了错就应该承担责任,不可推卸。因此,他厉声喝道:"东西是你偷的,为何要牵连兄弟?不能敢作敢当,这是蒙古勇士所为吗?"

听见父亲这样说,合撒儿等人都不认账。铁木真见状,愤怒地喊道:"东西是我偷的,我有错。但是他们唆使我这么做,而且那些东西也是他们吃得多,我只得些肉皮。"于是,也速该让合撒儿、别克帖儿和别勒古台等人全都跪在地上,训斥道:"你们不是说铁木真偷食了所有食物吗?没想到你们贼喊捉贼,罪加一等。"

合撒儿等三人见父亲如此严厉,只得说出真相。原来,合撒儿看到一个牧人从他们的营帐旁走过,心中不安起来,他知道那个牧人是父亲帐中的,于是就悄悄地溜了出来,想去报告父亲。他刚绕出来,发现别克帖儿和别勒古台也跟了上来,于是三人就一起走到中军帐向父亲举报了铁木真。

铁木真听了心中更加气愤,又要责打合撒儿。也速该制止了他,然后对几个儿子说:"你们终究要成为男子汉,成为蒙古勇士,但一个真正的勇士,必须敢于承担责任和义务。兄弟之间团结友爱,齐心协力,就没有做不成的事情。但你们一定要齐心去做正确的事,而不是为非作歹。"也速该说完,拿起皮鞭在其他三子身上狠狠地鞭打了一通,三人失声痛哭起来。"为了公平起见,你们都必须受到同样的处罚。"也速该将皮鞭扔下,头也不回,径直向自己的军帐走去。

四个被打的孩子战战兢兢地跪在草地上,谁也不敢动弹。不久,诃额仑走过来,对他们说:"我的儿子们,你们要帮助和尊敬兄长。你们能这样幸福地生活在我身边,都是你们的兄长铁木真带来的。他是一个手执苏鲁锭降生的孩子,他给我们家族带来了福气和快乐。"接着,她又对他们讲了一番做人的道理,就将他们"释放"了。

不管怎样,童年的生活还是快乐多于悲伤,在父母的关爱下,铁木真在草原上自由自在地成长着。

第二章 战火纷飞的时代

一、结姻亲突逢巨变

正所谓福祸相倚，年少的铁木真很快迎来了人生中的两件大事，使他的生活发生了很大的转变。

南宋乾道六年（1170年）春，也就是铁木真降生的第八年，也速该得到情报说塔塔儿人正在距斡难河不远处游牧，他决定对塔塔儿人发起一次突然袭击。出兵前夕，他在中军帐与将士们周密地部署进攻的兵力。也速该问道："谁人可以为先锋，拖住塔塔儿人主力进攻的时间？"这时，旁边闪出一个半人高的身影，众人定睛一看，原来是也速该仅八岁的长子铁木真。他振振有词地说："父亲，我们是偷袭塔塔儿人，当趁其不备，大军压境，打他们个措手不及。如果派出先锋，塔塔儿人必然先奔逃了，哪里还能伤及其主力。"众人深觉有理。也速该也不由得心中一动，他用眼神"斥退"铁木真，重新与将士们详细讨论是否派遣先锋军的问题。

第二天早晨，也速该终于决定亲率主力，进攻斡难河下游的塔塔儿人。铁木真站在空荡荡的牧场上迟迟不肯离开，他心中盘算着：有朝一日我也要与父亲一起上阵杀敌。

这时，他身后传来豁阿黑臣那熟悉的声音："铁木真小主人，诃额仑夫人让你过去吃早餐呢。"铁木真站在帐前，伸头朝里面一看，发现几个兄弟都在帐中，便想离开。诃额仑叫住他，问道："铁木真，今日怎么见到兄弟们便跑，往日不是都形影不离吗？"铁木真提高嗓门说："今日我不吃了。我的心要和父亲在一起，我现在就要征战在沙场上。"诃额仑听了，严肃地说："孩子，你今日就想上战场，难道你就没有对家人的爱心和感情吗？你自以为你能上战场，但你却不知战场上有多危险，你这样会给你父亲带来晦气的。"听了母亲的话，也为了免除几个兄弟对他的不满情绪，铁木真立即坐在食案前，强作欢颜地说："我们快吃吧，我的胃口突然好了，我可不想剩下什么给你们。"于是，几个兄弟又有说有笑了。

不久，也速该率军凯旋，部落大举庆贺。

转眼又是一年，铁木真九岁了。一天中午，诃额仑对也速该说："夫君，我们的长子铁木真在玩娶亲的游戏，我们是不是该关心一下呢？"也速该听了，当即问随身的侍从："你觉得铁木真是个男子汉了吗？"侍从移步上前，恭敬地说："如拿众兄弟与铁木真相比，铁木真是个出类拔萃的人；与草原上的英雄少年相比，他也不愧为一个男子汉。"也速该笑了笑，牵起诃额仑的手安慰道："拙赤合撒儿勇力尚佳，但缺乏治国之智；合赤温额勒赤有些智慧，但胆小怕事，不能担当大任；四子铁木哥斡赤斤则平庸无能。只有铁木真智勇兼备，独具祖先之优良秉性，我深感快慰。现在他已满九岁，而且今年是个吉庆祥瑞之年，我打算为他招一门好亲。"

就在这时，帐外传来一阵欢闹声，诃额仑站起身来向外面看了看，对也速该说："原来是远方一个部落娶亲回来，众人正在围观呢！"也速该问道："夫人可知新娘是哪里来的？"诃额仑平静地答道："不是别处，正是我弘吉剌部的女子。"

也速该灵机一动，说道："我们想给铁木真定亲，何不先到弘吉剌部去物色呢？"诃额仑听了非常赞同。

1171年盛夏的最后一场狂风从草原上刮过之后，大草原上便呈现出美丽的秋色。也速该带着铁木真坐在马车上，一路欣赏着美景。他们走过树木苍翠的溪谷地区，又穿越开满狼毒花的丘陵，经过几天的劳顿，在扯克彻儿和赤忽儿古两山之间，正巧遇到了弘吉剌部的德薛禅。

德薛禅与也速该是老相识，他上前问候道："也速该首领一向可好？你们父子大老远来弘吉剌部所为何事？"也速该连忙答礼："尊敬的德薛禅，我们欲往弘吉剌部为我的儿子铁木真寻门亲事。"

德薛禅上下打量了铁木真一番，说："我昨夜有所梦，非常奇异，莫非要应验在你儿子身上？"也速该问道："您老做了何梦？"德薛禅说："我梦见一只猎鹰，带着日月，飞到我手中停住。"也速该闻言连忙道喜："这神鹰将日月送到你手上，料想是你的福分，可见你后福不浅啊！"德薛禅道："我的后福，看来要仰仗你的儿子了。你可知这神鹰是谁？"

也速该更加疑惑不解："难道与我儿子有什么关系吗？"

德薛禅说："这个孩子目光如炬，容颜生光，我梦中的神鹰无疑是预兆你领着儿子驾临。"德薛禅当即表示要把他的女儿孛儿帖许配给铁木真。

也速该没想到这么快就在弘吉剌部的边陲之地寻得了铁木真的亲事。于是，他们一行前往德薛禅帐中。进了营帐，铁木真目不转睛地看着那个小姑娘，见她眉清目秀、容光焕发，便问父亲："今日结识的小姐芳年几何？我们能一起生活、一起打猎吗？"孛儿帖看着铁木真的面相也甚是欢喜，含笑不语。德薛禅说："小女名叫孛儿帖，今年整十岁。你们年岁应该相仿，相貌也般配。"他又将孛儿帖叫到身边，轻轻地对她说："铁木真是大福大贵之人，你有福气，铁木真将来一定会是一个受人尊敬的酋长。"说完他就与也速该畅饮起来。

第二天清晨，也速该正式向德薛禅提亲。德薛禅是一个审慎而有心计的人，他知道，在这种场合既不能卖关子让对方一再请求，也不能过快地首肯。经过一番权衡，他在心里对自己说：经多次求婚许配才算高贵吗？一求婚就答应是卑贱吗？既然是女子当出嫁，自古没有女儿守门终身的，这是命中注定的。想到这里，他说道："我可把女儿许给你儿子，但亲家多子多福，而我只有小女一人承欢膝下，何不将令郎留下给小女做个伴呢！"

此话听起来很委婉，事实上，德薛禅是要求铁木真在他家做一段时间的"见习女婿"。也速该爽快地答应下来，并留了一匹战马作为聘礼。就这样，铁木真的亲事定了下来。

过了三天，也速该辞别德薛禅，打算返回蒙古部。临行之前，他对德薛禅说："我的儿子生性顽劣，如不服从管教，你就拿皮鞭在他肩膀上抽打，不必留情。"上马时，也速该又叮嘱道："铁木真虽人高马大，唯惧怕家犬。如有家犬临近，请让他离去，不然他会吓破胆的。"

德薛禅盯着铁木真看了半天，点了点头。

铁木真洒泪与父亲道别。谁都没有想到，这次竟是他与父亲的永诀。

归途中，也速该不停地对身边的侍从说："此次定亲如此顺当，真是难得，回去之后我们的族人一定都会庆贺的。感谢长生天，感谢它保佑我们蒙古部。"兴奋的也速该纵马长驱，一口气跑到了扯克彻儿山脚下的失剌客额列（汉译为"黄色的野甸"）。

不久，也速该肚中一阵响动，感到饥饿难忍。此时天色已晚，夜风寒冷，于是他对侍从说："我们先在附近找个安身之处，明日再继续赶路。"大约过了半个时辰，侍从回来报告说："首领，远处有一个生火的营地，我们且去借宿一夜吧！"也速该便顺着几个侍从指点的路径，进入了一个陌生营地。他小心翼翼地问道："我们是远来的客人，能让我们一起进餐吗？"主人打量了一下来客，爽快地同意了。生性豪爽的也速该便坐下来与主人一起吃了起来。经过询问他才知道，这里是塔塔儿主因氏的营地，他们正在举行喜宴。

由于饥渴难忍，加上草原人特有的礼仪——行路中的人无论什么身份都可以与正在举行宴会的人共食同饮，所以也速该主仆都没有察觉到对方的敌意。他们像久别重逢的朋友一样，推杯换盏，尽情地吃喝起来。塔塔儿部的几个老者曾经见过也速该，一眼就认出了这个昔日的仇敌。他们回到族长身边悄悄地告密："我的首领啊，你可知那来吃酒的人是谁？他便是九年前抓走铁木真兀格和库鲁不花首领的也速该乞颜。"首领心中一惊，决定复仇。

过了一会儿，一个坐在宴席拐角的小侍从站起来，走到也速该面前恭敬地敬了一杯酒——一杯下有毒药的奶酒，然后慌张地离去。

也速该毫无戒心，高兴地端起毒酒一饮而尽。这是一种慢性毒药，也速该因为在宴席上吃了许多东西，腹中饱胀，起初没有感觉不适，直到夜深，宴会结束，主因人对他说："远方的贵人，我们正要移营，所以要连夜开拔，请您另寻住处吧！"于是，也速该主仆离开主因人的营地，马不停蹄地往部落赶。天色微明时，也速该突然感到腹痛难忍，在马背上不能动弹。他顿时明白过来，自己中了塔塔儿人的计，他们在酒菜里做了手脚。他忍痛对侍从说："我的生命即将结束，请你快马加鞭，让我归去与亲人会面，如此我才死得甘心！"侍从顿时慌了手脚。"首领不会有事的，不会。"侍从一边安慰也速该，一边快马加鞭直奔三河源头。也速该在马背上足足痛了两天三夜，等赶回三河源头的蒙古部驻地时，他再也支撑不住了。

也速该父子离开后，诃额仑一连几天都在帐中坐立不安地守望着。直到第五天，远方才出现一队熟悉的人马，他们搀扶着马背上的也速该，急匆匆赶过来。诃额仑心中顿生疑虑："行人如此仓促，难道有什么劫难吗？"她不安地迎上前去，发现也速该伏在马背上口吐白沫。侍从三言两语向诃额仑说明了情况，然后将也速该扶入帐中救治。但时间拖得太久了，大夫也束手无策。也速该好不容易缓过神来，知道自己已经不行了，便轻轻地对诃额仑说："我命将去，快把我的几个孩子叫来，我有遗愿相嘱。"身边的一个侍童马上跑了出去。也速该接着说："将晃豁坛氏的蒙力克叫来，我有要事相托。"于是，诃额仑身边的另一个侍从又去请蒙力克。

片刻，也速该的儿子们和蒙力克都来了。奄奄一息的也速该用尽最后一口气对众子说道："我的孩子们，今后你们要对母亲言听计从，不得有半点不敬。不要以为你们年幼就无所顾忌、胆大妄为。我死了以后，你们要听从蒙力克先生的教导。"说完，他又转向蒙力克，拉着他的手说："你的父亲察剌哈老人一向忠心耿耿，你也应当像你的父亲一样。我的儿子铁木真刚到弘吉剌氏的德薛禅家做女婿，我在回来的途中被塔塔儿部毒害。你赶快去领回我的儿子，快去！"

最后，也速该抱住诃额仑喃喃地说："你要尽心抚养我们的子女，让铁木真成才，让众子同心协力。如此铁木真就可以带着众兄弟为我报仇，荡平塔塔儿……"话还没说完，也速该仰天长叹一声，在首领大帐中咽下最后一口气。

忠诚的蒙力克遵照也速该的嘱托，昼夜兼程赶往弘吉剌部。他机灵而谨慎，见到德薛禅后，对也速该遇害之事只字不提，只是说："听说铁木真要留在这里，他的母亲好生心疼，让我来带他回去先见他母亲一面。"德薛禅说："亲家若想念自己的儿子，就暂且将他带回去吧，见面以后快点送回来。"于是，蒙力克将铁木真接回了斡难河上游的不儿罕山营地。

铁木真回来后，见到父亲的遗体，当即扑倒在地，失声痛哭。诃额仑向铁木真转达了也速该的遗言。铁木真站起身来，大声吼道："长生天在上，我立誓要为父亲报仇，扫平塔塔儿部！"

从此，铁木真心中便播下了仇恨的种子。铁木真日后的成长轨迹也说明，他和其他蒙古英雄一样，有着坚定的复仇之心。

二、黄金家族遭背弃

也速该去世后,铁木真首先面对的是家族的失势。果然,也速该的葬礼还未结束,蒙古内部就产生了一些不和谐的声音,使铁木真一家面临的形势进一步恶化。

泰赤乌部(俺巴孩汗的本宗部族)中一些虎视眈眈者首先鼓噪:"今日也速该首领仙逝,我们应当在众部族中挑选一位蒙古首领。泰赤乌部作为最强大的部族之一,有能力领导蒙古各部。"泰赤乌部的几个头目都是也速该的堂兄弟,他们过去都是拥护也速该的。诃额仑没想到他们会率先起哄,实在是令人心寒。为此,她在也速该的葬礼上呼吁道:"今日也速该首领随长生天而去,他日定会在天仙之地保佑我大蒙古。让我们的族人和属民都为蒙古乞颜氏祈祷吧!我们会有一位让众人满意的新首领的,众亲族只要同心协力,一定会让蒙古部更加强大。"她希望众亲族不要像先祖那样钩心斗角、自乱阵脚。

但是,乞颜氏族此时群龙无首,她的声音很快便淹没在人们的争吵喧嚷之中。整个蒙古部正在酝酿着一场更尖锐、更残酷的权力斗争,而阴谋者要对付的目标便是诃额仑母子。

也速该去世四个月后,大草原迎来了春天,草地一片碧绿,空中飘荡着山林草地花儿的芬芳。但蒙古部中没有一个人有心情去欣赏春天的美好,因为每个人都在为生存担忧,而那些蠢蠢欲动的人则在窥伺首领的权位,进行着种种交易和较量。

一天,一个十岁出头的侍童从泰赤乌部的临时营地中跑到诃额仑的帐中,大声禀报说:"诃额仑夫人,明日部族中将要举行祭祖大礼,请您早做准备。"诃额仑得报后,赏给侍童一块糖,侍童马上转身跑回去了。这时，诃额仑突然想起要问一下祭祖的地点，可那个孩子已经跑远了。

晚上，诃额仑正坐在帐中缝补衣物，蒙力克从外面走进来，问道："尊敬的诃额仑夫人，明日祭祀祖先，你们可有时间参加？也速该首领仙逝不久，如果不便，您就不必参加了。"诃额仑见是蒙力克，定下心来说道："我会去的，请众人不要忘记我们的存在啊！"蒙力克走后，合撒儿说："母亲，近日泰赤乌部对我们说三道四，我心中甚是愤懑。明日母亲可以不去，免得又生出什么让我们吃亏的事端来。"诃额仑没有说话，因为合撒儿毕竟年幼无知，但她心里却在盘算着："泰赤乌部如今正想趁机而起，明日我定要好好看看他们到底想干什么。"

这天夜晚，诃额仑在卧榻上心神不宁，脑子里不停地闪现着往事，始终无法入睡。可就在天渐渐亮了、牲口嗷叫的时候，她却躺在卧榻上安然地睡着了，完全没有听到外面喧闹的呐喊声和走动声。儿子们轻轻地走到她身边，在她耳边说道："母亲，今日是祭祀祖先的日子，您不是说要去参加吗？"诃额仑从睡梦中惊醒，发现铁木真正轻轻地在自己头上抚摩着，她惊讶地问道："孩子，你怎么在我的帐中？难道豁阿黑臣没有照顾好你们吗？"她一边说，一边匆匆忙忙地穿好衣服，带着孩子们往祭祀场地奔去。

然而，诃额仑带着铁木真等人没走多远，一个侍从对她说，这次祭祀不在故地，而是转到斡难河的西头去了。得到消息后，诃额仑等人忙掉转方向朝西面奔去。他们远远地看见，祭坛上的俺巴孩汗的两位可敦（夫人）斡儿伯和莎合台，正手执圣樽，向祖先进行最后的敬礼。诃额仑母子飞奔而至，跪在地上与众人一起行礼。但塔儿忽台等人却故意站在当中，抢占了诃额仑母子应有的位置。

祭祀结束后，诃额仑母子安心地坐在祭台前等待分享祭品。按照蒙古族的习俗，祭祀之后，所用的供品要分给所有同族之人，即使没有参加仪式的人也有权获得应有的一份，但诃额仑母子坐在草地上等了很久，却没有得到一点祭品。很明显，这是一种歧视和羞辱，暗示他们不被当作蒙古部族人。诃额仑走上前去据理力争:"两位大可敦怎可如此无理!身为蒙古贵族,我们乞颜氏应有的一份祭品呢?也速该虽然死了,但他的儿子们还在啊,我想他在长生天那里也会怪罪于你们的吧!"诃额仑声色俱厉,充满了愤怒。俺巴孩汗的大可敦斡儿伯涨红了脸,强辩道:"你们想分享祭品,为何姗姗来迟?难道你们这些所谓的贵族天生就是吃现成的吗?遇到吃的你们就吃,遇到喝的你们就喝,全天下也没有这等美事吧!你要吃祭品,就回家自己做去吧!"说完就要离去。诃额仑听了大怒,责问道:"你们不给我们祭品,就是不承认我们是蒙古部族人,你们有什么权力将我们排除在外?"这时,莎合台阴险地说:"你说我们排除你?那好吧!我们就迁到别处去,留下你们这高贵的母子。既然你污蔑我们排挤你,就如你所愿,我们换个营地,各奔前程吧!"

莎合台说出了泰赤乌首领塔儿忽台的心里话,他纵马上前,为莎合台助威:"蒙古首领本来就是泰赤乌氏的。今日既然要分道扬镳,我塔儿忽台第一个赞成。"接着,他又转向众人,高喊道:"泰赤乌部的兄弟和属民,我们迁徙吧!"喊毕,塔儿忽台策马而去。众多蒙古部的族人都跟随塔儿忽台,其中有也速该的近侍脱朵延吉尔帖(铁木真的堂叔),还有许多乞颜氏的贵族和族人。

第二天早晨,塔儿忽台率领大部分蒙古部族人立誓,结群向斡难河下游迁徙。也速该成就的统一大业眼看就要毁于一旦,这时,只有晃豁坛氏的察剌合、蒙力克父子仍拥戴诃额仑母子。察剌合老人不满塔儿忽台的叛逆行为,于是揪住脱朵延吉尔帖的马缰绳,拼命地劝阻他,希望他以大局为重,不要做分裂部落的事情。但是,脱朵延吉尔帖却说:"今日深水已经干涸,坚石已经破碎,我们没有了保护伞,这样的生活是没有保障的,前途未卜,还不如早早散去,各自安身的好。"说完就要纵马飞奔,但老察剌合死死揪住缰绳不放。脱朵延吉尔帖见别人都已经远去,心中十分焦躁,于是顺手提起长矛,用力地在察剌合老人脊背上刺了一矛。可怜的老人应声倒地,背上血流如注,但脱朵延吉尔帖却视而不见，丢下老人，扬长而去。

察刺合老人躺在地上一边哭泣一边叫喊着："有朝一日铁木真诸子定会让乞颜氏重得光明，那时一定要将你们这些背信弃义之人全部打败。"蒙力克忙将他送回帐中。铁木真进来了，见状不禁失声痛哭："我的好公公，是什么人将你伤成这样？"得知是脱朵延吉尔帖之后，他两眼冒着愤怒的火花，恨不得扒了脱朵延吉尔帖的皮。

诃额仑站在斡难河畔营地的高坡上，发现四处已经空无一人，仅存的数十人马也都站在寨门前观望着。诃额仑执纛①上马，对众人说："乞颜氏的族人们，还是快快回去安歇吧，待我去把他们都追回来。"诃额仑坐在战马上，挥舞着也速该的麾旗（九尾白旄纛），剩余的部众都跟随上去，铁木真也紧随其后。诃额仑见状大受鼓舞，喊道："我的族人们，今日不追回叛逆者，我们决不归来。希望也速该首领在长生天发挥神力，将叛逆者的心都掳掠过来，让叛逆的头子都在死神面前忏悔。乞颜氏是太阳的儿子，是长生天的后代。我们出发吧！"

在路上，诃额仑难以掩饰内心的痛苦，又对苍天大声地呼喊："希望长生天能感知，今日之恨我世代铭记，让我儿铁木真快快长大吧！今日我们必定要争个胜利归来。"这时，两个侍从前来禀报说，前方不远处便是塔儿忽台率领的叛逆部众。于是，诃额仑快马加鞭，手执麾旗，赶了上去，她凛然地站立在脱朵延吉尔帖面前质问道："你是乞颜氏的长辈，本该担起扶弱助寡的责任，但你不仅不听劝阻，反而挑唆族人叛离，你有何颜面见地下的先祖！"脱朵延吉尔帖生怕被她缠住，慌忙夺路而走。

诃额仑扬了扬手中的麾旗，拦住众人，大声说："你们不辞而别，究竟是为了何事？难道你们这么快就忘记也速该首领了吗？你们对得起养育你们的斡难河吗？"

这时，铁木真从马背上跳下来，跪倒在地，满眼含泪地说："叔叔、

---

① 纛（dào），古代军队里的大旗。

伯伯们，求你们不要离开我们，部落需要你们啊！"

所有的蒙古部族人都看到了诃额仑手中的麾旗，诃额仑母子的话刺在他们的心上。一位乞颜贵族心生惭愧，对众人说道："今日诃额仑夫人请我们回去，那我们就不必到远方放牧了，我们都是蒙古人，是一家人。"于是，绝大部分叛离者都拜倒在诃额仑夫人的麾下，随着诃额仑一起向三河源头返回。

诃额仑见事情出现转机，轻声对铁木真说："孩子你看，今日能劝回大家全是长生天的旨意，但要保持这种局面，就必须靠我们自己争口气了。"铁木真听了母亲的话，心中振奋起来，是该自己挑重担的时候了。但他又觉得自己年岁尚小，根本无法与强大的泰赤乌氏相抗衡。他仰望着天空，激愤地说："母亲，我们形势虽然艰难，但我迟早会重振我蒙古乞颜氏的雄风。"诃额仑听了儿子的话，心中宽慰了许多，叹道："我的孩子有此志向，他日定成大事。"

就这样，母子二人率领部众重新在三河源头扎下营寨。可惜，好景不长，因为乞颜氏内部缺少强有力的领导者和首领，仅仅过了半个月，在塔儿忽台的挑唆下，几个乞颜氏的族长重新聚到他身边。很快，全族性的叛离又开始了。塔儿忽台得意地在诃额仑母子面前叫嚣说："蒙古只有一个头领，那便是泰赤乌氏。昔日的乞颜氏已经如干涸的山涧、破碎的坚石，真正的主人泰赤乌氏又重新强大了。"

蒙古部族不能靠女人当家。当所有族人都叛离而去后，诃额仑将儿子们叫到身边，教导他们说："族人都选择强者，这是很自然的。现在我们的生活已无着落，长子当担起家庭的重担，以后铁木真就是你们的头领。长兄如父，你们要对他言听计从，母亲便是他强大的后盾。铁木真更要自强不息，不仅要当自己的家，还要成为蒙古英雄，振兴蒙古部族。"

从此，诃额仑一家开始了艰苦的流浪生活。有多少次，诃额仑和几个年幼的儿子坐在大帐里，望着被风雨吹打的帐顶，显得那么孤独无助。

一天，帐外狂风骤起，诃额仑感到一阵惊骇，她放下手中的活计，悄悄走出大帐，看着天空中飞舞的杂草，心里开始盘算：我们的营盘也应该换一换了，此处不再适合居住，当看看别处，找找运气。

这时，豁阿黑臣忧郁地站在诃额仑的背后，轻声说道："夫人，您回帐吧，我来服侍您就寝。"诃额仑看着豁阿黑臣的脸，歉疚地说："我们这一大家子，只有你一个侍从，辛苦你了。"豁阿黑臣笑着说："我的主人啊！就是有受不完的苦，我也会忠于自己的主人的，更不要说委屈了。您的这几个子女，他们也都在受苦。不过，他们吉照天祥，终有一天会苦尽甘来的。"

第二天，诃额仑带着一家子踏上迁徙之路。他们顺着斡难河流水的方向缓慢地前进着。晚夏的大草原上，暖风带着离愁仿佛向人们诉说着草原上悲伤的故事。太阳快要西下时，又渴又饿的合撒儿纵马赶到诃额仑身边说："母亲，我饥饿得很，能找点食物吗？"诃额仑看着茫茫的大草原，无奈地说："等我们安顿下来，母亲便让你们好好饱餐一番，再忍耐一阵。"说完她转头看着铁木真，要他开导一下合撒儿。铁木真心领神会，马上牵住合撒儿的坐骑飞奔起来。合撒儿十分吃惊，问是何故，铁木真故意大声喊道："跑起来就不觉得饿了，我们来比试一下马术吧！"合撒儿不过七八岁，刚刚学会骑马，听了顿时来劲了："好，比就比，我今日定要赢你。"两人骑在马上像是草原上刮起的一阵飓风，顷刻间就从众人的视线中消失了。

天将黑时，诃额仑让大家在一个小山冈上安歇下来。突然，远处传来一阵驼铃声。诃额仑让二夫人速赤吉勒去问问情况。速赤吉勒对这铃声特别熟悉，她神采飞扬地对诃额仑说："定是到中原做生意的西域人。"于是，诃额仑用所有的金玉之器，从西域商人那里换了不少牛肉和米面，解决了一家子的燃眉之急。

由于整日奔波，铁木真和几个兄弟很快就在草地上睡着了。诃额仑和速赤吉勒坐在地上合计着今后的日子。速赤吉勒说："今日换来的食物让孩子们吃得差不多了，我们明日又该怎么办呢？"

诃额仑也为难地说:"孩子们的食量太大,我们的食物又不够,明日众人在前方赶路,我去山冈挖些地榆来为他们解饥渴。"

第二天一大早,诃额仑将从前贵气华丽的衣物装进箱子里,拿起一块灰布扎在腰间,一身短衣打扮,纵身上马,奔驰而去。几个孩子都迷惑不解,速赤吉勒便对他们细说原委。铁木真一听,马上叫道:"母亲怎能如此委屈自己!这些事应该是身为长子的我来做才对,母亲不愧是女中豪杰。"说着,他便追随诃额仑而去。

铁木真走后,其他人在草地上缓缓地行进,一边等待诃额仑母子,一边在路上寻觅可围杀的猎物。晌午,诃额仑和铁木真在半山腰看到一片丛林中长满了杜梨,诃额仑用手去拽,结果一不小心从山坡上滑了下去。等铁木真追赶下去的时候,发现诃额仑正在用篐头簪在地上挖掘。她见儿子下来,兴奋地喊道:"孩子你看,这些地榆能让我们吃几天了。"铁木真一看,遍地都是地榆,再往下则是一片湖泊。母子俩激动地喊道:"好啊!这里山清水秀、草木丰盛,是天赐宝地啊!我们就在这里生活吧。"随后,诃额仑将十几人全带过来,并亲自搭起了营帐。

众子之中,铁木真首先挽起袖子忙活起来,他心中时时惦记着母亲的话:"父亲不在的时候,长子要担负起父亲的职责,为家庭分忧。"其余几个孩子也都到水溪旁去捡木棍和石块,尽自己的一份力。诃额仑搭好营帐后,对豁阿黑臣说:"今日是全家来到新营地的第一天,我去找些肉食来犒劳大家。"

诃额仑在草地上找了半天,终于发现了一个深深的圆洞,她断定这是野兽的巢穴。她小心翼翼地在巢穴附近寻找,又发现一个小洞口。于是,她在前洞点燃柴火,在后洞等候,不一会儿便抓住了一只又大又肥的野兔。诃额仑高兴极了,回到营地将野兔交给豁阿黑臣。当天晌午,一家人围坐在火堆前高兴地享用了一顿野味。

此后,在斡难河畔总有一个忙碌的身影,那便是诃额仑。她像男人一样纵马打猎、烹饪,担起了母亲和父亲的双重重担。每天她都带着孩子们在草原上放牧。他们现在只有九匹马(其中八匹是银河马),她将这笔财产视为珍宝。她常常对铁木真讲，要全力保护好这些财产，因为这是乞颜家族复兴的基础。

在一年多的时间里，铁木真一家在斡难河上下游迁徙了数次。对孩子们来说，饥饿成了最敏感的词语。他们终日为生存而挣扎，诃额仑和速赤吉勒每天在营帐中认真合计，才能勉强度日。作为家中的主要劳力，诃额仑每天的劳动已经不能用时间来计算。在一次打猎时，她遇到了一只野狼，因为第一箭没有射中，狼发狂般扑了过来。就在危急关头，幸好一个老牧民大声吆喝，才将野狼吓跑了。

诃额仑虽然脱了险，却生了一场病，在卧榻上整整睡了五天。在这几天里，速赤吉勒带着铁木真及其兄弟们整天在斡难河上下游追猎。每次出发前，铁木真总要高声吆喝：“未来的勇士们，我们的苦难会随流水而去的，长生天在庇佑我们呢！”

三、兄弟阋墙酿悲剧

面对生活的艰辛，在母亲的期待中，铁木真一天天地长大。就在诃额仑尽情地赞扬自己的儿子将来会是个有勇有谋、能征善战的勇士时，铁木真不为人知或是压抑着的另一面渐渐暴露了出来——霸道、专横、嫉妒心强。在与兄弟们的一次玩耍中，铁木真说："今日吾兄弟能有与我比的吗？你们以后都是我的侍从，这样我们才可以团结一心，战胜泰赤乌氏，光耀我蒙古乞颜。"别克帖儿反驳道："你作为长子怎能如此欺压我们，谁是最有力量和智慧的英雄还不知道呢！不要因为得到母亲的赏识便得意忘形了。"铁木真争辩道："诸弟在我面前就如蝼蚁一般，我断言，将来的蒙古草原上，唯一的雄鹰便是我，难道你们还想争权吗？"铁木真盛气凌人的样子，让众兄弟谁也不敢再言语。

有一天，诃额仑连夜赶制了六把弓箭，早上在餐桌前她高兴地宣布道："今日谁能少吃半块干榆，我便赏给他一把崭新的弓箭。"说完，她拿出一把精美的弓和插着四支箭的箭筒。众子心中都非常激动，早饭都没有吃就向母亲索要那把精美的弓箭。诃额仑见桌上剩下一大堆食物，心中不胜欢喜，说："既然如此，今日我就给你们一人一把吧！"她从大羊皮箱里取出弓箭，给他们一人发了一把。六个男孩拿着弓箭便跑了出去。坐在母亲身边的帖木仑诧异地看着母亲叫道："母亲，为何兄长们都去射猎，而我要坐在家中看管营帐呢？"诃额仑微笑着对她说："男人是要养活女人的，女孩子只要能照顾家人就是最大的幸福。"说完，诃额仑便出了营帐，喂马去了。

铁木真和众兄弟奔跑在山林中，就像飞出巢穴的鸟儿一样，快活自在。他们各自寻找着射击的目标。别克帖儿大声对众人喊道："今日我们都有新弓箭，谁能在林中射到鸟雀，我们就尊他为英雄。"众人纷纷响应。站在小山冈上的合撒儿在四野中寻觅，别克帖儿刚要上山冈，突然有一群飞鸟从林中飞腾起来。眼花缭乱的别克帖儿马上挽弓搭箭，向群鸟射去。众人都仰望着天空，看看有什么猎物落下，但别克帖儿的箭很快便落在他身旁的白石上。众人在一片嬉笑中看着沮丧的别克帖儿。

到了太阳最灿烂的时候，合撒儿看到林中有棵高大的松树，他在树下仔细观察，认定这棵树会招来猎物。他站在树下等了不久，远处果然飞来一只彩雀。他观察周围，只见兄弟们都在远处，于是，他不慌不忙地挽弓搭箭，双目紧紧地锁定目标，一箭射去，那鸟儿听到响声，马上飞了起来，但合撒儿的箭已经射中它的腹部，它飞了一段距离后，掉落在小山坡上。别克帖儿正在郁闷，突然看到不远处落下一只五彩的鸟来，不由得又惊又喜，飞奔过去将鸟拾起。合撒儿气喘吁吁地跑过来，对别克帖儿说："你知道你手中的彩雀是谁射中的吗？还不快快还给我！"别克帖儿轻蔑地看了合撒儿一眼，漫不经心地笑道："得了，这是我在地上抓住的，怎么成了你的呢？"合撒儿愤愤不平地跑到铁木真那里告状，铁木真说："大哥心中有数，你且让着他，待以后再慢慢教育他。"少年时期的铁木真及诸弟所生活的环境充满了陷阱、背叛、劫掠,现实给予他们的教育是野蛮的。艰难孤立的环境,加上生活的困苦,使他们兄弟之间产生了嫉妒和怨恨,而缺少文化教育的铁木真显然无法担当起教养的责任。

傍晚时分,铁木真带着众兄弟一起回到帐中。晚餐前,诃额仑对孩子们说:"明日我要同二母一起去山中寻找野生药草,你们可以在桑沽儿小河边玩耍,不要跑到远处让我们担心。"铁木真承诺道:"明日由我来带着他们,请二位母亲放心。"

第二天清早,诃额仑和速赤吉勒便上山找药草去了。铁木真举着一根长棍,高兴地对众兄弟说道:"我们今日就在桑沽儿小河边玩耍吧!我将这根长棍交给合撒儿,咱们先去钓鱼。"说完大家一阵风似的飞跑起来,直奔桑沽儿小河。他们坐在小河旁,一边嬉戏一边用双手在水面上拍打着。

合撒儿身负"重任",他离开众人,跑到一块巨石上打磨着铁针,做成了一个弯弯的钩子,用细绳系在长竿一端,找了个安静的地方悠然地钓起鱼来。就在众孩童玩得正兴奋时,合撒儿高兴地呼喊起来。众人一看,在灿烂的阳光下,一条闪闪发光的金色小鱼在鱼钩上跳动着。这鱼叫金色石鲸,比较少见。铁木真跑过去大声说:"好啊,好啊!今日这小金鱼一定会给我们带来吉运。"还没有等铁木真说完,别克帖儿飞奔上前,一把夺过了小金鱼。

铁木真与合撒儿见状马上上前索要,但别克帖儿带着别勒古台飞快地跑远了,并在口中叫喊:"你现在送我玩,他日我一定重谢你。"别克帖儿屡屡抢夺别人的东西,这让铁木真气愤得咬牙切齿。傍晚,他带着合撒儿回到帐中,请母亲为他们做主。他大声说:"母亲,别克帖儿是个坏小子,我定要好好收拾他。"诃额仑闻言,厉声训斥铁木真:"难道你对兄弟就这样没有胸怀吗?难道我每天都给你们讲的阿阑豁阿五子的故事还不足以让你们警醒吗?这样对得起祖先,对得起你们死去的父亲吗?以后你们兄弟之间不得再挑起争斗与不和。"铁木真与合撒儿低头无语，呆立一会儿后便向野外跑去。诃额仑本以为相安无事了，没想到接下来却发生了一桩惨剧。

铁木真、合撒儿一路上思来想去，越想越不服气，决心报复。

他们开始寻找别克帖儿。片刻的工夫，铁木真与合撒儿看到别克帖儿正坐在山冈上安闲地看着天空，而别勒古台则在不远处玩石子，他们便悄悄绕过去。合撒儿绕过山脚突然出现在别克帖儿的面前，铁木真则挽弓搭箭站在他的背后。别克帖儿见合撒儿一脸怒容，甚是可怕，再一转头，又发现铁木真正要用弓箭射杀自己。他大惊失色，闭上双眼大声叫道："我们有什么冤仇，要以性命相害。今天我们的仇敌还没有覆亡，你们却要杀害自己的兄弟。"说完，他两眼直视铁木真，又大声说："我们不应该互相残杀……"他见铁木真已拉开弓弦，绝望地说，"如果我真不能活了，请不要断了我家的炉灶，让别勒古台为我家延续血脉。如果你们善待别勒古台，那么我便没有什么怨言了。"

但是，铁木真并没有手软，一箭射穿了别克帖儿的胸膛。别克帖儿倒在巨石上，鲜血沾满了他的全身。铁木真见状，对合撒儿喊道："如此我等的仇恨才算完结了。日后没有绊脚的石头了，吃饭没有哽舌的骨了！"随后，他带着合撒儿准备回家去。

就在这时，别勒古台带着诃额仑和他亲生母亲速赤吉勒匆忙赶了过来。速赤吉勒看见倒在血泊中的别克帖儿，悲痛欲绝。诃额仑惊得目瞪口呆，站在山坡上一动不动。良久，她才跪倒在地上凄厉地叫喊着："长生天啊！我等是有何孽债，与此等狼心狗肺之人生活在一处，我请求长生天和也速该先夫将这个不孝之子带走，让我们安定地生活吧！"她悲愤地指着铁木真的脑袋，涕泪交加，仰天长叹。但铁木真脸上毫无愧疚之色，他愤怒地注视着别克帖儿的尸体，仿佛此时草原上再也没有了挑衅他的敌人。合撒儿身体颤抖着，一屁股坐在地上，心中越发恐惧。诃额仑和二夫人跌坐在别克帖儿身旁，一边号哭，一边怒声指责铁木真。铁木真却突然扔掉手中的弓，拼命地向山下跑去。

天很快就黑了，大家都静静地坐在别克帖儿的尸身边。诃额仑抬头一看，众子都在身边，只有铁木真一人不知所踪。到了深夜，诃额仑才对速赤吉勒说："现在养子如狼，你我心中悲痛欲绝。明日我们就将别克帖儿葬在他死去的小山冈上吧！希望他能感受到生前的气息，也好让他父亲来寻他。"

第二天清早，诃额仑和速赤吉勒抬着别克帖儿的尸体来到他经常玩耍的山冈上，将他埋葬了，又在坟上种上草籽。众人又是一通大哭。此刻，铁木真正站在另一山冈上远远地望着，但他心如磐石般坚硬，没有流下一滴眼泪。

在每个英雄的身上，世人都能看到一种强大的甚至是不可想象的天赋。铁木真作为一个以武力服人的草原上的孩子，从来不缺野性和冷酷。以复仇和掠夺为目标的草原强者也速该赋予了铁木真冷酷的秉性，善良果敢的母亲诃额仑给予铁木真无限的智慧。在对别克帖儿如此无情的同时，他对另一个同父异母的兄弟别勒古台又百般呵护。随着时间的流逝，别勒古台渐渐忘记了仇恨，视铁木真如同胞兄弟。

四、闯敌营成阶下囚

杀弟事件渐渐平息了，生活仍要继续下去。就在诃额仑一家饱受磨难的日子里，他们的仇人和劲敌泰赤乌氏正一天天地壮大，成为草原上的大部族。

这一天，塔儿忽台闲来无事，和几个小首领坐在金帐里悠闲地喝着马奶酒。他突然想起了乞颜部，说道："今年可能是个不安之年啊！你们看，已经过去了七年，被我们撇在旧营地的铁木真兄弟恐怕已经长大成人了。"

脱朵延吉尔帖听了心生恐惧，凑上前说："现在铁木真应该是个健壮的小伙子了，听说他骑在马上就能将一只袭扑羊羔的雄鹰射落，真是个了不得的勇士啊！如果我们不抢先扼杀他，将来他一定会成为泰赤乌最大的敌人。"塔儿忽台心里明白，铁木真作为老首领的长子，随时都有可能报背弃之仇，他放下手中的酒盏说："也速该健在的时候，我便看出铁木真不凡，等他长大成人，定是我泰赤乌氏的心腹大患。我们要趁早将这只刚刚长出爪牙的野兽除掉才是！"

当天晚上，塔儿忽台在中帐与众人商议除掉铁木真母子的计划。他在泰赤乌氏祖先面前发誓，要消灭乞颜部。次日，他带着五百个勇士在斡难河畔寻找铁木真母子的下落，打算一找到便就地诛杀，不留活口。

这天，铁木真和几个兄弟正在草原上放牧，突然对面山上传来一声清脆的哨响。合撒儿首先看见远处山坡下尘土飞扬，于是纵马前迎，发现一支骑兵飞驰而来，头领不是别人，正是乞颜氏的仇敌泰赤乌氏的塔儿忽台。合撒儿心中大骇，赶紧回头向铁木真报告情况。铁木真料想是泰赤乌人前来偷袭，于是让合撒儿马上去告诉母亲，让大家都躲到山林中去，他自己殿后。

塔儿忽台见前方有营寨，便纵马上前，只见铁木真母子正向山林奔去，他紧随着在后方追赶。由于林木茂密，骑马不便，铁木真只得回马迎敌。

合撒儿看见塔儿忽台等人被挡在山林之外，便停了下来。塔儿忽台对众人说："山深林茂，我们不便跟进。现在砍些树木做篱笆，不怕捉不住他们。"刚钻进树林的别勒古台闻言，马上用树枝编制了一个盾牌，射出一箭将一个泰赤乌人射倒。铁木真、合撒儿带上一个侍从，靠近别勒古台，几个人并肩战斗，竟然将泰赤乌人的几次进攻都挡了回去。

塔儿忽台不想强攻，便高声恫吓道："树林中人不必顽抗，我只要铁木真，其余人等一概不杀。"合撒儿听了，马上让铁木真一人骑马到深山中躲避，因为他们的抵抗坚持不了多久。

铁木真得知泰赤乌人是冲着自己来的，心里一阵慌乱，他担心连累家人，便听从合撒儿之言，径直向山林深处奔去。

塔儿忽台望见铁木真一人逃进深山，于是命令部众包围山头，然后一步一步往山中搜寻。

铁木真纵马在林间一路奔跑，发现身后并没有人追来，便停下来休息。他想，现在泰赤乌人定在山外守候，待三日之后我再出山，必能逃脱。他在山中找了一块小小的开阔地，静待山外敌军撤退的消息。

就这样，铁木真在山林中整整等待了三日，估计泰赤乌人走了，他牵着战马慢慢地向山外走去。就在他快到山口之时，身后突然"嘣"地响了一声，他急忙转过头去仔细察看，发现马背上的鞍子滑落了，但马身上的肚扣还是好好的。铁木真感到奇怪："肚扣没有松动，马鞍怎么就滑落了呢？这是不祥之兆！或许泰赤乌人还在山外守着呢！"稍一琢磨，他又牵着战马往回走，继续在林中躲了三天三夜。

铁木真又饥又渴，想另找出路，于是牵着马往西山口走，就在他快要出山口的时候，又见到了一件怪事：一块如营帐那么大的白石堵住了去路。铁木真心里又打鼓了："山上怎么会有如此大的石头掉下来，前日来时并没有。再者，如此巨大的石头不可能是从山上滚落下来的，难道是上天在暗示我不要出山？"铁木真挠挠头自言自语："还是再躲避几日吧，到时泰赤乌人应该离去了吧！"于是，他顺着山路又进入森林之中。

如此往返三次，到了第九天，铁木真一边啃着野果，一边想："难道长生天是为了让我不被泰赤乌人抓住，才让我躲藏在深山中吗？可现在食物都没有了，待在这里也是等死，不如硬闯一下。如果我真的不能自保，那也是长生天的安排，我就遂了这天意。"他决定这次无论发生什么怪事都不再回头了。

结果，就在铁木真从一条狭窄的石缝中穿过去，站在山路口时，忽然响起一阵呼哨声，一大群泰赤乌人朝他涌过来。他们手中挥舞着刀棒，嘴里不停地呼喊着。铁木真见势不妙，忙翻身上马，可他刚跑到山下的一片草地上，就被塔儿忽台一帮人挡住了去路。铁木真眼疾手快，纵马挥刀冲向塔儿忽台,但还没等到他冲到塔儿忽台跟前,背后的泰赤乌人就已经用绳索套将他套住,把他拖下马来。铁木真倒在地上,不停地挣扎、大骂。塔儿忽台得意地看着他,冷笑着说:"今日我倒要看看你这个自称草原英雄的人到底有多大能耐。你若是一只鹰,我就折了你的翅膀;你若是一只虎,我就拔了你的獠牙。明年让你母亲为你祭奠吧!"

塔儿忽台命人把铁木真绑住,用棍棒高高架起,抬回泰赤乌部的营地。

铁木真的手脚都被泰赤乌人上了枷锁,塔儿忽台下令将他轮流交给各营寨看守。按传统,泰赤乌人准备在斡难河畔举行盛大的宴会后,再处死铁木真。

铁木真坐在囚笼里,没有一丝恐惧。他默默地向长生天祈祷:泰赤乌人,长生天是我的保护神,我若有什么闪失,上天定不会放过你们,你们无尽的罪孽将难以洗脱。他镇定自若,闭上眼睛假睡,任凭泰赤乌人在自己面前大呼小叫。当然,铁木真并没有放弃逃跑的打算。泰赤乌人没有派专人看管他,每换一个监所,他便有一个逃脱的机会。

这天,塔儿忽台对身边的大小头目说:"铁木真已经被我们抓住数日,我们应该怎样庆贺一番呢?"脱朵延吉尔帖抢先在塔尔忽台面前讨好说:"首领,我见近日天空暗淡,山中常有野狼嗥叫,不如我们找个好时辰,举行典礼来祭奠长生天和山神吧!"他清了清嗓子,接着说:"我们要请萨满教主来主持仪式,而最好的祭品当数铁木真小儿的人头了。"塔儿忽台抚着胡须,快慰地说:"如此甚好,现在正是春祭的好季节。我们在祭天祭山之前要在斡难河畔举办一次大宴会,扬一扬我泰赤乌部的威风。"

由于每个营寨都要监押铁木真一日,因此他认识了不少泰赤乌部的人,其中就有速勒都孙氏的锁儿罕失剌父子。他们的身份比较低微,铁木真来到他们营寨的时候,见老人锁儿罕失剌面容敦厚,便和他攀谈起来。铁木真问道:"老者过去在蒙古部的时候便是个敦厚善良之人。待我得出虎口、安定事业之时，你再回到我的部族如何？"锁儿罕失剌非常谨慎地说："你觉得这样可以宽慰你的话，我可以满足你，但你千万不要因我家人敦厚便牵连我们。"他把自己的两个儿子沉白和赤老温叫进来看守铁木真。兄弟二人一见铁木真，甚是喜欢，三人一见如故，聊了起来。铁木真看着沉白和赤老温，高兴地说："两位兄长，我们年龄相仿，但不知你们的力气如何？"兄弟俩微笑着对铁木真说："小英雄，待到天黑人散之时，我们可以解开你的枷锁，到时我们再好好比试一番。"他们晚上果真卸掉了铁木真的枷锁，一起对饮吃肉。从此，沉白和赤老温便成为铁木真推心置腹的好朋友。

快活的一天很快就要过去了，铁木真对锁儿罕失剌一家说："明日不知又要押往何处受苦，但今日之情我定会永生铭记，并告知我的子子孙孙！"说完，铁木真自己戴上枷锁，端坐在囚笼中。这时，赤老温上前说道："小英雄是个有富贵之气的人，他日若能再相见，定要帮助你渡过难关。"他端上一盏奶酒与铁木真一饮而尽。

宴会和祭祀的日子一天一天地逼近，就在宴会举行的前一天，铁木真被绑在一个小营寨里，主人坐在草地上商量着参加宴会的事情。铁木真侧耳倾听，得知他们明日要用他的头颅祭祀，不禁绝望到了极点，但他仍没有放弃逃跑的念头。

天色暗淡时，铁木真被送到了另一个营寨。他站在刚刚搭起的营帐里，仔细搜寻着逃脱的机会。这时，外面走进来一个小伙子，人们称他格列不列（羞怯儿）。铁木真仔细观察着他，没想到他竟然脸红起来，唯唯诺诺的，一时竟不知如何站立。铁木真不由得心中一震，暗自庆幸。他一边盘算着，一边佯装打瞌睡，闭上了双眼。

第二天早上，所有泰赤乌人都坐在斡难河畔的营地上，畅快地饮酒吃肉，悠然地欣赏蒙古舞蹈。塔儿忽台站在中央，高声说道："今日四月十六日，正是春暖花开的好时节，带着长生天和山神的指示，我们尽情欢娱吧！明日便是祭祀天地的好日子，泰赤乌人的神勇和忠诚将让长生天和山神看到，祈祷它们保佑我们吧！"说完，他将满满的一碗酒一饮而尽。众人都站起身来同声应和："我们祈祷长生天和山神，泰赤乌族定会一往无前！"言毕，把头一扬，一口干了手中的酒。

酒至半酣，塔儿忽台有点得意忘形，兴奋地说："前些日子抓到的铁木真现在就囚在我营寨之中，明日用他的首级祭祀天地，神灵们一定会感动的，我们的祖先也会安息的。泰赤乌的雄鹰啊！你飞到远方带着猎物归来，我们的贵气和福气是从神灵那里降来的。"塔儿忽台的话让泰赤乌人激动万分，没人注意到押在囚笼中的铁木真正酝酿着逃跑的计划。

宴会直到夕阳西下时才散。

夜幕降临，铁木真睁开双眼，借着微弱的火光，看到格列不列正望着自己的脸发笑，于是，他紧紧地盯着格列不列的眼睛。这个年轻人的脸马上变得通红，默默地低下头去。铁木真见机会来了，便悄悄地站起来，将手上的木枷高高举起，用力往格列不列后脑砸了下去。格列不列一声未吭，眼睛一闭，便倒在了地上。

铁木真爬出囚帐，发现附近石栏上系着一匹马，于是飞奔过去，纵身上马，向草原深处奔去。但跑了一阵，他辨不清方向，一时不知该往何处逃。

不一会儿，被砸晕的格列不列醒了过来，摸着自己的后脑勺大声地叫喊："囚犯跑了，铁木真逃跑了！"

他不停地叫喊着，把整个泰赤乌部都惊动了。塔儿忽台从睡梦中醒来，来不及更衣，就带着众人朝铁木真逃跑的方向追去，每遇到一个岔路口就分出一批人马。

月华如银，亮如白昼，这样跑下去很容易被追上。铁木真想了想，将自己骑的马绑在森林入口处的一棵枯树上，然后转身躲到斡难河的芦苇丛中。不一会儿，他听到身后有大队人马奔跑的声音。铁木真将脸浮在水面上，身躯沉在冰冷的河水里。他听到无数人从身旁经过，但没有一人驻足。他顺着河水缓缓地漂动，直到感觉危机已经过去，才稍稍松了口气。

突然，他又听到了一阵急促的马蹄声，于是又重新浸入水中。然而，马蹄声在近前消失了，显然是有人在河边停了下来。铁木真判定骑马人已经发现了自己。只听那人轻声喊道："铁木真，无须惊慌，我们寻你多时了！"铁木真抬头一看，来人竟是锁儿罕失剌。他放下心来，对老人说："你是速勒都孙氏的锁儿罕失剌吗？我在你家住过，难道你就忍心看着一个蒙古首领的后人被杀害吗？"

锁儿罕失剌轻轻地拍着铁木真的脑袋说："泰赤乌人要杀你，就是因为你那非凡的相貌、出众的胆识和智慧。如果塔儿忽台有你一半的智慧，就不会干出那么多蠢事了。"铁木真见锁儿罕失剌并无敌意，便放心上了岸，他坐在草地上对老人说："大恩人，你今日助我，他日我定会报答，永生不忘您的大恩情。"锁儿罕失剌焦急地嚷道："难得你还有闲心歇息，赶快逃命去吧。今日放过你的是长生天，不是我，你要将恩情记在长生天那里。快走吧！"说完，锁儿罕失剌便牵着战马一步步地向自己的营地走去。铁木真心中顿生感激之情，他对着老人的背影拜了拜，然后含着泪向山林中跑去。

泰赤乌人在林中搜寻了整整一夜，空手而归。塔儿忽台想，难道铁木真插翅飞了吗？整个山林一处也没有放过，怎会见不到人呢？他正在纳闷之时，脱朵延吉尔帖建议说，天就要亮了，大队人马搜寻容易暴露，不如派几个小分队暗中去搜。塔儿忽台便让脱朵延吉尔帖在此负责，自己则去处理祭祀之事。临行前，他又嘱咐了一句："我们等着铁木真的人头来祭祀神灵呢！你们一定要捉住他！"

清晨，东方露出鱼肚白。铁木真备感疲惫，饥寒交迫，他站在斡难河畔的树林中不停地颤抖，心想："现在四面是敌，我该如何安身呢？"

他正在踌躇时，忽见山中飞过一群野鸟，朝泰赤乌营地的方向飞去。他目不转睛地看着，心中豁然开朗，对自己说道："现在最危险的地方就是最安全的地方，前日锁儿罕失剌一家与我交谈甚好，他们仁厚可靠、待人真诚，今天若再去找他们，他们定会救我性命的！"他长长地叹息一声，然后顺斡难河而下，朝着太阳升起的方向去寻找速勒都孙氏的营地。由于担心路上会遇到仇敌，铁木真只得绕过大道，横穿山林。早晨的太阳透过树隙暖暖地斜照过来，他觉得身上暖和多了，心情也渐渐舒畅了。他顺着记忆中的路线，寻找锁儿罕失剌的营地。走着走着，忽然听到一个熟悉的声音，那是搅乳器的声音，他知道这是锁儿罕失剌家的人在搅乳制黄油。锁儿罕失剌家是泰赤乌氏的世袭奴隶，主要负责给泰赤乌贵族搅马乳，常常彻夜不休地干活。

当铁木真站在锁儿罕失剌一家人面前时，锁儿罕失剌大惊失色："你为何不听我言去寻你母亲和兄弟，反倒跑到这里来了？"

铁木真无奈地看着锁儿罕失剌哀求道："恩人，现在我走投无路，如果不到这里来，定会丢掉性命！"锁儿罕失剌默默地看着铁木真，一言不发。这时，沉白和赤老温从屋里走出来，问道："这不是铁木真吗？如果鸟儿被鹰鹞追逐，无论是草地还是丛林，都能让它们躲藏起来，难道我们父子几人反而不如草木，保护不了一个人吗？阿爹，咱们救救他吧！"锁儿罕失剌见孩子们如此同情铁木真，只得答应再冒险帮铁木真一回。沉白和赤老温见父亲同意了，就上去打开他脖子上的木枷，将木枷投入火中烧掉。

泰赤乌氏人在斡难河的山林中又搜寻了一遍，但仍一无所获。第三天晚上，塔儿忽台聚集所有泰赤乌贵族，商议捉拿铁木真之事。有人建议再到斡难河上下彻底搜查，有人说将树林烧掉，把铁木真烧死在山林里。塔儿忽台大声说道："铁木真身戴枷锁，又多日无食，能跑到哪儿去！会不会是有人将他藏了起来？如果不是这样，那我就真的相信长生天在护佑他。"众人睁大眼睛，连连点头称是。脱朵延吉尔帖阴笑着看着众人，说："那会是谁家如此大胆，私藏重犯呢？"塔儿忽台肯定地说："藏他的人是谁，明天一查便知，这有何难！你们挨家挨户地搜查便是。"塔儿忽台伸了个懒腰，说道："今日之事，不可走漏风声。现在众人各自归去吧！"于是，议事大帐中的贵族们陆续离开，向自己的营寨走去。

第二天，铁木真正在帐中喝马奶、吃麦饼，锁儿罕失剌小心地在外面打探，气喘吁吁地跑回来对铁木真说："此地非安全之处，你快快躲避起来，塔儿忽台很快就要搜到这里来了。一旦被搜到，不仅你活不了，我们全家也会大祸临头的。"

一旁的沉白机灵地说："藏在我兄弟帐中吧，我们那里没有人出入。"锁儿罕失剌摇摇头说："不可，那里太危险。"

这时，一位十四五岁、娇小玲珑的少女走了进来。锁儿罕失剌忙向铁木真介绍说："这是我的小女儿，名字叫作合答安。"

铁木真见她如此清纯动人，好感顿生，冲她笑了笑。

"你在这里很容易被人发现，不如暂时藏到羊毛车里去。"合答安说。

沉白和赤老温将铁木真带至羊毛车前，说："铁木真，要想活命就只能先委屈一下了。"他们让铁木真藏在车里，然后叫来妹妹合答安，命她好生照顾铁木真，不得对任何人说。

铁木真在车里躲了一整天，夜深的时候，他从羊毛堆里钻出来，神情不安地看着合答安。合答安问道："听说你是个勇士，今日怎么落得这样的下场呢？"铁木真眨了眨眼睛说："你们女孩怎么会知道英雄的苦难呢！英雄都是像我这样吃苦受罪的，只是你没听说过而已。"合答安安静下来，不再追问了，但铁木真却来了兴致："唉，真可惜，遇到你这么一位既漂亮又聪明勇敢的少女，却不能表达我的爱意。"合答安听了害羞地低下头，轻声道："你身处险境还有心思顾及儿女私情呀？"铁木真笑道："你父亲仗义收留我，这样的恩情我会一辈子记住的。日后你若有什么难处，只管呼叫我铁木真的名字，到时我定会前来保护你。你记住了！"合答安羞涩地笑了笑，看着铁木真说："还是等你逃过此劫再说吧。而且你是高贵的黄金家族，怎么会看上一个奴仆？"天快大亮之时，合答安又让铁木真躲到羊毛堆里，并一再叮嘱他不要言语。然后，合答安静静地坐在车旁捻羊毛。

太阳高照的时候，塔儿忽台带着大队人马一路搜查过来。锁儿罕失剌听到嘈杂声，忙探身望去，发现塔儿忽台正在对面的营帐中搜查，接着又听到一个声音："这里没有铁木真藏身的痕迹，我们再去下一个营地。"锁儿罕失剌闻言惊恐万分，急忙让赤老温告诉铁木真与合答安。合答安抱起一堆羊毛堆在铁木真的头上，然后镇定地坐在车旁，一点一点地整理着羊毛。沉白和赤老温则回到羊群中各自忙活去了。

一会儿，塔儿忽台的人马便到了锁儿罕失剌的营帐外面，还没有等他说话，塔儿忽台便亲自在营帐里搜查起来。锁儿罕失剌满脸惶恐地看着他们。塔儿忽台等人在帐内乱翻一通，连卧榻下和车帐里也翻遍了。锁儿罕失剌战战兢兢地问道："主人是要捉拿铁木真吗？我这里哪还能藏人啊，就是土拨鼠我们也能看到啊！"塔儿忽台瞪了锁儿罕失剌一眼，冷笑道："今日我要好好搜一搜，难道铁木真会插翅飞走吗？"就在这时，一个侍从在营帐后面喊了一声："主人，这个羊毛车里似乎有人藏匿。"塔儿忽台眼睛突然一亮，走了过去。

锁儿罕失剌的心怦怦直跳，似乎要跳出喉咙，他赶过去说道："如此炎热之天，在羊毛堆里怎么活命？"塔儿忽台不理，拿着刀在羊毛堆里一阵乱捅，见没有异常情况，便将手一挥，下令停止搜索。锁儿罕失剌赶紧殷勤地说："主人，我家是您的世袭奴隶，绝不敢有半点叛逆之心。我的忠诚是世人可以看到的，是上天能够感知的。"

塔儿忽台走后，锁儿罕失剌才知道铁木真并不在车里，而是被机灵的合答安转移到另一堆羊毛里去了。赤老温拍着自己的胸脯快慰地说："铁木真兄弟果然是个贵人，有长生天保佑啊！"说完，他长长地叹了一口气。

接着，锁儿罕失剌对众人轻声说道："今日铁木真三次遇险，令人心惊肉跳，晚上我们务必合计一下如何让他逃生。"当天色渐渐暗下来时，锁儿罕失剌一家才放下心来。整个草原又归于沉寂，人们都坐在帐中畅饮，牲畜站在围圈里打鼾，小溪在静静地流淌。

铁木真见外面寂静无声，就在车内轻轻地呼唤合答安的名字。合答安急忙将羊毛卸掉，让铁木真站起来，只见铁木真面如土色，嘴唇不停地抽动，一时无法说出话来。

锁儿罕失剌走过来说："今日得以逃脱实在是侥幸，此地不可久留，我已经将脚力和干粮都准备妥当，你今夜便向家中营地赶去，否则就找不到你的亲人了。"他将铁木真带到帐前，送给他一匹草黄色的母马，马背上没有备鞍，也没有给铁木真火镰。赤老温给了铁木真一张弓和两支箭。锁儿罕失剌最后说道："我的小英雄，快快上路吧！"

铁木真对着锁儿罕失剌一家拜了数拜，翻身上马，坚定地说道："恩人留步！我的性命是你们搭救的，若我有出头之日，将与你们同享富贵。"说完，他纵马疾驰，很快便消失在浓浓的夜色中。

五、虎口脱险结情谊

铁木真一人单骑，沿着草原上蜿蜒曲折的斡难河，飞驰奔逃。幸运的是，他一路上没有碰到仇人。当他骑着马在满噶马那瓜的草地上奔驰的时候，心中并没有悲伤、压抑和胆怯，只是迫切地想要见到母亲和兄弟。然而，他回到家中营地后，只见窝棚虽在，但已不见了母亲和弟弟们的踪影。

铁木真顾不上休息，顺着人畜在草地上留下的踪迹，一路向斡难河方向寻去，一直追到乞沐儿合河口。整整一夜的奔驰，让他疲惫不堪，加上多日衣不暖食不饱，他感觉喉头像堵了一团羊毛似的难忍。他朝四周看了看，决定在树林中休息片刻。但他刚要闭上双眼昏昏欲睡之时，山林中突然跑出一只小野猪。铁木真慌忙去拿身边的弓箭，但转念一想，还是留下这两支箭吧，万一遇到什么突发状况，还可以应急呢！就这样，他眼睁睁地看着小野猪向远处跑去。他仰望天空，发现太阳已经过了半空，于是忍着饥渴，纵身上马，又去寻找家人。

跑了两个多时辰后，天黑下来了。突然，他听到身后有马奔驰的声音。他骑上马悄悄地绕过一片树林，绕到那些人的后面观察，只听一个壮汉大声喊道："刚才我明明听到山林中有响动，现在怎么空空如也呢？"另一个人说："今日我们若能拿住铁木真，回去便是英雄了，塔儿忽台首领一定会重赏我们的。"他们一边察看道路两边的情形，一边向前跑去。

铁木真警惕地躲在一棵大树后，心中思索：若不除掉这两人，我便无法前进一步。于是，他跑回水泽旁，用一根树枝重重地在马背上刺了一下，那马疼痛难忍，飞一般地向站在路口的壮汉迎面撞去，将他撞翻在地。铁木真冲过去，骑在壮汉身上，掐住他的喉咙。谁知那壮汉力大，拼命地翻身起来，奔向草原深处。铁木真赶紧拿出弓箭，一箭将那人射倒，铁木真赶过去，那壮汉已经奄奄一息了。

铁木真兴奋地对着天空大声喊道："长生天啊，是您的力量让我有杀敌的勇气！我要像杀此人一样杀死所有泰赤乌人。"随后，他连夜马不停蹄地赶往斡难河源头，很快就来到了豁儿出恢山附近，只见小溪旁有许多牲畜在饮水，他判断这附近一定有人居住。

于是，他来到三河源头的高坡上，大声叫道："母亲，合撒儿……"但无人回应。他看见地上有一个破旧的羊角壶，便拾了起来，他认出这是合撒儿的东西。"难道家中的财物都丢尽了吗？我的家人现在到底在什么地方？"他将那个羊角壶放在衣服上擦了擦，装进自己的皮筒中，又跪对上天说道："祈祷长生天保佑我们全家吧！"就在这时，一个熟悉的声音传入他的耳中："哥哥回来了，哥哥回来了。"铁木真循声望去，说话的正是自己的幼弟铁木哥斡赤斤。铁木真一个箭步冲上去，抱了抱弟弟，然后向营帐奔去。当他见到母亲的时候，眼泪像断线的珍珠一样滚落下来。帐中的诃额仑费了很大劲才从铁木真语无伦次的讲述中弄清楚事情的始末。诃额仑马上大声呼唤家人过来,然后激动地说:"铁木真,真的是你吗?感谢长生天保佑我的长子平安归来!"母子、兄弟久别重逢,铁木真紧紧地抱住母亲,泪如雨下。合撒儿、合赤温和别勒古台围在铁木真身旁,像迎接英雄一样将他托起。全家人在一片激动和泪水中再次祈祷长生天保佑,保佑铁木真逢凶化吉。

一家人会合后不久,他们就离开三河源头,迁徙到桑沽儿河上游古连勒古群山的合剌只鲁肯山,山旁有阔阔纳浯儿湖(青海子)。古连勒古群山是不儿罕合勒敦山脉(肯特山脉)的外延部分。铁木真坐在马上对母亲说:"此处水草丰美,我们的马儿在这里放养一定会长得壮壮的。"诃额仑连连点头,他们便在古连勒古群山下的桑沽儿河畔安营扎寨。

生活仍然很艰苦,他们只能猎取一些旱獭和野鼠充饥。那里有很多野生小动物,其中有一种叫貔狸,体形和老鼠相似,肉质鲜美,是草原上难得的野味。为了觅食,数月间他们的足迹遍及桑沽儿河源头、合剌只鲁肯山下和阔阔纳浯儿湖畔。

铁木真一家现在的全部财产是八匹银合马和一匹老驽马,其中有一匹银灰色骟马,雄骏异常,名叫"银合王子"。铁木真和弟弟们都非常喜爱这些马,每天精心喂养,把它们养得膘肥体壮、雄健有力。

一天,一群草原盗贼悄悄潜入,把八匹银合马全部偷走了。那天下午,铁木真像往常一样到马棚去喂马。当他打开马棚门,发现一匹马也没有了,不禁大惊失色,扯开嗓门喊道:"兄弟们,我们的马被人盗了,快来抓盗马贼!"

几个兄弟急忙跑出来。这个损失对他们来说是毁灭性的,这些马可是全家人的活路啊。

合撒儿和别勒古台拔腿要追,铁木真叫住他们,吩咐道:"合撒儿和别勒古台留下,守好咱们的家。拿我的弓箭来,我去追。"

盗马贼是以脱朵为首的七个主儿乞族人。他们当时正赶着一大群马转移营地，顺手牵羊偷走了铁木真家的银合马。他们并不知道马的主人是谁。

铁木真单枪匹马去追，直到太阳下山还是没有发现盗马贼的踪迹。他一口气在草原上奔跑了三天两夜。直到第三天晚上，他才下马休息，站在茫茫的草原上，他发誓："这些被诅咒的主儿乞小人，今日我就是踏平大草原，也要寻回我家的八匹银合马。"他准备继续搜寻，突然，远处出现了一群牲畜，他仔细一看，原来是一个少年坐在一匹大白马上悠然地扬着马鞭，高唱着牧歌在放牧。铁木真向少年走去，见这英俊少年一身好打扮，放牧的马匹也多得一下子数不清。那少年转头看着铁木真，见他一副疲倦的样子，便问道："小兄弟，你因何事这么疲劳？"铁木真上前说道："这位兄弟，有人偷走了我家的八匹银合马，你是否看到盗马贼经过这里？"少年答道："是有一群人带马群经过这儿，但已经走得很远了，你骑着这匹驽马是追不上的。"他向铁木真扬了扬手，说道："骑我的马吧，小兄弟，我们一起去追赶盗马贼。"铁木真追马心切，忙把那匹驽马系在一棵小树上，然后与少年一起追赶。铁木真对少年说："兄弟如此仗义，实在令人感激！我叫铁木真，请问兄弟如何称呼？"那少年也飞奔起来，大声说道："我的父亲是纳忽伯颜，我叫博尔术。这群马都属于我。今日见你追盗马贼追得辛苦，便有心助你一臂之力。"博尔术年纪虽小，为人却豪爽热情。

铁木真称赞道："博尔术，我看你是个小英雄，等我追回马匹，请你到我家去做客，咱们结为兄弟。"博尔术高兴地笑道："我早已听说过你的大名，你才是草原上的英雄。等找回马后，到我家吃顿好的吧。"

他们一边说话，一边并驾齐驱。第二天早晨，他们下马查看盗贼的踪迹，博尔术高兴地说："铁木真兄弟，我敢断定盗马贼离我们不远了，最迟明日便可赶上。我们一鼓作气，快马加鞭。"博尔术将自己的马群散放在一个水泽边,然后与铁木真轻骑而去。这时,铁木真的干粮已经吃完了,他饥渴难忍,连挥舞马鞭的力气也没有了。博尔术见状,将自己剩下的最后一块牛肉递给铁木真,说:"好兄弟,这点干粮你先垫垫肚子吧!"铁木真见博尔术如此慷慨,连声道谢。之后,他们在草原上又奔行了一天,直到第六天傍晚,博尔术指着草原深处的一队人马小声地说:"兄弟,我们的敌人已经出现在眼前了。"铁木真顺着博尔术指的方向看去,一眼便认出了他的"银合王子",发现那八匹银合马正悠闲地在草地上吃草呢!

铁木真和博尔术潜伏在主儿乞盗马贼的营地旁边,小心地计议:"博尔术,我们强抢能夺回马匹吗?"博尔术笑道:"不用强抢。难道他们能从你那里偷去,我们就不能偷回来吗?硬碰硬是不行的。"铁木真听了不禁对博尔术跷起大拇指。天色暗下来的时候,那些盗马贼一齐聚在营帐里吃喝,他们大声叫喊着,喝酒划拳,完全没有留意外面的动静。铁木真说:"兄弟,你留在这儿,我过去把那些马赶出来。""说好来给你做伴,我怎么能留在这里?"博尔术反对道,"你现在转到马棚里去,将马全部放出来,我来将它们赶走,然后我们在水泽旁会合。"于是,铁木真钻进马棚,轻轻地解开缰绳,将马一匹匹地牵了出来。站在外面的博尔术飞身上马,将一大群马全部带走。铁木真站在营帐外,向里面的人骂道:"你们这些盗马贼,活该!"说着,他大摇大摆地走出营地。

盗马贼闻声而动,一窝蜂似的追了出来。铁木真勒转马头,用箭射击追赶者,故意大声喊道:"兄弟们快来,别让盗马贼跑了!"他虚张声势,与盗马贼对射一阵,然后乘着夜色离去。盗马贼理亏,又不知对方底细,不敢贸然追赶。

不久,铁木真与博尔术在水泽边会合了。他放眼望去,只见那些被博尔术聚拢在一起的马匹黑压压一片,静静地站在那儿。铁木真欢喜地喊道:"博尔术兄弟,我们快快动身吧,小心那帮盗马贼追上来。"博尔术轻轻一扬鞭，整个马群立刻飞奔起来。

博尔术对铁木真敬佩有加，说："铁木真兄弟，你是蒙古人的希望，将来若要成就大事，别忘了算上我一个，我会全力支持你的。"

两人一路相谈甚欢，又赶了三天三夜的路，博尔术带着铁木真终于到了自家营地。他对铁木真说："兄弟，快快到我家中好好歇息，也让我父亲好好看看你这个蒙古英雄。"

铁木真早已疲惫不堪，饥肠辘辘，便毫不客气地在纳忽伯颜家享用了一顿丰盛的晚餐。铁木真很好奇博尔术小小年纪怎会如此了解盗马贼的情况，纳忽伯颜笑着说："我们长期在草原上牧马，遇到盗马贼是常有的事，接触得多了，怎么会不了解？"他觉得眼前这个少年气宇不凡，胆识过人，将来必成大器。

第二天早晨，铁木真先拜谢纳忽伯颜，然后又对博尔术说："博尔术兄弟，我离家已有多日，家人一定很为我担心，现在只能先道别了。如果长生天保佑，我们会再见的。"博尔术送给铁木真一大皮袋羊肉，以备路上食用，然后又说："铁木真兄弟，今日的磨难定会使你更加坚毅。期待着你建功立业的那天，我们虽在不同的部落，但等到你有力量聚合各部之时，我们再在一起成就英雄壮举吧！"说完轻轻拍打铁木真的马背，送他上路。

铁木真带着自己的八匹银合马，向阔阔纳浯儿湖进发。他走在路上，不停地念叨着博尔术的话，心想："若将来要复兴祖业，博尔术是个能以大事相托之人。"

几天后，铁木真终于又站在母亲和兄弟面前，合撒儿飞身上前一把抱着他，欣喜地说道："铁木真，我的兄长，我还以为你被盗马贼抓住了呢，真让我们担心啊！现在人和马都回来了，你真了不起！"铁木真向家人解释道："凭我一人之力，哪能找回马群。我在路上遇到了一个叫博尔术的小英雄，是他帮助了我，才能平安归来。过些天我定要去好好答谢他。"诃额仑说："那就让博尔术来家里做客，我们定会像亲友一般款待他。"合撒儿也说:"今日能有如此善良之人帮助我们,真乃长生天赐福。铁木真不仅使被盗的马失而复得,还结识了博尔术这个难得的好朋友,真可谓塞翁失马,焉知非福啊!"大家听了,都哈哈大笑起来。

第三章　在仇杀与争战中崛起

一、娶得贤妻孛儿帖

盗马事件之后,铁木真一家终于过了一段平静的生活。转眼便到了1184年初夏,桑沽儿河边已经搭起了好几处蒙古包,蒙古包外边停着几辆勒勒车①,草原上有牛群、羊群、马群和驼群。现在,铁木真一家已完全摆脱了困境。

此时,诃额仑做出了一个让全家人欣喜若狂的决定——给铁木真娶亲。她将铁木真兄弟叫到身边,对大家说:"几年来,我们家几经磨难,历尽艰辛,如今我的孩子们都已长大,可以各自独立生活了。我现在第一个担忧的自然是铁木真。"她将目光转向铁木真,"你早年与弘吉剌部孛儿帖小姐的婚事还没有落定,想必德薛禅亲家也一直惦念着你,你应该去探望一下他们。如果他答应举行婚礼,倒也可以了结一桩好事。今年是猪年,是娶妻成家的好年头。你成亲了,母亲也了却一件心事。"

铁木真睁大双眼看着母亲,心中想道:"我的孛儿帖已经有十年没有见到我了,我怎么会不思念她呢?只因生活所迫,我一直将思念压抑

---

① 勒勒车:蒙古族使用的古老交通运输工具,木材所制。

在心底。"他站起身来对母亲说:"母亲,我已年壮,也想去完成自己的终身大事。您觉得我何时出发为好?"诃额仑端坐在卧榻上,肯定地回答道:"你明天就出发吧!"

别勒古台突然站起来插话说:"我想和哥哥一同前往。"诃额仑见别勒古台兴致甚高,便对铁木真说:"那好,你和别勒古台一起去,一路上也有个照应。我马上去做些准备。"

铁木真拉着母亲的双手,激动地说:"母亲,我恨不得今日便起程,早早迎娶孛儿帖,这样全家人心里都会踏实自在。"铁木真回自己的营帐里简单地收拾了几件衣物。此时,诃额仑却为难了,因为她实在不知道送什么礼物给德薛禅亲家,她在帐中一直忙到深夜,也没个头绪。

第二天,铁木真整装待发。诃额仑又将全家人叫到一起,郑重地说:"今日铁木真就要去迎亲了,我们没有酒肉相送,也没有庞大的迎亲队伍,但我们一家人的心是火热的。我们来给铁木真和别勒古台送行,请长生天保佑他们顺利归来。"

合撒儿对铁木真叮嘱道:"我的两位兄长,你们经过塔塔儿人的营地时应万分警惕才是。"铁木真严肃地点点头,说:"我绝不会让父亲的悲剧在我身上重演。"别勒古台则说:"弘吉剌人富庶,住的是板房,希望他们没有迁徙,这样兄长就能顺着记忆中的路线找到了。"铁木真连连点头,说:"他们就算迁徙,也不会离开弘吉剌地界,多找几日还是能找到的,兄弟放心吧!"诃额仑又叮嘱说:"如此我等便放心了,但你二人在路上一定要小心谨慎,对塔塔儿人更要加倍警惕。"

铁木真走到马圈旁看了看银合马,每匹都养得肥硕健壮。他轻轻地在马背上拍了一下,马儿发出长长的嘶叫声。这时,诃额仑的声音从帐前传了过来:"铁木真,你的脚力在这里,'银合王子'。"铁木真飞快地迎上去,将"银合王子"接过来,然后带上别勒古台,驰马而去。

在路上奔行一天一夜之后,铁木真与别勒古台进入了塔塔儿人的地界。他们谨慎地环视四周,只见这里青山绿水,鸟儿的鸣叫声和小河的流水声和谐悦耳，显得分外美好。但他们不敢多作停留，扬鞭策马，直奔弘吉剌部而去。

第三天，铁木真兄弟二人便到了孛儿忽儿氏的营地。就在铁木真寻找德薛禅的营帐时，远处走来一个老人，他仔细一看，来人正是德薛禅。见到自己的老丈人，铁木真十分激动，但事隔多年，他担心德薛禅认不出自己，一时不知如何开口。德薛禅也认真打量着他们，发现铁木真的相貌举止与也速该有几分相似，于是断定眼前之人便是自己的小女婿铁木真，他不由得哈哈大笑起来，说："我听说泰赤乌部的人曾经对你非常仇视，一心要残杀你们，我一直为你担心。今天能再次相见，真是长生天保佑啊！"

铁木真紧紧握住德薛禅的双手，问道："您老一向可好？时隔十载，没想到老丈人还能认出晚辈来。您还是那样硬朗，多亏这十年间您一直都没有迁徙，我们兄弟才能顺利地找到您！"别勒古台也过来拜见了老人。

德薛禅把兄弟二人迎进营帐，让妻子搠檀准备宴席。搠檀牵着女儿孛儿帖的手来到前帐，一见到铁木真和别勒古台就夸赞道："不愧为把阿秃儿的后代啊，两位小英雄都长得如此魁梧英俊。"孛儿帖则羞涩含笑地看着铁木真。铁木真见孛儿帖已出落得亭亭玉立、美貌动人，马上站起身来："没想到我的孛儿帖还是像从前那样貌美如花！能见到孛儿帖，我心中便畅快自由了。你可是我朝思暮想的亲人啊！"孛儿帖低头不语。搠檀对她说："他日到了夫家，可不要这样，否则婆母就要生烦恼了！"孛儿帖听了更难为情，便随母亲到后帐准备晚宴去了。

别勒古台向德薛禅说明了母亲的意思。德薛禅说："男女双方都已经长大成人，一晃十年，该是成婚的时候了。"草原人不愧是坦率豪放，翁婿间的谈话直奔主题。

过了一会儿，搠檀已将一桌丰盛的宴席摆好，大家坐在一起欢饮畅谈。到了晚上，一切都布置妥当了，整个大帐被装饰得喜气洋洋。搠檀帮孛儿帖换了嫁衣，到帐内与铁木真举行婚礼。

德薛禅夫妇在众人的祝福声中大声宣布:"今日吾女孛儿帖正式与铁木真完婚,从此我们两家便是一家。"他对新人说:"你们两人要有福同享,有难同当,不离不弃,白头偕老。"孛儿帖温柔地看着铁木真,两人对着长生天发誓,正式结为夫妻。

新婚之夜,铁木真与孛儿帖同榻而眠,缠绵亲热自然是少不了的。在弘吉剌部居住数天之后,铁木真的心情变得急切起来,他想尽快让自己的家人见到孛儿帖,同享这十年来未曾有过的喜气。一天晚上,铁木真向德薛禅说明了回去的想法。德薛禅还是那样爽快,马上就答应了。不过,他打算亲自陪送女儿过去。

第二天早晨,行李已经备办妥当。辽阔的草原上出现了一列送亲的队伍。铁木真、别勒古台和德薛禅带领几名弘吉剌勇士,护卫着新娘的白驼车。经过装饰的篷车里,坐着美若天仙的新娘孛儿帖和她的母亲搠擅夫人。

德薛禅亲自护送女儿女婿一直到克鲁伦河下游。铁木真觉得过意不去,一再劝德薛禅就此止步,德薛禅便让他的夫人把女儿送到铁木真家。

此时,诃额仑正坐在帐中焦急地等待着,听说迎亲的队伍回来了,她立刻迎出帐外。看见孛儿帖穿着红衣,楚楚动人,不输当年的自己,心中很是高兴。她先遵循蒙古祭灶的习俗,手持羊尾油,对灶三叩头,然后用油入灶燃着;紧接着,孛儿帖拜见诃额仑,一跪一叩,诃额仑受了拜礼。孛儿帖又见过了合撒儿等人,各送一衣为礼。

诃额仑对孛儿帖说:"你我都是弘吉剌人,自古以来弘吉剌部与蒙古乞颜部就是姻亲,你到了这里也算是亲上加亲了。蒙古人有个规矩,你是长嫂,如果弟弟妹妹有什么地方做得不好,你要多加管教。"

孛儿帖怯怯的不敢说话,搠擅夫人连忙回道:"孛儿帖是独女,从小被我们宠坏了,未必能担得起这些事。亲家的子女是黄金家族的继承人,是肩负振兴部族重任的英雄。孛儿帖能成为英雄的妻子,已经了却了我和德薛禅多年的心愿。"说完,她从孛儿帖的衣箱里拿出一件黑貂皮大衣来。这是一件极为珍贵、很有来历的皮大衣。当年英雄忽图刺汗去世三周年，德薛禅用了九天九夜，刻下了九十九个契丹字的祭文。为了酬谢德薛禅，蒙古人将用九张黑貂皮缝制的红面战袍赠给德薛禅。如今，德薛禅把它作为孛儿帖的嫁妆，意图很明显，希望铁木真继承忽图刺汗的遗志，振兴祖业。

诃额仑诚恳地说："亲家过奖了。自从夫君也速该不幸早逝，我们就家道中落了。要复兴部族会有千难万苦，孛儿帖要和我们一起吃苦受累，我真有些过意不去。"

这时，孛儿帖终于鼓起勇气，望着诃额仑说："婆母，今日我们能团聚，是长生天的旨意。不管境况如何，我都要和铁木真一条心，与大家同甘共苦。"

铁木真度过了一段愉快的新婚生活。整个蒙古草原都流传着铁木真的故事。如果他就这样生活下去，肯定会成为一个好丈夫、一个优秀的牧民，最终成为乞颜部的好首领。但是，他是蒙古勇士的后代，肩负着振兴蒙古部族的使命。

新婚不久，铁木真便想扩大自己的军事实力。他首先想到了患难中的朋友博尔术，于是让别勒古台去请他过来。博尔术听说年轻的首领铁木真有请，没有向父亲禀报就立即带上重礼出发了。从此，博尔术一直跟随铁木真，成为他最知心的伴当和战友。铁木真后来在泰加森林与草原交界处组织起一支"大军"，博尔术就是这支大军的第一位"元帅"。

又过了些日子，蒙古部的一位老铁匠札儿赤兀歹听说铁木真已经长大成家，便根据古老的传统，把自己的儿子者勒蔑送到铁木真帐中。他恭敬地对铁木真说："我的小主人，今日我把儿子者勒蔑带来了。我们家是也速该首领的世袭奴隶，您出生的时候我曾带他来过一次，那时是者勒蔑第一次看到小主人。我本想让他留在小主人身边，但因他尚年幼，我便将他带回抚养。如今他已长大成人，也是我将他交给主人的时候了。"从此，者勒蔑也成了铁木真忠心耿耿的伴当，后来被称为"蒙古四勇"之一。

这样一来，铁木真既有了一位聪慧贤能、如花似玉的夫人，又有了两位赤胆忠心的部下，九年的苦难似乎到了尽头，振兴乞颜部的曙光已从草原的地平线上升起。

然而，老天爷不会让铁木真成长得如此顺利，还在想尽法子来磨炼他。一场巨大的灾难正在悄悄酝酿，将再次降临到他的身上。

二、四处求援壮实力

拥有了一定数量的马匹和那可儿后，为了壮大自己的实力，铁木真开始寻求强大的后援。他首先向母亲表达了这一意愿。诃额仑不仅赞同儿子的计划，还尽全力支持。

一天，诃额仑坐在帐中对几个儿子说："如今我们一家虽然已经摆脱了困境，但走在路上仍然只有影子为伴，骑的马除马尾便再没有鞭子驱赶。"别勒古台知道母亲的意思，捋了捋头发大声说道："难道我们就不能再寻几个那可儿吗？等我们强大了，相信所有背离我们的人都会俯首称臣的。"合撒儿接着说："等我们发展壮大了，好心人和忠诚的勇士都会到来。兄长现在已经长大成人，兄嫂的到来让我们家族更加热闹了，我们家族的发展已经有了基础。"铁木真见状，心里十分高兴，他说："我们在此地生活了很久，水草不再像往日那般肥美，我们还是换个营地寻求新的家园吧。"大家都表示赞同，于是，他们向克鲁伦河上游源头迁徙。

在新营地安顿好后，诃额仑拿出孛儿帖的那件黑貂皮战袍放在铁木真面前，神情严肃地说："按我族的传统，这件大衣本该由你父亲领受。如今，你终于长成一个男子汉了，别勒古台也成了一名大力士，合撒儿则成了一名神箭手，如今又来了博尔术、者勒蔑，是干一番事业的时候了。雄鹰的羽毛已经丰满，该往天空飞了！"

铁木真聆听着母亲的教诲,两眼看着那件黑貂皮大衣。诃额仑继续说道:"不过,我们现在势单力薄,要想振兴部族,离不开贵人扶助,把这件战袍送给你父亲的安答、克烈部的脱斡邻勒汗(即后来的王罕)吧,这是复兴之路的第一步。"

原来,也速该曾帮助草原上最强大的首领之一脱斡邻勒恢复汗位,使他重新登上克烈部汗位。凭借这层关系,铁木真便去拜访克烈部首领脱斡邻勒汗。

克烈部一直游牧在图拉河流域,其北面是肯特山,南面有大大小小的圆形丘陵,西边则是博格多兀拉山脉。脱斡邻勒的营帐就设在林间空地上,离铁木真的新营地有些路程。

这天,铁木真带着合撒儿和别勒古台,骑马向图拉河黑林的脱斡邻勒的营帐奔去。

经过两天的奔波,铁木真兄弟顺利来到了图拉河黑林边。见到脱斡邻勒后,铁木真做了自我介绍,脱斡邻勒看着铁木真,不禁回想起其父也速该。当时也速该率领援军帮助抗击塔塔儿,才使脱斡邻勒保住汗位。往事历历在目,脱斡邻勒一时感慨万分。铁木真知道自己现在的地位还不稳固,要向脱斡邻勒重提这些往事而又不致使其产生反感,一定要表现得谦虚谨慎。为进一步笼络脱斡邻勒,铁木真向这位汗王献上了一份特别珍贵的礼物——黑貂皮战袍,并对他说:"脱斡邻勒汗,您是我父亲的安答,就如同我的父亲一样。所以,我妻子献上翁爹的礼物时,我第一个就想到了孝敬您老人家。"脱斡邻勒汗穿上了黑貂皮战袍,笑得合不拢嘴,他收下了铁木真的礼物,让他做自己的臣子和义子,并对铁木真说:"你离了的百姓,我与你收拢;散漫了的百姓,我帮你完聚。"这意味着克烈部汗已应允要做昔日安答之子的保护人。铁木真十分感动,当即跪拜说:"父汗,为了您这情重如山的承诺,我替我生父的在天之灵谢谢您,愿长生天保佑我和父汗。"随后,脱斡邻勒又设盛宴款待铁木真兄弟。

首次结盟成功,给蒙古部族的复兴带来了新的希望。

与此同时，铁木真还结交了另一个强大的盟友——扎答阑部首领札木合。

说起来，札木合算是铁木真儿时的伴当。铁木真十一岁那年，带着弟弟在斡难河上钓鱼，札木合站在很远的地方一动不动地看着他们。铁木真觉得奇怪，问道："你是什么人？为何紧盯着我们？"合撒儿也对札木合大声问道："你在我们的驻地闲逛，难道不怕我们兄弟打你吗？"札木合答道："不怕。我是河对岸扎答阑部的札木合，难道你们是铁木真兄弟？"合撒儿得意地点着头说："你还挺识相。你们扎答阑人也是我们的亲戚，但你们不是黄金家族的人。"

札木合推开合撒儿，走到铁木真面前说："大名鼎鼎的铁木真就是你啊？今日能在河边相见，真是幸会。"说完，他就坐到铁木真旁边。铁木真不高兴地站起来说道："札木合，你是外来族人，难道不知道这样做是无礼的吗？"札木合马上上前仰起头说："每当我遇到英雄的时候，都会有一种莫名其妙的亲切感。今日见到你这种感觉更加强烈，所以你一定不是个等闲之辈。"铁木真听了，情不自禁地笑了起来，说："难道世间竟有这样神奇的事情吗？那就让札木合永远地感觉下去吧！"他放下手中的钓竿，对合撒儿说："我去与札木合小兄弟玩耍，你在此看守钓竿吧！"他们来到草地上玩起摔跤，一个体格健壮，如同刚刚长大的狮子；一个机灵活泼，好像幼齿初脱的猎豹。双方互不相让，难解难分，最后一起倒在地上，笑成一团。札木合问道："铁木真兄弟今年多大？看来我们年岁相近呢！"铁木真回道："我已经历过十一个春秋，看你也像有十余岁了。"札木合连连点头。"你个子不大，身手却不错。"铁木真称赞道。二人交谈了一会儿，觉得很投缘，便约定河水结冰的日子再相见。

当天晚上，铁木真对母亲说起札木合，诃额仑亲切地对众子说："你们不要因为他身份卑微而看不起他，我们现在这样的境地能得到忠诚的朋友很不容易，铁木真你要珍惜这个朋友！"铁木真说道："我觉得札木合是个不同寻常的少年，日后定是个成大器之人。"诃额仑看着儿子，轻轻地点头微笑。

到了约定的见面日，由于天气过于寒冷，铁木真站在营帐里不停地跺着脚，合撒儿见状，对他说："哥哥，这样寒冷，你就不要到冰面上去见札木合了。"铁木真紧握着双手道："这怎么行，男子汉要信守承诺，我一定要去见我的朋友，札木合也一定会去的。你能去更好，我们一起到冰面上玩耍岂不快活？"

铁木真冒着严寒来到河边，见札木合早在那儿等着了。两个少年在结冰的河面上闲聊起来。札木合问道："你怎么会抛弃偏见要与我做好朋友呢？"铁木真说："天地之间的生物本来就是一家，现在你我都是站在这片天地之间，我们不能轻视他人，那样是得不到什么快乐的。"他们手牵手、肩并肩，一边走一边聊。札木合见铁木真如此仁义，便从口袋中掏出一个物件，郑重地对铁木真说："铁木真兄弟宽仁豪爽，我札木合深为敬佩。今日我将我父亲传给我的公狍子髀石赠予你，我们从此便是志同道合的安答，你觉得怎么样？"铁木真盯着札木合看了片刻，豪爽地说道："那就让长生天做证，铁木真与札木合从此就以安答相称，同生死，不相弃，相依为命。"铁木真狠狠地从衣冠上拽下铜灌髀石，放在札木合胸前。

两人就此约定，等札木合长大成人便来帮助铁木真洗雪部族仇恨；铁木真也决定，只要自己有大成之日，一定要与札木合安答同享富贵，共坐一帐。

这时，别克帖儿带着兄弟们走了过来，大声喊道："我的铁木真兄长，你们在乐呵什么呢？难道有比把所有对手都打倒更有趣的吗？"说完他们便哈哈大笑起来。铁木真狠狠地瞪了一眼别克帖儿，大声骂道："母亲的谆谆教导你都忘得一干二净了吗？今日在我新安答面前不便让你难堪，你还不快快闭上你那放肆的嘴。"别克帖儿拍拍脑袋说："原来是和野种的后代札木合结拜安答呢！看来我们蒙古乞颜氏将会不幸了，怎么能让这样的人做我们黄金家族的安答呢！铁木真真是有胸襟啊！"说完就站在札木合面前手舞足蹈地嘲笑他。但札木合并非冒失无礼之人，他站在冰面上对别克帖儿微笑着。别克帖儿对着他哈了一口气，然后大摇大摆地从铁木真与札木合之间走了过去。铁木真强忍着愤怒，面色铁青地对别克帖儿喊道："快些走开，识相的就让我以后不要动怒。"札木合见铁木真如此气愤，忙劝慰道："别克帖儿小兄弟开玩笑呢，如果他说的是真话，那铁木真安答不就是个笨蛋了？"说完，他自我解嘲地笑了起来。

铁木真轻轻拍着札木合的肩膀安慰道："就是瞎了双眼，我也认你这个安答，希望札木合安答不要将别克帖儿的话当真。"

寒冬过去，春暖花开的日子又来了，为了维持家人的生活，铁木真每天都带着弟弟们到山林中打猎。有一次，他们一连两天都没有收获，铁木真决定独自去林中寻找猎物，让弟弟们先回去，等到他打到猎物的时候再来迎接他。铁木真站在几棵大树旁观察周围的情况，但看了半天却没有任何动静，于是就在树荫下休息了一会儿。眼看天色就要暗下来，铁木真心想："今日真是奇怪，林中怎么找不到一个鸟巢和洞穴呢？"他纳闷地坐在草地上。天色深黑的时候，铁木真用木棍支起一个草棚，在草棚旁边生起一堆篝火，独自一人坐在旁边，听着树林中风儿吹动树叶的沙沙声。他心中一直在打鼓："如果还打不到猎物，我就在山林中再待上一日，希望长生天能让我满载而归。"不久，铁木真忍不住睡意，在草棚里躺下睡着了。

而合撒儿等人回去后，诃额仑得知铁木真一人留在山林里，不禁眉头紧锁，责怪道："你们怎能抛弃兄长独自归来呢？铁木真不曾深夜在外打猎。"说完，她轻轻地将双手举在胸前，不停地祷告着。这时，别勒古台上前说道："母亲，我知道铁木真兄长的去处，我去找他。"诃额仑抓住别勒古台的肩，说："别去，不要自乱阵脚。天色已晚，我们还是等铁木真明日自己归来吧！"说完就打发众子归帐休息。诃额仑站在帐中心神不宁地为铁木真祷告着，一夜都没有合眼。

天色微亮的时候，豁阿黑臣急匆匆地从外面奔进诃额仑的寝帐，说："夫人，外面有个高挑俊俏的少年在高声呼叫铁木真呢！"诃额仑马上向帐外走去，只见站在她面前的年轻人的确相貌堂堂，眼如铜铃。诃额仑问道："难道是我儿铁木真的好朋友前来看望他吗？"札木合扪胸施礼道："我是扎答阑氏的札木合，是铁木真结交的安答。"

诃额仑一听，脸上的阴霾消散了。她抚摸着札木合的头轻声说："铁木真昨日上不儿罕山上去打猎，至今还未归来呢！"札木合立即说道："既然铁木真安答不在，我也不便打扰，我去林中寻他好了。"说完转身上马飞驰而去。诃额仑急忙喊道："你见到铁木真，让他快点回来，无论有没有捕到猎物……"诃额仑话音未落，札木合的身影已经消失了。诃额仑转过身欣慰地对众子说："你们看看，这个安答来得可真是及时，铁木真能有这样一个伴当，我就放心多了。"合撒儿说："我看札木合是个超群的人物，兄长真应该多交几个这样的安答！"

早晨，铁木真拿着弓箭坐在小棚里，突然看见一群鸟儿从远处飞来，于是悄悄地站在开阔地上挽弓搭箭，瞄准最大的一只用力射去。只听"嗖"的一声，那只鸟儿腹部带着箭飞了一会儿，很快就落了下来。铁木真见状，马上向猎物追去。恰巧札木合骑着劣黄马从远处赶来，那只中箭的鸟正好落在札木合的怀里。札木合大吃一惊，心想："有如此好箭法的，唯有我的好安答铁木真了。"片刻，一个矫健的身影出现在札木合面前，铁木真尚未开口，札木合便将猎物高高举起，叫道："我的好安答，多日不见，没想到你的箭法如此了得，他日当向你学习才是啊！"铁木真奔过来说道："去年冰上一别，再也没有见到安答，今日怎么在此地遇上？真乃长生天所赐啊！"铁木真一把抓住札木合的双手，领着他走进山林中，两人坐在草棚旁畅快地聊起天来。札木合提了提铁木真的皮桶，微笑道："两日都没有打到猎物吗？拿弓箭来，我寻些野味让你回去交差。"说完他拿起箭筒向森林深处走去。

铁木真跟在札木合身后说："今日札木合安答如此好兴致，那就一起打猎吧！"札木合从小以狩猎为生，显然比铁木真更老练。两人像原野里的奔兔一般在山林中穿行。札木合看到一只鸟儿正在老树上搭巢，他一箭便将那鸟儿的颈部射穿，鸟儿应声落地。铁木真见他箭法如此精妙，称赞不已。接着，铁木真也将树权上的鸟巢一箭射落。他取来鸟巢欣然对札木合说："今日你我兄弟再度相会，却没有什么可以纪念的，你收下这个鸟巢吧！"札木合轻轻地摇了摇头，说："此等腐烂之物要它何用？还是请安答收下我的礼物吧！"说完从背上抽出一支鸣镝郑重地交给铁木真。铁木真见好安答如此慷慨，二话不说便从皮桶中掏出心爱的柏木顶璞头，放在札木合的胸前严肃地说："我们在黑林中再叙安答友情。"他取出一支箭拿在左手，札木合右手拿着箭的另一端，两人双双跪在地上，庄重地对着长生天起誓："我兄弟二人在黑林中向长生天起誓，愿意结成永世相依的安答，不离不弃，共享富贵，同挡风雨。"说完，他们站在神圣的太阳下击掌为誓，交换信物，然后举起双手在黑林中大声呼唤起来。

十多年后，当铁木真再次来到黑林的时候，又意外遇见了旧日的安答札木合，而札木合此时已是扎答阑部的首领。铁木真与他结盟，两人再次在黑林中结拜，面对长生天发誓："患难与共，肝胆相照，并肩驰骋草原，建功立业。"

三、妻子被掳结仇怨

就在铁木真四处活动、寻求结盟的时候，他的仇家篾儿乞惕部的人也在密切注视着乞颜部的动向。铁木真把孛儿帖接回家的当天晚上，几个篾儿乞惕部的哨探便向他们的主人赤勒格儿报告："赤勒格儿大人，我们今日看到乞颜部的铁木真拉着车队迎亲归来了，难道您就没有什么想法吗？"赤勒格儿是也客赤列都的弟弟，听了哨探的话，他双目圆睁，说道："也速该抢我哥哥的夫人诃额仑，我忍了二十年，现在报仇雪恨的机会来了。"他跟首领脱黑脱阿合计，打算采取突袭的办法打击也速该的儿子，尽掳其妇女，以泄心头之恨。

一个月后的一天拂晓，诃额仑家的老女仆豁阿黑臣起早准备食物，忽然听到一阵震天动地的马蹄声，她急忙跑进帐里大喊："大家快快起来！马蹄声震动大地，响如雷鸣。泰赤乌人（事后才发现是篾儿乞惕人）又来袭扰我们了。"诃额仑被惊醒，忙让豁阿黑臣去叫醒其他人。

铁木真听到喊声后立刻从床上跳起来，他叫来博尔术，让他辨别一下敌情。博尔术将耳朵贴地一听，说道："恐怕有上千人，但不是从泰赤乌部方向来的，好像是来自篾儿乞惕部。"

铁木真心里有了底，立即将全营的人集合起来，并让豁阿黑臣将孛儿帖和别勒古台的母亲速赤吉勒藏进坚固的帐车里，套上犍牛逃往统格黎溪上游。随后，他挥舞弯刀率领博尔术、者勒蔑和弟弟们一起向不儿罕山急速奔去。

篾儿乞惕人很快就来到铁木真大帐附近的营地，他们大声吆喝道："抢下铁木真的妻子孛儿帖。"但营地已经没有人了。

天将要亮的时候，篾儿乞惕人追上了豁阿黑臣的牛车，问道："你是什么人？"豁阿黑臣说："我是铁木真家的奴仆，到主人大帐里剪羊毛，现在要回我自家的营帐。"那人问道："铁木真在帐里吗？大帐有多远？"豁阿黑臣答道："大帐不远，不知道铁木真在不在，我是从营帐后边来的。"

脱黑脱阿见豁阿黑臣一副懵懂的样子，便没有再问什么，掉转马头朝铁木真等人奔跑的方向追去。豁阿黑臣见状，大大松了口气，驱赶着牛车加速前进，不料，牛车突然陷在一条小沟里，豁阿黑臣拼命地鞭打牛背，只听"嘣"的一声，车轴被拧断了。

篾儿乞惕人立刻跑回来问道："车里装的是什么？"

豁阿黑臣回答："羊毛。"

但脱黑脱阿一眼就看见了速赤吉勒，他叫道："这个女人是铁木真的二母，那孛儿帖肯定也在附近。"

豁阿黑臣忙大声喊道："你们抓女人做什么？难道你们篾儿乞惕人

就只有抓女人的气魄吗？"

篾儿乞惕人喝道："下车，打开车门。"

这时，孛儿帖早已吓得缩成一团。篾儿乞惕人不由得笑了："好一团柔软的羊毛！"

赤勒格儿抢先一步，飞身上车将孛儿帖一把抱住，大声呼叫道："我的篾儿乞惕属民们，我们二十年的仇恨终于能在铁木真的身上偿还了。"

豁阿黑臣和篾儿乞惕人扭打起来，但她寡不敌众，很快便被篾儿乞惕人制服。他们将豁阿黑臣、孛儿帖和速赤吉勒捆住，放到马背上朝他们的营地驰去。

孛儿帖听见赤勒格儿的话才知道他们是篾儿乞惕人，也知道了他们是为了报二十年前的抢亲之仇才突袭铁木真一家，她默默地向长生天祈祷着。豁阿黑臣安慰孛儿帖道："铁木真是个英雄，过几天他就会带人来搭救您的。我们现在且顺从他们，得救之日很快就会到来的。"

篾儿乞惕人回到不兀剌山的营地后，脱黑脱阿、赤勒格儿、合阿台、忽都等大小头领，纷纷向也客赤列都等二十年前的亡者洒酒祭奠。

脱黑脱阿对着也客赤列都的牌位说："我的好兄弟，今天我将你二十年的仇怨了结了。我替你抓到了也速该的别妻和铁木真之妻孛儿帖，你的冤魂总算可以得到慰藉了！"

赤勒格儿一边拜一边哭道："哥啊，我们没有捉到你仇人也速该的儿子铁木真，我对不起你！但这事还没完，我们一定会打败铁木真的。"

与此同时，在不儿罕山上，铁木真久等不见孛儿帖等人的到来，心中顿感不妙，立即喊道："兄弟们，上马！"

诃额仑拦住他们，恨恨地说："也客赤列都家族那些没有男人气概的羊羔，今日倒发威了，我真感到意外，但他们人多势众，你们去了又有何用？"她抬头望天，也许是在责怪长生天降给她这样的惩罚，"如果我们能从苦难中解脱出来，请长生天将所有的罪责都降给篾儿乞惕人。现在我们之间的旧仇又添新恨了。"

博尔术建议道:"山下的情况到底如何尚不得而知,我们还是打探虚实之后再回营寨吧。"于是,铁木真派别勒古台、博尔术和者勒蔑下山,侦察篾儿乞惕人的行踪。经过三天的侦察,别勒古台等人才确定篾儿乞惕人已经远离桑沽儿小河。铁木真这才带领全家从不儿罕山走出来。他站在桑沽儿小河旁,看着一片狼藉的营地,悲痛万分,他低下头咬牙切齿地喊道:"我的祖先啊,让我们记住这样的仇恨。"他又将头转向不儿罕山主峰,捶胸顿足地喊道:"长生天啊,保佑我们躲过劫难。今日我要对不儿罕山发誓,如果我铁木真不能救回孛儿帖,就让我夜晚睡觉的时候被毒蛇咬死,奔驰在草原上的时候让雄鹰啄死。不儿罕山让我们避难,才得以保全我们如蝼蚁一般的生命,虽有千言万语也不能表达我对山神的敬畏。如果山神开眼,我将在您的护佑之下,与敌人殊死一战,唯有如此,方能拯救我的孛儿帖!"

沉闷的气氛笼罩着劫后余生的黄金家族,男女老幼静静地向不儿罕山主峰望去,一轮如血的夕阳正悬在主峰上空。

铁木真面对太阳,解开腰带,环挂在脖颈上。他左手举着帽子,右手扪胸,仰头道:"我今日将所有的奶酒供奉在太阳神面前,请太阳神来同饮这珍贵的奶酒!"说完,他将一盏马奶酒高高举起,洒在草地上,表示对太阳神的无比崇敬之情,然后重重地朝着太阳升起的方向九叩首,将手中的利剑狠狠地刺向草地,喊道:"誓死救回孛儿帖!"

四、孛儿帖失而复得

杀父之仇未报,篾儿乞惕人的夺妻之恨又降临到自己头上,这使铁木真从平静的生活中惊醒。他在不儿罕山前的祷告,就像一篇誓词,激励着他去战斗!他现在首要之事,自然就是夺回孛儿帖。而这一抢一夺就意味着部族之间的战争。

抢走孛儿帖的篾儿乞惕部是一个实力很强的部落联盟。他们也是蒙古人的后代,大多在色楞格河北部流域草原与西伯利亚泰加森林的交界处游牧。这个部落联盟中有三大氏族:兀都亦惕－蔑儿乞惕部,以脱黑脱阿别乞为首,以不兀拉地区即"雄驼草原"(乌尔拉河、今俄罗斯乌兰乌德市以东地区)为领地;兀儿思－篾儿乞惕部,以答亦儿兀孙为首,设营于塔勒浑岛地区,即鄂尔浑河与色楞格河靠近处之三角区;合阿惕－篾儿乞惕部,以合阿台答儿麻剌为首,驻扎在该地区的另一个草原——合剌只草原附近。这三个主要氏族部落占据的地盘是贝加尔湖广大的草原、森林地带,牧场与松林相间。

篾儿乞惕人实力强大,铁木真则势单力薄,他不得不借助其他部族的力量,为此,他带领弟弟合撒儿和别勒古台前往克烈部向义父脱斡邻勒求援。

铁木真见到脱斡邻勒后,对他说:"现在篾儿乞惕三部无端来攻打我部,把我的妻子、二母及家奴都掳去了。父汗,我们兄弟几人是专程来向您求救的,望父汗发兵援救!"

脱斡邻勒见这三只小雏鹰来寻求保护,心里十分得意。大草原上弱肉强食,名声响亮就是最大的资本。别说是能帮铁木真一把,即使与铁木真毫不相干,只要能师出有名,他不会放弃任何一个吞噬弱小部族的机会。

因此,脱斡邻勒摆出一副高姿态,满口答应说:"我今天的地位是靠你父亲的帮助才得到的,你父亲对我的恩情,我一直牢记在心,正愁没有报答的机会。去年你又把貂皮袄献给我,认我为义父,那时我就许诺过要辅助你。现在正好可以履行我的诺言,帮你救回孛儿帖。此事若不成,我还怎么在草原上立足呢?即使与篾儿乞惕部所有人为敌,我也在所不辞!"

铁木真闻言十分感动,上前跪谢道:"在我心目中一直有两个父汗,也速该父汗已经离去,现在唯一的父汗便是您,脱斡邻勒父汗。"

但要发动一场较大规模的战争并取得胜利，不是一件易事。所以，脱斡邻勒汗建议铁木真请他的安答札木合出兵相助。他对铁木真说："你去通知札木合，叫他率领两万兵马，做你的左臂；我也率领两万兵马，做你的右臂，如此篾儿乞惕必败无疑。"

札木合的扎答阑部扎营于斡难河支流之一的豁儿豁纳黑川附近。铁木真准备亲自去见札木合，但合撒儿说："我愿先去拜访札木合一次，兄长就不必亲自去了！"说完，他直接赶赴扎答阑部去了。

合撒儿见到札木合后，详细向他说明事情的原委。札木合一听不禁义愤填膺道："什么人连我安答的妻子都敢抢？这不仅欺辱了铁木真安答，也欺辱了我札木合。既然篾儿乞惕人不长眼睛，那就怪不得我札木合心狠了。"他同意出兵相助，并跪地祈祷道："天地与我添气力，愿此仇得报。"其实，他与篾儿乞惕部也有旧怨，他曾被篾儿乞惕人俘虏过。他发誓说，要让脱黑脱阿"听到我的箭筒之声而失魂落魄"。

几天后，铁木哥斡赤斤回去告诉母亲事情的进展，他刚下马，诃额仑便问道："我的儿子啊！孛儿帖现在怎么样了？"铁木哥斡赤斤面带忧色地说："还没有消息。但我们很快就要对篾儿乞惕人发动进攻了，我不放心母亲，所以回来探望一下。"诃额仑将铁木哥斡赤斤让进帐中，铁木哥斡赤斤坐在炉灶旁，向母亲述说铁木真的情况，最后说："我们的军队已经聚集起来，正在整顿军马，只等札木合安答发号施令了。"诃额仑默默无语，铁木哥斡赤斤似乎觉察到了什么，于是说道："母亲，您不要忧心。等我们胜利归来了，都会围在您身边，向您诉说战场上的事情，这样您就不寂寞了。"女仆附和道："夫人是觉得你们已经长大了，不能再听她的唠叨，不能再让她感受什么是母子之情了。"铁木哥斡赤斤听了，心中一阵酸楚，无奈地说："那母亲就领养个儿子吧！我们都会留意，如果谁家有好模样的孩子，将他送来给母亲抚养，这样母亲身边又会热闹起来了。"诃额仑抚摸着铁木哥斡赤斤的面颊会心地笑了。

由于军情紧急，铁木哥斡赤斤向母亲道别后便翻身上马赶回军营去。诃额仑看着他的身影消失在蓝天碧野之间,笑道:"我最小的儿子了解母亲的心事,看来我们又能热闹地生活了,就像铁木真小时候那样,每天都很快乐。"

诃额仑赞成和支持儿子报仇,但又为儿子担心,毕竟他只是刚刚出巢的雏鹰。在儿子们四处奔走的时候,她只能安静地坐在帐中,久久地凝视着炉灶里的火焰,等着儿子们的消息。女仆在一旁说道:"没有孩子就好像褪色的裙子,整个营帐都失去了活力。"诃额仑点头道:"是啊!我的孩子都长大了,能独当一面了。孛儿帖现在在篾儿乞惕人手上,铁木真怎么会不伤心呢?"女仆听了,偷偷跑到斡难河畔祈求长生天保佑孛儿帖顺利归来。

铁木哥斡赤斤赶到军营后,向铁木真叙说了家里的情形,催促他早下开战的决心。

再说篾儿乞惕人把乞颜部的三个女人掳来后,脱黑脱阿、合阿台答儿麻剌、赤勒格儿、答亦儿兀孙、忽都等几个头领经过商量,决定把也速该的别妻速赤吉勒给合阿台做妾,孛儿帖则给也客赤列都的弟弟赤勒格儿做妻子。

合阿台得到速赤吉勒后,高兴地回自己的部族去了。赤勒格儿知道铁木真不好惹,心里有些胆怯,但嘴上又不便明说,只推说:"我不过是个低贱的草民,如何配得上黄金家族的人。"

脱黑脱阿知道赤勒格儿做梦都想娶个老婆,他之所以推辞,并非不想得到孛儿帖,而是怕惹来杀身之祸。他生气地对赤勒格儿说:"你这个胆小如鼠的家伙,这么多兄弟帮你复仇,你自己却先退缩了。你配做篾儿乞惕的勇士吗?你哥哥的在天之灵又何以安息?"

赤勒格儿想到哥哥的血仇,便不再拒绝,决心想办法征服孛儿帖,既为了大哥,也为了自己。但孛儿帖的个性比她温和的容貌刚烈得多,她得知赤勒格儿想强行占有自己,当即把赤勒格儿大骂一通:"你这卑贱的畜生!竟敢抢劫蒙古黄金家族首领的夫人!你们篾儿乞惕人是什么东西!铁木真兄弟个个都是草原英雄,你敢碰我一个指头,他们必然会把你碎尸万段!"

忠诚的豁阿黑臣也挺身而出,保护女主人。赤勒格儿不愿强逼,只得暂时搁置此事。

与此同时,铁木真天天寝食难安,死死地盯着篾儿乞惕人驻地的方向,随时准备向仇人扑去。

又过了几天,铁木真的安答博尔术也赶到了,他们一起商议救援计划。合撒儿很快也带来了好消息:札木合和脱斡邻勒已率兵在不儿罕山下等候他们。于是,铁木真率兄弟及部众直奔不儿罕山。就这样,由三个部落的四万名壮丁组织起来的军队,在不儿罕山下会师了。他们得知之前奔袭乞颜部、掳走孛儿帖时集合起来的篾儿乞惕人现在已分别回到各自本部,于是决定集中力量先进攻篾儿乞惕三大氏族中最大的一部兀都亦惕-篾儿乞惕部。经过商议,他们制订了作战计划,并推举札木合为总指挥,铁木真兄弟和博尔术为先锋。

当天晚上,札木合一声令下,四万大军分三路向兀都亦惕-篾儿乞惕部驻地猛扑而去。他们翻过库沐儿山,顺赤可亦河之蒙扎谷而下,穿过灭儿汗山口,突入篾儿乞惕部腹地,直至勤勒豁河。

铁木真兄弟和博尔术带领的一路人马来到山下后,伐木做舟,渡过勤勒豁河,来到布拉克卡伦,如龙卷风一般扑入不兀拉草原。

经过一天的激战,篾儿乞惕人在一片慌乱中被铁木真的三路大军打得溃不成军。铁木真等人突入兀都亦惕-篾儿乞惕部首领脱黑脱阿的营地,掳走了许多妇女和孩子。

第二天早晨,他们检视俘虏,并不见脱黑脱阿和孛儿帖的踪影。铁木真把几个被俘的小头目抓来挨个审问,问到脱黑脱阿的正妻时,她回答说:"昨夜有打鱼捕兽的人前来报告,说你们已渡河过来,脱黑脱阿便同兀儿思-篾儿乞惕部首领答亦儿兀孙带着少数亲信,逃到斡儿寒河那边去了。"铁木真说:"我的妻子孛儿帖,你见过吗?"这位老妇说:"孛儿帖是你老婆吗?不久前把她劫到这里,被配给了赤勒格儿,并已与之同居。"铁木真焦急地问道:"已经成婚了吗?"老妇想了半天,说：“大概还没有。”铁木真又问：“现在到哪里去了？”老妇说：“他们已回到自己的营地。”

铁木真又匆匆上马，向赤勒格儿的营地赶去，一路上，他大声呼唤着孛儿帖的名字。别勒古台也急切地想要知道自己生身母亲的下落。

脱斡邻勒和札木合的两路大军先后渡过斡儿寒河，去捉拿答亦儿兀孙，但他已与脱黑脱阿结伴逃走，丢下的部众及牲畜被两军抢了个精光。随后，脱斡邻勒和札木合又转攻合阿惕-篾儿乞惕部，首领合阿台才听到消息，准备逃走，不料被两路大军截住，全员被掳。两军凯旋，只有铁木真和别勒古台尚未归来。

此时铁木真仍在追寻孛儿帖，他一口气奔跑了数里，沿途只遇到一些奔逃的篾儿乞惕人，他仔细查找，但始终不见孛儿帖。

这时，一个老妪向他走过来，对他说：“小主人，难道你不认得我了吗？"铁木真定睛细看，认出她是遭劫那天与孛儿帖同路的，忙下马问她：“孛儿帖在哪里？”老妪说：“她被赤勒格儿带回营地了，就在前面不远。”

原来，篾儿乞惕人把孛儿帖分配给赤勒格儿后，赤勒格儿就带着孛儿帖回了自己的营地。经过一番折腾，孛儿帖忧愤而疲惫，终于病倒了。这天，赤勒格儿找萨满给她诊治，但萨满治病很少用药。赤勒格儿又抓了几服土方药，冒雨跑回来，对豁阿黑臣说：“有个外地的医师说她是受了惊吓，把这药吃下去就会好的。”

豁阿黑臣把药熬好，服侍孛儿帖吃下，并守在她的身边。过了许久，孛儿帖觉得饿了，让豁阿黑臣去弄点吃的。豁阿黑臣走后，孛儿帖感到浑身燥热，下意识地拉开衣襟，露出了白白的酥胸。这时，待在一旁的赤勒格儿刚巧醒了过来，他揉着自己的脖子，咽着唾沫往后缩了缩，眼睛却像被磁石吸引住了一样，死死盯着孛儿帖裸露的脖颈和起伏的胸脯。他终于无法克制自己，扯开衣襟扑了上去……

豁阿黑臣回来的时候，发现孛儿帖的榻上一片狼藉。孛儿帖一边哭一边有气无力地咒骂赤勒格儿。豁阿黑臣马上明白了过来，抡起手中的钵子向赤勒格儿砸过去,但已经于事无补。

帐外响起了沉闷的雷声,顷刻间大雨倾盆。孛儿帖泪流满面地说:"啊,这声霹雳是长生天的警示吗?我已经替乞颜氏族还了旧债了。"

铁木真打听到孛儿帖的下落后,不再上马,而是牵着缰绳与老妪同行。

铁木真一边走一边四处张望,发现河边逃亡的人群中有两个妇人正在牛车旁哭泣。老妪指了指说:"那就是吧?"铁木真闻言,赶紧舍了马,飞也似的跑到河边,这两个妇人果然是孛儿帖和豁阿黑臣!而胆战心惊的赤勒格儿早已丢弃了她们,逃进了乌兰布尔加塞山。

铁木真将牛车旁的孛儿帖抱到战马上,让豁阿黑臣与老妪一起坐牛车回营地。

路上,铁木真见别勒古台还在大声呼唤着他母亲的名字,于是命令所有随行的人都去寻找别勒古台母亲的下落。别勒古台狠狠地用马鞭抽打篾儿乞惕部的另一首领合阿台,问道:"你可将我母亲押在你的营帐?快快交出我的母亲来!"合阿台颤抖着答道:"你母亲怕让你受辱,不想再见你们。今早她换上了一件羊皮衫,疯疯癫癫地出了北门,向山林中奔去了。"别勒古台大叫一声,带着几个人往山林中冲去。不一会儿,铁木真听到了一个孩子的号哭声,他一边走一边疑惑地问身边的人:"这丛林之中怎么会有孩子的声音?"别勒古台杀了许多人后,心情也渐渐平息下来,说道:"我们把这个小孩找出来。"不久,别勒古台发现一个不过车轮高的孩子坐在一个死去的男子身边大声地哭泣。他走上前去,小孩马上捂住自己的嘴,停止了哭泣。别勒古台觉得这个孩子乖巧奇异,于是大声说道:"兄长,孩子在这里。这小东西挺机灵的,好可爱!"

铁木真转过身来一看,只见一个头戴貂皮帽、脚穿鹿皮靴、身披鞣鹿羔皮接貂皮衣的孩子正坐在地上目不转睛地看着自己。他将孩子抱起来,满心欢喜地问道:"小家伙,你几岁了?"那孩子抹了抹脸上的眼泪,大声回道:"五岁。"他又看了看别勒古台,然后说:"你们是不是还要问我叫什么名字?那我就告诉你们吧,我叫屈出。"他这么一说,刚才还满脸怒气的别勒古台也被他逗乐了，笑道："看来我们的战利品真丰硕，竟然连小孩也有！"铁木真叹道："长生天保佑！今日我们可以一解诃额仑母亲的忧愁了。"别勒古台惊喜地说："对啊！诃额仑母亲想要个小孩，今日把这个灵气十足的孩子送到她那里去，他一定会为她带来吉庆的。"铁木真紧紧地抱住屈出，高兴地说："我带你去一个让你快乐的地方好吗？"小孩点点头笑道："那我就能找个母亲了，是吗？我想念母亲。"别勒古台问道："你想要个怎样的母亲？"屈出张口答道："能给我喂食、教我骑马、陪我睡觉的人，就是我的母亲。"铁木真与别勒古台听罢，都哈哈大笑起来。

是日，铁木真回营后，大摆宴席，畅饮尽欢。铁木真喜欢屈出，拉着他的手说："你给我做养子吧！"屈出很聪明，立刻呼唤铁木真为爹，孛儿帖为娘。

过了一天时间，铁木真基本处理完战后事宜，他叫来合撒儿，嘱咐他将屈出送到母亲处。合撒儿离开的时候，他又嘱咐道："你告诉母亲，这个孩子聪明可爱，不要问他一些我们不愿听的话。"合撒儿答应下来，带着屈出向诃额仑处走去。屈出大声地问他："你们是好人吗？"合撒儿给了他一个满意的答复。屈出又问："住在斡难河畔的诃额仑仁慈吗？"合撒儿严厉地说："他是我们的好母亲，她一定会成为你生命中最尊敬的人。"屈出说道："真是这样吗？那可太好了！"合撒儿又说："你小小年纪，怎么话那么多？到了额么格额吉（奶奶）身前可不能无理取闹，否则我就把你扔掉。"屈出探出身子到合撒儿面前说："只要她是好额么格额吉，就不介意我说什么。我看你是个凶煞的人，所以你才吓唬我！"合撒儿被屈出说得哭笑不得，于是转过头看着伴当哈哈大笑起来。

经过一天的奔波，合撒儿终于回到了斡难河畔，女仆高兴地对诃额仑说："我的主人，您的好儿子合撒儿归来了，身上还背着个小家伙呢！"诃额仑激动地走出营帐，口中轻轻地念道："长生天保佑，定是救出孛儿帖了。合撒儿身上的是哪家的小孩啊？"屈出马上露出脸来，看着诃额仑不说话。合撒儿先向母亲报捷，然后对屈出说："快叫额么格额吉。"他一边说着一边将屈出放到地上。屈出马上对诃额仑叩首道："我叫屈出，是铁木真首领在篾儿乞惕乱军中找到的。"诃额仑笑道："看来屈出是个富贵人家的孩子啊！今日到我家来，你会调皮吗？"屈出看着诃额仑大声说道："只要额么格额吉跟母亲一样慈爱，屈出便安安稳稳地坐在你身边。"诃额仑抱起屈出，爽朗地笑着说："那你还是叫我母亲吧，我就纳了你这个养子让你过好日子。"

战事结束后，札木合、脱斡邻勒合议了一下，决定把缴获的牲畜器械及其他财物分成三等份。铁木真应得一份，但铁木真坚辞不受，他说："脱斡邻勒是父辈，札木合是兄长，你们同情我被人欺辱，兴兵为我复仇，同篾儿乞惕人开战。现在篾儿乞惕部已被我们击溃，我的妻子也得以归来。两位的大恩令我终生难忘，以重礼相谢尚且不够，又怎敢再受这些战利品呢！"札木合态度坚决，定要分给他，铁木真只得随便要了一些。之后，他们一同拔寨起程，把俘虏也全部绑了回去。

他们走到忽勒答合儿崖前，见那里有一大片空地，脱斡邻勒便让大军停下休息。札木合对铁木真说："我与你从小相识，曾住在这里，一晃十多年过去了，你我交情应像从前一样！何不就在这里设下营帐，你去把母亲和弟弟接来，我们一起同住几年，不是更好吗？"铁木真闻言大喜，立刻叫一个伴当赶回斡难河畔，让合撒儿把家人全接过来。然后，他和札木合在豁儿豁纳黑川险如刀削的忽勒答合儿崖前，在一棵茂盛的松树下，举行盛宴，缔结盟约。

这是他们第三次结成金兰之好，而且是以成年男性的身份，通过公开的仪式盟誓结拜，还有众多追随者作为见证人。在悬崖边的大树前，他们交换了金色的腰带和健壮的马匹，随后又互换衣服，分享彼此的气味，承接对方的灵魂。互换腰带，象征着他们已经成年。他们公开盟誓："让我们互相爱护，共同生活，永不抛弃对方。"

脱斡邻勒见他们兄弟如此亲密，深感欣慰，随后便与这两位后辈告辞，率领自己的队伍回去了。

五、结拜之交生嫌隙

这次突袭篾儿乞惕部大获全胜。唯一的遗憾是，被篾儿乞惕人掳走的也速该之别妻、别勒古台之生母速赤吉勒还没有找到。

当时，别勒古台打听到母亲在篾儿乞惕部的一个蒙古包里，便去寻找。速赤吉勒性情柔弱，但有一颗高尚的荣耻之心。当别勒古台从那个蒙古包的右门走进去时，她穿上一件旧羊皮袄迅速从左门跑了出去。她想："有人曾预言，我的儿子有朝一日必为尊贵的亲王，而我曾被迫与一个粗俗的篾儿乞惕人同居，现在又有何面目见我的儿子呢？"她匆匆逃入密林之中。

别勒古台千方百计地寻找母亲，一路上杀了不少篾儿乞惕人以解心头之愤。他非常痛苦，每当遇到逃跑者或俘虏，都张弓射杀。他一边放箭杀人一边喊叫："还我母亲来！"直到遇到小屈出，他才住了手。

据载，当初参与掳掠孛儿帖、追击铁木真的篾儿乞惕人约三百人，连同他们的儿孙，全部被杀！他们的妻子和女儿则沦为胜利者的婢妾，其余幼小的儿女则被掳去做奴仆，朝夕开关门户。

孛儿帖在篾儿乞惕的营地度过了九个月时间，才终于回到了铁木真身边。但她并没有人们想象中那般高兴，时常一个人呆呆地想心事。她被掳走前的一天清晨，和帖木仑一起挤马奶，忽然感到一阵恶心，帖木仑吃惊地问道："嫂子，你怎么了？是不是病了？"孛儿帖摆了摆手。帖木仑拔腿就跑，孛儿帖想叫住她，不料又一阵恶心，转眼帖木仑已经跑进了蒙古包。

不一会儿，诃额仑急匆匆地走过来问道："孛儿帖，孛儿帖！哎呀，你是不是累着了？"孛儿帖摇摇头。诃额仑是过来人，恍然大悟，对着儿媳的耳朵悄悄问了句什么,孛儿帖点了点头。原来她已经身怀六甲了。

时隔九个多月,孛儿帖马上就要分娩了,但她内心很矛盾,因为作为丈夫的铁木真并不知情,他会如何看待这件事呢?她感觉到铁木真仍对她那么忠诚、那么喜爱。为了救她,铁木真甚至动员了四万多铁骑,组成强大的联军,把大草原闹了个天翻地覆。然而,她毕竟在篾儿乞惕部住了九个月,并被仇人赤勒格儿玷污,她心里怎么会没有阴影呢?

战争的胜利和孛儿帖的归来,让铁木真感到无比兴奋。每当面对孛儿帖的时候,他总是喜笑颜开。孛儿帖不安地说:"夫君,我现在怀有身孕,你不会因为这个而怀疑我的贞洁吧?"铁木真听了,心情马上跌到了谷底,勉强笑道:"那这个孩子真是个不速之客了,难道你就没有抵抗吗?"豁阿黑臣闻言大怒道:"我的主人,你是个男人,男人保护不了自己的女人是多么大的耻辱啊!她在篾儿乞惕营中是配给了赤勒格儿,但她被抓走之前就已经怀孕了,这个我可以做证。"

孛儿帖一声不吭,泪眼婆娑,铁木真忙改口道:"我的孛儿帖,只要你仍心系于我,我就满足了。如果你成为别人的妻子,那我铁木真也就是个懦夫了。今天你回来了,我的儿子又要出世了,这是多么让人高兴的事情啊!"他一边说一边轻轻地抚摸着孛儿帖的长发,一如既往地宠爱她,但从他的话音中可以知道他并没有打消疑虑,只是不再计较。过了一会儿,孛儿帖转过脸对铁木真说:"我虽然身在篾儿乞惕营地之中,但心却是像海冬青一样在寻找你的踪迹,渴望你能率领大军前来救我。今日能归来,我的心才豁亮起来。这个孩子,你认为是个不速之客,但我相信他是长生天特意赐给我们的。"铁木真听到这里,不安地说:"我们现在不说这个,只为我们的团聚而高兴好吗?如此我的心灵才能得到解脱。"孛儿帖为了让铁木真开心,强忍着悲伤对他说:"我知道,我离开之后你的心中承受着巨大的压力,你要让仇恨成为你的力量,不能去抱怨。现在我回来了,你心里应该感到轻松才是。如果你对我过去九个月的经历耿耿于怀,那你就不能解脱,这是长生天在惩罚我们的过错。"铁木真深情地看着孛儿帖,正所谓父债子还,他能再说什么呢。

然而,铁木真口里说不在意,心里却总有一个疙瘩,他很隐晦地向札木合倾诉此事。札木合是个胆大心细之人,他明白铁木真的难言之隐,他语重心长地对铁木真说:"孛儿帖能失而复得,实在是天意啊!请安答不要在意那些扰乱心神的事情,毕竟孛儿帖是你明媒正娶的妻子!"铁木真坐在战马上,为难地说:"我也是这样想的,在大草原上,这种事情数不胜数,我怎么会计较呢。孛儿帖已经归来,这就是最大的幸福。"札木合微笑着说:"这才是大丈夫的胸襟啊!好了,看来我没有什么可担忧的了,就让我们为胜利而欢呼吧!"

札木合仰望天空,祈祷道:"我们能打败篾儿乞惕人实在不容易!长生天啊,是你在护佑着正义之师!"

铁木真表面上憨笑着,但他心中的失落和苦痛还需要时间来消除。

孛儿帖的身子越来越重,心里害怕,铁木真安慰她道:"不用害怕,我们身边还有豁阿黑臣呢!她会像照顾母亲一样照顾你的。"孛儿帖点了点头。铁木真握住孛儿帖的双手,轻轻地安慰着她,孛儿帖渐渐地安定下来。豁阿黑臣情不自禁地在一旁笑了起来。一对小爱人就这样又依偎在一起了。

孛儿帖临产时,铁木真抓住孛儿帖的双肩,一下子抱起她,径直朝营帐里走去。孛儿帖拼命地抓住铁木真的手,说道:"不知道为什么,现在只要你在我身边,我就不会感到害怕。"铁木真微笑着,不停地安慰她。到了深夜时分,孛儿帖腹部疼痛难忍,抓住铁木真的双手痛苦地喊叫着。铁木真一时手足无措。豁阿黑臣听见后,走进来说:"好了,这一刻终于到来了,让我来给孛儿帖接生吧!"孛儿帖不停地叫着铁木真的名字,铁木真待在那里不愿离开,豁阿黑臣急忙喊道:"难道女人的事情,主人也要看着吗?"铁木真这才忧心忡忡地走出营帐。

铁木真站在月色下,心情又乱起来,他看着天上的明月,心想:"我应该怎么面对我的儿子呢?难道我要若无其事地对待他?还是要对他的血统产生怀疑呢?"他焦躁地在营帐外踱着步,内心进行着激烈的斗争。这时,札木合信步走来,平心静气地对他说:"看来安答的心中很不是滋味,怀疑的余念让你心神不宁啊!"铁木真望着天空,长长地叹息着。札木合又说:"你的心情我能理解,每个男人都会有这样的心理。你现在需要做的是消除猜疑,像对待自己的亲生孩子一样对待这个小生命。"铁木真声音低沉地说:"我被这个不速之客扰乱了心神,当我站在孛儿帖面前的时候,几度欲言又止,我知道这个错是我犯下的。"札木合劝慰他说:"你能这样想真的很难得,如果是我,我也会被这件事折磨得不轻。"

这时,一阵大风从草原深处刮来,月光被乌云遮挡,而铁木真心中的阴霾却一扫而光。紧接着传来了豁阿黑臣的欢呼声:"主人,孛儿帖夫人生了个大胖小子,她给您生了个儿子啊!"铁木真飞奔到营帐里,只见孛儿帖满脸疲倦地躺在卧榻上看着孩子,他高兴地叫道:"我们的孩子出世了,孛儿帖,你为我家带来了吉庆,母亲一定会非常高兴的。"

孛儿帖虚弱地看着铁木真,问道:"你不想给孩子取个名字吗?"铁木真沉思片刻,说道:"在行军路上降生,太意外了,我们就叫他术赤吧!"孛儿帖轻轻地念叨着这个名字,然后说:"好一个术赤,乃太阳神赐子。希望这个孩子能幸福快乐地生活。"其实,术赤的蒙古语之意为"客人"。铁木真接口道:"一定会的,因为他是我们的孩子。"孛儿帖听了也会心地笑了起来。

第二天太阳刚刚升起的时候,人们跳起了环舞,唱着祭太阳歌。铁木真对着太阳祷告:"太阳神,既然这个孩子是您送来的客人,那么无论他以后给我带来什么样的命运,我都甘愿默默地承受!"他终于把内心的疑虑和偏见抛在一边,而术赤后来也成为他最勇敢、战功最卓著的儿子。

孛儿帖生下术赤没几天,合撒儿便带着诃额仑等人过来了。尚在月子里的孛儿帖从营帐中走出来迎接诃额仑,她悲喜交加地说:"今日才见到母亲,我们分别已十个多月了。"诃额仑笑逐颜开,高兴地说:

"我们一家人终于又团聚了。你给我添了个小孙子,他们兄弟还带回了小屈出,一大家人生活在一起才幸福啊!"

他们和札木合一起,开始在豁儿豁纳黑驻地生活。时间过得飞快,一晃又是一年。篾儿乞惕首领之一脱黑脱阿自败走后,就立志要与铁木真的蒙古部为敌。凡是针对蒙古部的行动,他都积极参与,而且每每在失败的关头都成功逃脱,眼下他又计划着下一次针对蒙古部的行动。铁木真也准备以此为借口,扩充自己的兵力,壮大乞颜部的声威。

1181年5月初夏,札木合与铁木真一同出游。他们翻山越岭,到达最高的峰峦,并马而立。雄姿勃发的札木合马鞭一扬,得意地说:"我看这里野兽虽多,但并没有猛兽,若有的话,岂不将羊羔吃个干净?"铁木真不明其意,含糊地答应了一声。回营后,铁木真还在想着札木合说的那句话,见到母亲后,便把话说给她听。诃额仑开始沉思起来,孛儿帖抢先说道:"这句话是说他想做那独一无二的猛兽。如果他真成了猛兽,这片草地上的动物就不够他一个人吃了。听他的话,怕不是要害我们?或许是赶我们走?常言道,一山难容二虎,不如趁现在与他的交情还在,好说好散。"

诃额仑觉得儿媳一下就把话说到了点子上。铁木真也茅塞顿开,第二天便找个理由去向札木合告辞。

札木合求之不得,但嘴上还是要卖点乖。他挽留道:"苍狼虽猛,仍结群而生。你我皆是勇士,合在一起力量岂不更大?我们眼下生活得还行,但还没有享受到真正的好日子,怎么就要分开呢?"

铁木真委婉地说:"我在草原上树敌太多,烦劳安答多次出手相救,过了段安逸的日子。但我的仇敌还没有死心,他们随时都可能会来报仇,我在这里待下去,只会给兄弟带来危险,不如找一个隐秘的地方安身为好。"

铁木真随即收拾行装,带领族人星夜起程。人们在黑夜中根据自己的选择各投其主,一部分人留下来跟随札木合,另一部分人则悄悄加入铁木真的队伍中。

次日早晨，铁木真对孛儿帖说："你快去安顿一下母亲和孩子，我去清点部族人口，但愿我们的人都没少才好。"说完，他走出营帐去查看那些跟来的部民。突然，营帐后面传来一个洪亮的声音，铁木真转身望去，只见一人下马叩首道："我的仁厚宽大之主，今日我带着随从前来投奔您了。"铁木真大喜过望，激动地说："原来是者勒蔑的弟弟速不台，你兄长常常在我面前夸赞你。今日你愿跟随我，我岂有不欢迎之理。"说完他将速不台扶起来，让他留在自己身边。

几天后，他们在桑沽儿河边住了下来。这个地方其实并不隐秘，人群、牲畜也多，而这为铁木真日后的发展提供了良好的资源。

六、独立发展称可汗

这次与札木合分道扬镳，铁木真内心一直在思考："安答不容我，到底是为什么呢？难道天下就没有真正的感情吗？要想在草原英雄中崛起，不能没有情义，慎重对待自己的好安答，才能在草原上建立良好的口碑。"在面对兄弟之情时，铁木真很多时候都是在扪心自问，觉得心有不安。札木合以前常常对铁木真说："等你的队伍比我的更强大时，我才能真正地说我的好安答站起来了、强大了。"可在铁木真的势力一天天强大，一步步向可汗的宝座迈进的时候，札木合的心中又充满了忌妒。谁也不曾想到过去两个形影不离、肝胆相照的兄弟，就这样变成了草原上一对最大的敌人。

铁木真安营扎寨后，开始聚集部众，扩充队伍。以前散去的部众听到消息后，陆续归来。铁木真不但没有责备他们，反而给予优待，于是，投奔他的人越来越多。仅三四年时间，铁木真帐下各部族合起来就已有四万多人，比也速该时期更加兴旺。

札木合渐渐意识到，铁木真离开他单独设营，实质上是脱离了他的控制，逐渐形成了一支属于自己的势力。更令札木合意想不到的是，本来依附他的部众，现在纷纷投靠了铁木真。不久，铁木真的部众中又增加了一些泰赤乌人。当时，泰赤乌部正准备向别处迁徙，因为铁木真势力的壮大使他们受到威胁，慌乱中逃窜的泰赤乌人以为铁木真要来围剿他们。

曾经帮助过铁木真的赤老温想去投奔铁木真，锁儿罕失剌望着从各个方向聚拢来的部众，劝儿子道："好猎手不会在没有把握的时候乱放箭，先等等吧。"他们最终加入了泰赤乌部族的移营队伍。合答安坐在勒勒车拉的羊毛上，心中十分不舍，她抚摸着车上的羊毛，眼睛里滚动着泪珠。她多想看一眼铁木真啊，铁木真来了，可她却要走了。

札木合因为有不少泰赤乌人前来投奔自己，心中稍稍有了一些安慰，他对众人说："今日铁木真安答声势好大啊！泰赤乌人怎么没有尽降铁木真安答呢？"说完，他走进刚刚搭建好的大帐，一言不发地喝起闷酒来。

铁木真的四叔答里台一家，也带着数百属民一起来投奔铁木真。为了照顾四叔的面子，诃额仑、铁木真、合撒儿、别勒古台一起去迎接他们。寒暄一番后，答里台对诃额仑说："嫂子，我二哥病了半年多，临终之前告诉我说，蒙古包没有漏洞，雨雪是落不进来的；乞颜人如果不离散，孛儿只斤家族哪里会遭遇这么多的磨难，他嘱咐我一定要把他的儿子忽察儿带回来交给你！"

忽察儿忙上前给诃额仑、铁木真行礼。铁木真的这位堂兄弟，后来成为他立汗的积极支持者。

与泰赤乌家族一向不和的主儿乞家族，也在考虑是否投奔乞颜部。额里真妃、撒察别乞和不里孛阔等首领们商议了几次，仍没有统一意见。不里孛阔情绪最为激动，坚决不同意投靠铁木真。他认为在泰赤乌人欺凌也速该孤儿寡母的时候，主儿乞人曾落井下石，现在看见人家强大起来了，又厚着脸皮去投奔，这样做很不光彩。

主儿乞人是合不勒汗的长支后裔，他们中的大部分人都是身怀技艺的勇士。他们自视甚高，即使最后决定投奔铁木真，但仍摆出一副救世主的姿态。快到不儿罕山铁木真营地的时候，傲慢的额里真妃让人马停下来，派人送信给铁木真，说高贵的主儿乞人知道他有难，率队来帮助他了。她想以此试探铁木真的态度，希望他亲自来迎接他们。

送信人一走，撒察别乞说出了内心的担忧："铁木真会尽弃前嫌，善待主儿乞人吗？"撒察别乞门下有一个叫木华黎的奴隶，他看了主人一眼，叹息道："刀劈进水里，过一会儿水面就平静如初了；刀要是砍在人的身上，尽管伤口可以愈合，但疤痕是一辈子也抹不掉的。"

撒察别乞骂了他一声"多嘴"，然后对母亲说："我们为什么要来讨这个没趣呢？"

额里真妃自有其想法，她认为未来的草原之王必是铁木真，如果不趁早打算，将来只会被其他部落吞噬。但眼下他们还有资本显示一下主儿乞人的尊严，不至于失了身份，这也是为了以后能在蒙古部占有一席之地。

"如果铁木真不是用马奶酒而是用马刀来迎接我们呢？"撒察别乞还是不放心。

这时，那个"多嘴"的奴隶木华黎又说话了："主人大可不必担忧，尽管我们与铁木真有旧怨，但他是一只胸怀大如广阔天空的雄鹰，切不可小看了他。况且现在铁木真四周都是敌人，他怎么会拒绝朋友的帮助呢？哪怕只是暂时的朋友，他也一定会热情相待的，只要我们以诚待之。"

撒察别乞瞪大眼睛盯着木华黎，为他的话感到吃惊。就在他们疑惑踌躇的时候，铁木真果然领着几个人来迎接他们了。主儿乞贵族见铁木真亲临，都毕恭毕敬地立于一旁，仆从木华黎却不卑不亢地迎上去，为铁木真引见额里真妃。诃额仑走在铁木真前面，笑容满面地说："我们尊贵的额里真妃，感谢你们远道而来。"

额里真妃走上前去，回道："如明月一样的容貌，一定是尊贵的诃额仑夫人；像蒙古勇士也速该一样英俊威武，一定是多灾多难的射雕英雄铁木真吧?"

铁木真跨前一步,施礼道:"婶母!我就是刚刚学会飞翔的鸟儿铁木真,欢迎所有有情义的主儿乞亲朋好友,你们将给我们带来新的力量。"

额里真妃见状,就拿出长辈的样子,对铁木真说:"小英雄!我们主儿乞家族是伟大的合不勒汗的长支后裔,在自己族人危难之时,我们总是会证明我们的血统是多么高贵。所以,听说你有了难处,我就带着我们光荣的勇士向你伸出救援之手!"

铁木真当然知道额里真妃故作姿态的原因,但他此时并不反感,还用丰盛的菜肴和香醇的马奶酒款待他们。

铁木真的谦逊、真诚、勇敢,使他在草原上的人气越来越旺,甚至札木合的族人豁儿赤、阔阔出思等也纷纷"弃暗投明",分别离开铁木真的对手泰赤乌氏和扎答阑氏,投到铁木真帐下。其中,豁儿赤星夜来投还有一段饱含深意的故事。

那天早晨,铁木真一觉醒来,发现豁儿赤立在帐外,不由得又惊又喜,脱口道:"想不到你也来了?"豁儿赤煞有介事地说:"我原本是圣祖孛端察儿掳来的妇人所生的后代。札木合的祖先是札只剌歹,是异族血统的人;我的祖先是巴阿里歹,是圣祖的后代。我本该扶助札木合光大我族,但天神已显灵,不让我追随札木合,使我不得不认真考虑自己的归属。一天夜里,我梦见一头草黄色的母牛绕着札木合转个不停,然后一头冲向札木合的房车,结果折断一角,变成了一头斜角牛。它面向札木合一边踢尘土,一边大声吼叫:'还我角来!'这头斜角犍牛,驾起那辆房车,跟在您的身后,沿着大路边吼边跑。这是什么预兆呢?这是天地相商,令您铁木真做大汗。那头牛已经载过来了。神灵让我目睹了这件事,让我来向您通报。您将来做了大汗,用什么来报答我这个报告好消息的人呢?"

豁儿赤绘声绘色地叙述自己梦中所见,周围的将士们都听得十分入神。铁木真当然不相信豁儿赤的话,但有句话让他很感兴趣,那就是神授国主——做大汗。豁儿赤是第一个提出让铁木真自立为汗的人,并且借用了神的权威，这正说出了铁木真的心中之言。铁木真兴奋之余，不假思索地答应道："我如果做了大汗，就封你为万户（侯）。"铁木真对"汗王"的号位已是志在必得，只是时机还没有成熟。

对部众来说，豁儿赤也说出了他们的愿望，蒙古草原太需要一位有威望的大汗了。自从忽图剌汗被推翻后，数十年群龙无首，现实的利害冲突，使得草原各部分离聚合，盲目争斗，人们流离失所。而割据一方的部落首领心中都有着同一个目标，那就是成为草原上的至尊——大汗。但在蒙古人眼中，可汗的位置何其尊贵，即使是英勇善战的也速该统领蒙古部时，他也没有称大汗。谁若想成为大汗，必须由所有蒙古人进行表决，如果部众不满意，这个大汗就当得非常危险。

当时，蒙古草原最后一个大汗忽图剌（宗族汗）之子阿勒坛似乎最有资格统一蒙古各部。已故诸汗之一合不勒汗的重孙们也有机会争取汗位，铁木真也是其中之一。与铁木真处于同一辈的还有他的堂兄弟薛彻别乞和泰出。而这些人中，最先站出来支持立铁木真为汗的是阿勒坛、薛彻别乞和泰出。

其时铁木真正扎营于乞沐儿合溪（斡难河上游，今库沐儿山附近）附近的阿因勒合剌台纳（荆棘之营地）。这一天，铁木真带着兄弟与那可儿，特意去拜访德高望重的阿勒坛。双方寒暄之后，铁木真开门见山地提出："我们蒙古部群龙无首，混乱了数十年，希望您老人家能够力举统一大旗，站出来振臂一呼，我铁木真一定率先响应。"

阿勒坛看了看铁木真，知道他是欲擒故纵，笑道："你说错了，这个统一的大旗应该由你来擎起。论勇力、才气，论智谋、气度，你都是最佳人选。否则我为什么抛弃札木合，连夜跟随你来到这儿？"

铁木真听后心中暗喜，但表面上仍不动声色。接着，他又去拜访其他有资格称汗的贵族。

铁木真走后，阿勒坛回到帐中悄悄地对忽察儿说："我的好伴当，蒙古部能有今日的实力，实在是铁木真礼贤下士所致。我们若能就此敬奉铁木真为蒙古部新可汗，蒙古人的未来会更加光明，家族事业也会兴盛起来。"忽察儿对汗位觊觎已久，但又碍于实力不济，只得附和道："难道我俩的心思是相通的吗？我也早有这样的打算，只是有苦衷不好开口。今日既然说出来了，那我们事不宜迟，找个机会在众人面前推举铁木真为汗便是。"

随后，他们与各族头领共同商议，决定立铁木真为汗。他们对铁木真说："我们商定要立您为汗，为您冲锋陷阵不惜生命！掳来美女夺其宫帐，献给可汗您；袭击征服外族百姓，献给可汗您；在猎杀狡兽的时候，将其追来供您射杀；在捕杀野熊的时候，将其赶来供您射杀。沙场鏖战时如违号令，请您灭我的家门九族，使我的头颅滚落荒野；安稳平和时如有违您的派遣，请您掳我的属民与妻女，使我流亡他乡无家可归！"随后，蒙古部乞颜氏的各大贵族都在铁木真的帐中歃血为盟。

铁木真却再三推辞道："我铁木真上有长辈，我资历尚浅，恐怕不能服众。"忽察儿站起来说："难道在战场上是用年龄说话的吗？拥有财富是不问长幼的。"豁儿赤也大声说道："让铁木真称汗是众望所归，顺应天意的。"于是，众人跪拜在铁木真面前齐呼："请铁木真可汗放心！我等今日已在您和长生天面前盟誓，誓死效忠，如有违誓，他日定死无葬身之处。"铁木真见事情已成定局，便对众人说："今日只要你们顺从我，我保证你们与我同享荣华富贵。"

1189年春末，在几个部族头领的誓言声中，铁木真被推举为蒙古乞颜部可汗。

但铁木真的家人却为他感到担忧，因为推举他为汗的几位蒙古贵族只打算尊他为战争的指挥者和狩猎的首领，只想让铁木真带领他们去进行劫掠和围猎。这使铁木真未来的道路上又多了一些不确定的因素。真正的草原英雄一天天地发展壮大，敌人也越来越多。

第四章 逐鹿草原终称霸

一、与札木合的大战

得到各族头领的共同推举后，铁木真开始着手组建自己的王国。首领的汗帐被视为部落中心或第一宫廷，称为"斡耳朵"。在大部分草原部落中，斡耳朵的成员由可汗的亲属和各部落贵族组成，并由他们来管理和领导斡耳朵。然而，铁木真却别具一格，他是根据个人的能力和忠诚度，而不是血统关系，将大约十二种职责分配给不同的追随者。他给了自己最早的两位追随者——博尔术和者勒蔑以最高的地位；同时任命魁梧强壮的弟弟合撒儿为勇士，护卫营地；任命异母兄弟别勒古台掌管大量后勤牲畜；又选用博尔术之弟斡歌来与脱忽刺温、哲台、多豁勒忽四人为近卫，近卫须带上可汗赐的弓箭，名为"箭筒士"，者勒蔑为"箭筒士"之长。此外，铁木真令朵歹管理宫中的妻女、子弟和仆人；命合撒儿、忽必来、赤老温、合儿孩脱忽剌温四人为带刀护卫，合撒儿任指挥；命别勒古台、合剌勒脱忽剌温二人为骟马饲养官；忽图、抹里赤、木勒合勒忽三人为牧马官；阿儿孩合撒儿、塔该、速客该、察兀尔罕四人为通信联络官。

组织机构初具雏形后，铁木真派遣塔该和速客该去拜见脱斡邻勒，派合撒儿、阿儿孩和察兀尔罕去拜见札木合,告知他们铁木真已被拥立为蒙古部可汗。这是一种礼节,既是向同盟者通报一声,以获得认可,也是向对方表示尊重。但两处的使者带回来的报告却大相径庭。

当塔该等人来到脱斡邻勒的帐前时,脱斡邻勒笑脸相迎道:"我的好儿子今日是来给我报喜的。铁木真能成为蒙古部可汗实在是众望所归啊!蒙古没有汗怎么过日子?达成的协议是不能随意废弃的,衣服的领口是不能撕掉的。"他将塔该等人带来的好消息向整个克烈部传达出去,并设宴款待了塔该等人。与此同时,合撒儿等人前往豁儿豁纳黑,向扎答阑部首领的营帐奔去。见到札木合后,合撒儿朗声说道:"我今日是来向札木合首领报喜来了。铁木真坐拥蒙古部可汗宝座,特来传喜讯给札木合首领。"札木合听罢马上表示了不满,说:"难道我的好安答就没有选定一个好日子吗?请你们转告阿勒坛和忽察儿,为什么他们要像两只公羊一样在安答与我之间作梗。在我与安答一起驻营的时候,他们怎么不做出这样的决定,偏偏在我们各驻一方的时候传出这个不合时宜的消息?希望他们能践行自己的诺言,这样才能让我的好安答安心登位。"说完,他提起马刀向后帐走去,对坐在前帐中的合撒儿等人不理不睬。合撒儿只得忍着羞辱告辞上马,连夜赶回斡难河畔驻地。

时隔不久,一件意外的事情发生了。一天,札木合的弟弟给察儿在牧地上奔驰,忽然看到不远处有一个马群在吃草。于是,他不悦地问左右随从:"那是什么人的马群,如此肥壮?"旁边的脱朵延吉尔帖马上说道:"是铁木真部下拙赤答儿马剌的马群。听说铁木真称汗了,膘肥的牲畜也越来越多。"给察儿愤愤地说:"他铁木真今日居然有这等财富,当初他跟我们在一起时,还穷得可怜。今日我便夺了他的马匹,让我的哥哥高兴高兴。"说完带着一班人马冲向马群。拙赤答儿马剌见势不妙,忙纵身上马,提起马刀准备迎战。给察儿仗着人多势众,将马群掳了过去。拙赤答儿马剌举着马刀追上去与给察儿厮杀,口中不停地叫喊道:"还我马来,还我马来便让你们归去!"给察儿却叫喊道:"你们乞颜氏哪能有如此财物,一定也是在别处偷抢来的吧。"拙赤答儿马剌被激怒了，狠狠地在给察儿腰间砍了一刀，给察儿应声落马。他刚要张口叫嚷，拙赤答儿马刺又是一刀，将他的椎骨砍断，夺回了马匹。

在游牧民族中，盗马贼应受重罚：盗窃一匹马当以同样颜色的九匹马偿还；无力偿还者，以其子抵罪；无子者可像宰羊一样斩杀其本人。给察儿被砍杀本是罪有应得，但因为他是札木合的弟弟，这事便成了一场战争的导火索。

给察儿被杀的消息传到札木合耳中后，他立即飞身上马，一边召集部众，一边咬牙切齿地说："定要将铁木真族人尽斩以报此仇。"当他赶到时，给察儿已经断气了。他站在弟弟的尸体面前泪流满面、泣不成声。当天晚上，他在军帐中与众人商议："今日铁木真部下竟然斩杀我的亲弟弟，我对这个安答还有什么顾忌。现在整个草原都知道铁木真是他们潜在的敌人，那就让我来领个头，用众人的力量来替天行道吧！"说完，他让身边所有人都出寨为使节，号令草原上十多个主要部落来征讨铁木真。

大约过了三个月时间，札木合的使者陆续从草原各个部落回来了。出使的结果令人满意：有十几个部落答应组成联军，对铁木真进行讨伐。这些部落包括泰赤乌、亦乞剌思、兀鲁兀惕、那牙勒（那也勒）、巴鲁剌思、巴阿邻、豁罗剌思、翁吉剌、合答斤、撒勒只兀惕、朵儿边、塔塔儿等，共三万之众。札木合在营地里与各部落派来的联络人员一起制订了周密的计划，准备以十三个部落的大军分十三路（翼）向蒙古乞颜部发动突然袭击。札木合站在营帐中对泰赤乌的奴仆捏群说："你快让塔儿忽台准备宴席，我要与他举行出征前的盛会。"捏群得到旨意后便出发了。

捏群在路上暗自思量："铁木真今日危在旦夕，我的儿子孛秃要是能回来一趟就好了。"他正在焦虑之间，捏古思部的军将木勒客与脱塔里对他说："我们捏古思人都在备战，你怎么还在闲逛呢？"捏群回马转身说道："你们是不是准备出征？如果我没有猜错的话，你们对铁木真还有仰慕之情吧？"他们回道："铁木真是新的明主，世人皆知。"捏群闻言，马上将札木合的征讨计划告诉他们，他们马上上马并吩咐道："你快快去做你的事，不要打草惊蛇。我们现在就去向铁木真汇报此事。事毕，我们捏古思人就立了一件大功了。"两个军将不动声色地双腿一夹马腹，像离弦的箭一样向草原深处奔去。

此时，铁木真正带着随从在古连勒古山前放牧，木勒客和脱塔里忽然勒马，跪拜在他面前，说："尊敬的可汗，札木合已经集结十三部，打算率三四万骑兵要分十三路向乞颜氏发起进攻了，您怎么还在此地悠闲地放牧呢？"铁木真闻言大惊，他立刻将两个捏古思勇士带回帐中仔细询问了情况。之后，他站起身来痛心地说："没想到札木合会如此之快与我公开决裂，现在，我们兄弟只能在战场上兵戎相见了。"

铁木真马上召集军将，认真研究和商议应对札木合十三路联军的战策。博尔术进言道："集结我们所有的部落，能参战的兵力大约有三万人，这将是一场势均力敌的苦战，不如也分为相应的路数应之。"众人都觉得博尔术言之有理。于是，铁木真同样将大军分为十三翼，每翼都用木栅和土堆围成简单的护墙，彼此之间相互照应，又以勇武的主儿乞部为第一翼，将自己的嫡系部队分编为第二至第十翼，把其他附庸部落的人马分为最后三翼，以迎击札木合的十三路联军。当某翼受到攻击时，附近的各翼人马都能赶来支援。

兵马的具体部署是：第一翼为铁木真的母亲诃额仑率领的主儿乞亲族、属民、养子、奴婢及属于她个人所有的家奴；第二翼便是铁木真的嫡系部众，包括他的那可儿和护卫军，是全军的主力；第三翼至第十一翼都是乞颜部各个氏族首领率领的族人和属民，分别由撒察别乞、泰出、答里台、忽察儿、阿勒坛等人率领；第十二翼和第十三翼由旁支尼伦氏族人组成。

大军出发前，铁木真在军前训话说："今日是我部与我过去的安答札木合的生死之战，尽管我们的人马在数量上不占优势，但我们是勇敢的黄金家族，我们会在长生天的保佑下所向披靡的。只要我们足够勇敢，札木合就是人再多，也只是乌合之众，不堪一击！"士兵们高声呼喊道："蒙古乞颜必胜，我们顺应天意，消灭札木合联军！"

就在铁木真布置好十三翼的第二天，札木合的十三路联军抵达答兰巴勒主惕（今温都尔汗）。札木合见铁木真也是分兵十三翼，摆出一副防守的架势，不禁哈哈大笑地说："黄金家族也有胆怯的时候啊！"他立即派遣享有"战神的子孙"之美誉的兀鲁兀惕部和那牙勒部为先锋，抢先一步向铁木真发动进攻。

1190年的一个月朗星稀的晚上，铁木真正在军帐中等待博尔术从前方送信归来，一个侍从忽然慌张地跪拜在地禀报道："我的可汗啊，札木合联军已经在前方发现博尔术，现在在答兰版朱思附近安营扎寨，明日定会向我军攻杀而来。"铁木真马上披上战袍，下令道："立即整顿军马，随时准备迎战。"

兀鲁兀惕部和那牙勒部果然不愧为"战神的子孙"，铁木真的简易围墙根本挡不住他们骑兵的冲击。不一会儿工夫，兀鲁兀惕部和那牙勒部的骑兵就冲破了护墙，杀进第一翼中，双方短兵相接，开始了一场肉搏战。在十三路联军前锋的进攻下，主儿乞人一个接一个地倒下，铁木真的第一翼很快就溃败了。

札木合见首战告捷，心中大喜，立刻又下令进攻蒙古部的第二翼。这一次还是由兀鲁兀惕部和那牙勒部打头阵，他们分左右两路同时推进，向铁木真的第二翼冲了过来。

铁木真亲自率领博尔术、博尔忽、者勒蔑和速不台及五千蒙古军迎敌。第二翼是蒙古部的第一道屏障，也是实力最强的一翼，所以守住第二翼是这场战争的关键。如果第二翼失守，蒙古部必将全军溃败。铁木真拔出腰刀，厉声喝道："全部战士都守住此翼，有后退者立斩不饶。"

一时间，蒙古部箭矢如雨点一般射出，敌军还没攻到翼前，就有不少人被射落下马。不过，十三路联军毕竟人数众多，尽管有些伤亡，但还是攻到了护墙边上，将护墙冲开了好几个大口子。关键时刻，博尔术和速不台两人指挥蒙古部竭力抵抗，将十三路联军的人马堵在护墙外面，双方围绕着护墙展开了激烈的厮杀。者勒蔑和博尔忽两人守在铁木真左右，寸步不离地保护他。

这时，兀鲁兀惕部的首领主儿扯歹看见翼中竖起的九尾白旄纛，立刻大声叫道："铁木真就在里面，杀进去活捉铁木真，活捉铁木真。"于是，几十个骑兵一起推进，"哗啦"一声，又将护墙冲开了一个大口子。兀鲁兀惕部的骑兵从缺口一拥而入，主儿扯歹一马当先，直奔铁木真而来。铁木真的第二翼眼看要抵挡不住了，博尔术和速不台也被那牙勒人和塔塔儿人缠住，抽不出身来援救。

博尔术对铁木真喊道："汗兄，这里太危险了，我们愿意为你死战，但请你先退到第三翼去吧！"

铁木真回答道："这世上也许有战死的铁木真，也许有打败仗的铁木真，但绝没有扔下自己的部众独自逃跑的铁木真。我必定要和你们同生死共进退！"

这时，者勒蔑两腿一夹，战马飞奔出去，他抬手就是一箭，直射向主儿扯歹。主儿扯歹急忙闪躲，但箭来得太快，他虽然躲过了面门，但仍被射中了左胸骨。主儿扯歹大叫一声，从战马上摔了下来，他身边的士兵七手八脚地把他救起来。兀鲁兀惕的士兵见主将中箭，都乱了阵脚，攻势也减弱了。

者勒蔑以极快的手法将箭矢如流星般射出，每箭必中一名敌人，转眼间便射倒了十几个人。兀鲁兀惕的士兵也被这神奇的箭法吓住了，全都畏缩不前。

札木合见状大怒，立刻命令另一名部将带兵去挡抵者勒蔑和博尔术。铁木真在翼中看得清楚，忙下令吹号，召集部下守住缺口。札木合正要下令增兵强攻，四下里突然喊杀声大起，原来蒙古部第三翼的木华黎、第四翼的合撒儿、第六翼的赤老温、第九翼的别勒古台已经赶来支援第二翼了。

札木合大吃一惊，急忙调兵遣将，分头去迎战铁木真的四路援兵，同时又命人去进攻蒙古部其他各翼，使其他各翼不能来援助第二翼。

双方人马一场混战，扬起的尘土遮天蔽日，喊杀声、马蹄声、号角声、金鼓声，震耳欲聋。经过半天的激战，十三路联军虽然攻破了蒙古部的第七翼和第十翼，但始终没有攻下第二翼。

下午，博尔术杀回到铁木真身边说："可汗，差不多了，我看可以撤退了。"铁木真仔细观察了一会儿战场才说："可以退了，不过要退而有序。"

博尔术立刻下令先由第三翼和第四翼掩护第二翼撤退，再由第五翼和第六翼掩护第三翼和第四翼撤退。就这样，蒙古部十三翼互相掩护，且战且走。

傍晚，在铁木真、博尔术、木华黎等人的指挥下，蒙古部井然有序地退到了不儿罕山，安全地撤进了哲列谷中。者勒蔑和沉白先行一步，将所有的部民、营帐、粮食、牲口等都撤进谷里，并在谷口设下伏兵，接应铁木真，阻击十三路联军。

札木合率部追击到谷口，见蒙古部有兵接应且天色已晚，看不清地势，因此不敢贸然追击。

此战双方损失都不算很大，蒙古部伤亡不到三千，主要是第一翼的主儿乞部损失较大，其他各部基本完好。札木合损失不足两千，各部的损失较为平均。

札木合本想第二天再战，但铁木真命令部下坚守山谷入口，不准出战。札木合认为铁木真败了，不敢应战，加上自己所带粮秣不多，亦不再与铁木真对峙下去。

札木合得胜而归，路经捏古思部时，又对这一叛逆之族进行了围剿，掳获了一批部民。同时，为了以儆效尤，处死了捏古思部的头目察合安兀阿，砍下其头颅系在自己的马尾上。在草原上，鲜血玷污了头颅，意在羞辱死者的灵魂；而将头颅系在马身上最污秽的部位，则是在羞辱被俘者的整个家族。

返回营地后，札木合设宴庆贺胜利。泰赤乌部的首领塔儿忽台说："今日我们战胜了铁木真，整个草原都知道了这个好消息，我们的族人都在庆贺，让我们好好地敬札木合首领一杯。"

札木合站起来说："大敌还在我们眼前晃动，我们要将敌人打倒，让他在我们眼前再也站不起来，这样才是英雄所为啊！"这时，侍从轻轻走到札木合身边说："首领，将士们刚刚从战场上抓住几十个捏古思人，怎么处置才好呢？"札木合紧紧咬住嘴唇看着塔儿忽台，塔儿忽台走到札木合面前，咬牙切齿地说："将他们活埋了，方能解你我心头之恨。"札木合残忍地笑道："活埋，那就太便宜他们了。我要将他们全部扔到锅里，煮熟了给众将士下酒。"塔儿忽台连连点头道："如此甚好，就让这些捏古思人把我们的仇恨带走一些吧！"两人四目相对，哈哈大笑起来。

众将士站起来向札木合敬酒道："今日能在札木合首领这里吃肉喝酒实在是难得，我们愿意将札木合首领视为真主，永不叛离。"札木合笑道："我今日还想请各位吃一道罕见的名菜，你们想知道是什么吗？"大家面面相觑，都不知道札木合葫芦里卖的什么药。札木合冷冷地看着众人说道："我要请各位吃人肉大餐，现在有几十个让我们恨之入骨的捏古思人正在我的营帐中，我要用他们的肉来抵销我们心中的仇恨。"众人正目瞪口呆之际，几十个士兵取出七十口大锅，先把动物油脂融化烧开，然后剥去俘虏的衣服，一个接一个地投到油锅里烹煮。

坐在宴会上的贵族首领和将领们都不忍直视，听着震天的哭喊声，他们坐立不安。畏答儿看着身边的术赤台道："如此残忍之举，我平生可从未见过啊！札木合的心肠怎么就像铁石一般呢？"术赤台轻轻地摇了摇头，一言不发。札木合将目光投向畏答儿，问道："畏答儿首领觉得如此是否大快人心呢？"畏答儿感到一阵恶心，苦笑着说："如此惩治，相信日后再无叛离者。"札木合笑道："我的目的正是如此，看来畏答儿首领不仅战功卓著，在治事管人上也很有见地嘛！"

过了一会儿，有人端来了人肉汤。畏答儿悄悄离开宴席，将一碗人肉汤倒在地上，远远地看着札木合，心想："你札木合要是有铁木真一半仁善，早就登临大汗位了。看来天下真正的明主非铁木真莫属。"当下他找了个由头辞别札木合而去。随后，术赤台也站起身来借口自己部里有事，离开了。

夜幕降临的时候，宴会结束了。晃豁坛氏的蒙力克对身边的人说："札木合如此暴虐，我等还是回到铁木真身边才是上策啊！"当天晚上，蒙力克就让一个侍从到铁木真处送信，述说了札木合的暴行及再次投靠铁木真的想法。铁木真听到消息后，惊呼道："札木合对臣属部落如此暴虐，实在不得人心。"他马上让侍从带回一封信给蒙力克，并说："尽管我在战场上失败了，但我内心觉得自己依然是胜利者，因为我的仁义战胜了残暴，我的顺天之心得到了世人的归顺。有着善良和正义之心的人，请到我这里来吧，我会像亲人一样呵护他，像亲兄弟一般看重他。"

蒙力克的侍从很快回到营地如实汇报了情况。蒙力克在长生天面前祈拜道："长生天护爱仁慈的主，我们定会投靠仁慈待人的铁木真。"天微亮时，蒙力克就来到畏答儿帐前等待他们。太阳出山的时候，蒙力克、畏答儿和术赤台等人纷纷离开札木合的营地，沿着斡难河向铁木真的营地奔去。

与札木合的做法正好相反，铁木真极力采取笼络人心的措施。他同情那些经常受人欺负、领地被人掠夺的部族，主动把器具和粮食分给他们。这些部族对他不胜感激，便主动率部归附。兀鲁兀惕部首领主儿扯歹和忙忽惕部首领忽亦勒答儿，不久也率众投奔铁木真。他们深情地对铁木真说："我们像是无夫之妇、无主之马、无主之畜，我们将在您的恩德感召下，去讨伐您的仇敌。"

二、两军踏平塔塔儿

铁木真的部众越来越多、势力越来越大，与此同时，他的敌人也越来越多。面对草原上的劲敌，铁木真常常对部众说："我们在草原上树敌甚多，但我都不放在眼里，唯有塔塔儿不仅是我祖祖辈辈的仇敌，也是我心中最大的隐患。""向塔塔儿复仇"这个念头，从父亲惨死的那一天起，便一直深藏在铁木真心中。

塔塔儿的驻地呼伦贝尔草原是漠北最富饶的地方，草原上洼地、湖泊、沼泽广泛分布，土壤肥沃，水草丰美，降水适宜，草质优良，劣草稀少，罕见毒草。盛夏的呼伦贝尔草原，各种艳丽的花朵一簇簇地开放在绿草丛中，有天蓝色的马兰花、青紫色的桔梗花、纯白色的防风花、绛红色的野百合花、金黄色的金菜花，素有"五花草甸"之称。

塔塔儿数代人与蒙古部进行过激烈的战争，他们不仅做金国的犬牙，还打着"草原之尊"的旗号到处烧杀抢掠。当山只昆部和合达斤部刚刚强大起来的时候，塔塔儿便开始虎视眈眈。金国的君臣也感受到了来自山只昆和合达斤的威胁，金明昌六年（1195年），夹谷清臣奉金章宗之命开始北伐。夹谷清臣站在草原上，面对荒无人烟的草地、河谷，暗自思忖："此等蛮荒之地，应该让他们自相残杀。"随后，他命令臣下召集塔塔儿人剿杀两个小部落。很快，塔塔儿部配合金军将两个小部落彻底击败，夹谷清臣率领得胜之师正要凯旋，塔塔儿首领蔑兀真笑里徒挡住金军的去路，阴险地说道："将军大胜而归实在可喜，但带着如此沉重的财物，我担心将军行动不便啊！"说完，他命令手下将金军的财物抢夺过来。

夹谷清臣得到消息后，要求蔑兀真笑里徒马上归还战利品，并向金军认罪。蔑兀真笑里徒口出狂言:"金军在战斗中胆小如鼠,是我塔塔儿军将在战斗中拼死厮杀才得以胜利,战利品本应属于我们。"夹谷清臣十分气愤,但又无可奈何,他试图将战利品抢回来,但塔塔儿人抢先对金军进行了猛烈攻击。就这样,一场金军与塔塔儿联合围剿山只昆、合达斤的战争演变成了塔塔儿人与金军的财物争夺战。

为了教训塔塔儿这个不听话的奴才,次年,金国派右丞相完颜襄前往漠北征讨塔塔儿人。完颜襄率领精锐铁骑从临潢府出发,兵分两路对塔塔儿人进行围剿。一个部落对于一个国家来说毕竟是渺小的,士气低落、拖家带口的塔塔儿人自然不是完颜襄精锐铁骑的对手。在金军的围剿下,塔塔儿人很快便溃不成军。

蔑兀真笑里徒等人仓皇地向浯勒扎河方向奔逃,但金军大将完颜襄率领轻骑紧追不舍。塔塔儿人被杀无数,财产也被抢掠一空,血水把草地染成了褐红色。完颜襄的马在寒风中打着响鼻,不知道是叹息还是不屑。完颜襄还准备了一个更大的"惊喜"给战败的塔塔儿人。他坐在战马上不慌不忙地对众将说:"我们天国将士不可在草地上长久作战,听说草原上的铁木真是个英雄,与塔塔儿部是世仇。我们可以将剿灭塔塔儿人的任务交给他们,利用他们为朝廷效命,如此漠北便无大患了。"完颜襄的手下并不看好这个计划,因为金国和乞颜部也有世仇,要乞颜部帮助金国消灭塔塔儿人,简直就是天方夜谭。但完颜襄知道铁木真是个聪明人,认为他会对时局做出客观的判断。

很快,完颜襄就派出使者把这次大战的战报和塔塔儿人逃遁的方向等情报,透露给乞颜部的铁木真和克烈部的脱斡邻勒汗,并请求两部协助剿灭塔塔儿人。

铁木真听到这个消息,先是一愣,然后喜笑颜开道:"好,让使者先到内帐休息,明日我会给使者一个满意的答复。"铁木真马上召集众人商议此事,没想到反对声一片,几乎所有人都认为听命于仇人金国去消灭塔塔儿人是可笑而愚蠢的。答里台说:"我们不能做金国的鹰犬,但对塔塔儿的仇也不能不报。如今我们做出怎样的选择都很为难,但我认为应该联合塔塔儿对付金人。"阿勒坛则反对说："难道你忘记了塔塔儿人对我们的所作所为吗？我们现在应该暂时放下对金国的仇恨，来对付我们最大的仇敌，如此才是上策。"铁木真连连点头道："是啊，我们不能同时伸出两个拳头打人，那就让我们全力以赴消灭塔塔儿这个世仇。敌人的敌人就是朋友，这样一个能够亲自手刃杀父仇人的机会，我是绝对不会放过的！"众将闻言，都怀着赞同的目光看着铁木真。

作为铁木真的坚定盟友，脱斡邻勒自然成为他首先考虑联合的友军。当铁木真的使者将征战塔塔儿的消息告知脱斡邻勒时，脱斡邻勒高兴地说："今日我儿要攻伐塔塔儿，实在是让人欢欣鼓舞啊！我马上整顿军马，去与我儿会师。"他派使者将好消息传递给铁木真。铁木真闻报，兴奋地说："我们的祖先俺巴孩汗和主儿乞部的祖先斡勒巴儿合黑都被塔塔儿人出卖。今日既然我们兴起正义之师，那就让主儿乞人也来分享报仇的快乐吧！"于是，他又派出使者向主儿乞部通报了开战的消息。

之后，心中无比激动的铁木真展开笑脸对孛儿帖说："他日我们战胜了塔塔儿，一定要好好地感谢长生天，是长生天的眷爱才让我们有消灭世仇的机会。"孛儿帖看着铁木真高兴的样子，提醒道："你不要忘记塔塔儿人狡猾而诡计多端，在战斗中切忌浮躁。金国只是借刀杀人，我们应该有防备之心才是。"铁木真笑道："你果然是个贤惠聪明之人，不是你时时提醒我，我倒掉以轻心了。"说完，他一把拉过孛儿帖，兴奋地把她抛到榻上，好好地亲热了一番。

第二天，铁木真刚整顿好军马，一个克烈部士卒飞马来报，称脱斡邻勒的几万大军已经在营寨外等待铁木真的调遣，铁木真高兴地说："父汗的行动如此神速，仅三天时间便将军马调派到我帐前，有了如此强大的执行力，我们定能旗开得胜、所向披靡。"他一边说一边赶去迎接脱斡邻勒。见到脱斡邻勒后，铁木真上前行了礼，又做了个必胜的手势，二人哈哈大笑起来。走进营帐后，脱斡邻勒说："事不宜迟，我们快快做出部署，向神圣的战场进发吧！"铁木真却说："我们再等三日，我还邀请了主儿乞部的撒察别乞和泰出一同参战。"

脱斡邻勒抬起头来，疑惑地看着铁木真，说："你刚刚因为豁里真妃之事与主儿乞人大打出手，我想他们参战的可能性不大。"但铁木真早已忘记前嫌，他认为蒙古部的共同敌人是塔塔儿人，主儿乞人理应放下小怨而顾全大义。

铁木真坐在营帐中足足等了三天，但主儿乞人并没有来，看来撒察别乞和泰出还没有忘记那令人痛心的"斡难河畔宴会事件"。铁木真正在郁闷之际，脱斡邻勒走进来劝道："还是不要等了，主儿乞人就是这样心胸狭窄！"铁木真见事已至此，便下令道："我们不再等了，即时发兵，向浯勒扎河进军。"

脱斡邻勒和铁木真的两路大军缓缓地从斡难河畔向东而进。路上，脱斡邻勒问道："浯勒扎河上有金人修筑的堡垒和营寨，能轻易攻下吗？"铁木真不屑地摇摇头说："那些好看而舒适的营寨如何能经得起我们战马的践踏？我军锐气正盛，杀敌夺寨会势如破竹，无往不胜。"他们立定马，眺望前方浅水流淌的河流。身旁的一名护卫喊道："可汗，浯勒扎河就在眼前，我们先安营扎寨，明日便可攻城拔寨！"铁木真回道："很好，找个开阔地扎营，让大军稍作休整，等待进攻的命令吧！"

当天晚上，铁木真与脱斡邻勒等人在浯勒扎河边漫步，脱斡邻勒爬上高坡眺望着对面的敌营，对众人说道："明日我们可以发起突然袭击，趁塔塔儿人没有防备，将他们的营寨堡垒摧毁，这样便可以稳操胜券了。"铁木真轻轻地摇摇头说："必须做好与塔塔儿死战的准备，他们被惊动之后一定会窜入堡垒之中，这必定是一场持久战。"这时，合撒儿上前道："塔塔儿人确实狡猾，我今夜就到他们军中去探个虚实。"他正要扬鞭而去，铁木真大声叫道："回来，你单枪匹马去了定当性命不保。"合撒儿这才停了下来。

第二天，铁木真来到已经集合好的联军前，对众人呼喊道："克烈部和乞颜部的英雄们，我们世世代代的仇敌就在眼前，让我们上阵杀敌，用塔塔儿人的鲜血来洗清我们心中的伤痕！"他下令大军分两路夹击塔塔儿部,将塔塔儿人包围在浯勒扎河上游。蔑兀真笑里徒站在堡垒中,观看着战场上的情况。当铁木真的大军向塔塔儿人的营地奔涌而来时,蔑兀真笑里徒马上大旗一挥,率部众向后方撤退。

铁木真没想到塔塔儿人跑得那么快,心想穷寇莫追,打算收兵回营再作打算,但脱斡邻勒极力想要表现一番,一是向金国显示实力,二是不用费太大力气就可以扫平塔塔儿,卖铁木真一个大人情。于是,他策马上前,叫道:"勇士们,快追!"脱斡邻勒的军队像猛虎一样,将立足未稳的塔塔儿人围困在两个堡垒——松树堡和枫树堡之中。蔑兀真笑里徒措手不及,只得率领一部分来不及逃走的部众躲进堡垒之中。

克烈部正在厮杀之中,铁木真的军队也赶了过来,两股势力合在一起,不到半天时间便将塔塔儿部最坚固的两个堡垒攻破了。

脱斡邻勒率先冲进堡垒,一把抓住一个塔塔儿人问道:"你们的首领现在何处?"那小卒胆战心惊地指着蔑兀真笑里徒逃跑的方向说:"首领正向森林那边逃去。"脱斡邻勒翻身上马追了上去,行进了十多里地,他看见前面高地上有一人驱马疾驰,于是绕过高坡,斜插过去,很快追上了逃者。那人正是蔑兀真笑里徒。蔑兀真笑里徒一时慌不择路,跌倒在地上,惊恐地看着脱斡邻勒。这时,铁木真赶了上来,举起长矛,将蔑兀真笑里徒的腰椎刺穿,结束了他的性命。

俘虏了塔塔儿的所有贵族后,铁木真想在塔塔儿贵族中挑选一个塔塔儿姑娘做自己的妻子。他坐在中军帐中一边喝着马奶酒,一边对身边的将领说道:"根据我父亲的旨意,凡高过车轮的塔塔儿男人都要杀掉,但塔塔儿女人是宝贝,我要得到一个也是合情合理的,相信父亲大人在九泉之下也会感到高兴的。"众将领都上前劝阻道:"塔塔儿人固然可恨,但若将他们赶尽杀绝,会让长生天动怒的!"合撒儿也上前道:"如果杀尽塔塔儿人,那我帐下收养的塔塔儿孤儿也要杀掉不成?"铁木真愤怒地站起来说:"你们受了塔塔儿人的膏脂吗?再有人敢在我面前同情塔塔儿人,便是与我作对,便是与我蒙古乞颜氏为敌。"说完转身向帐外走去。众人见铁木真如此决绝无情,再也不敢在他面前为塔塔儿人求情。

过了两天，合撒儿从塔塔儿的营地径直向斡难河奔来，站在铁木真的帐前，高兴地禀报道："兄长，脱斡邻勒在塔塔儿贵族中物色了一个绝色女子给兄长，让她到帐下服侍你。"铁木真询问了一些细节，于是，合撒儿将姑娘的名字、家世以及长相都向他细述了一番。铁木真听了，心中喜悦，对合撒儿说："替我感谢父汗，你以我铁木真的名义将这个塔塔儿姑娘接过来，只要她好生服侍我，我定让她过上尊贵的日子。"

合撒儿领命而去。当天晚上，铁木真对孛儿帖说起合撒儿提及的那个塔塔儿姑娘也速干，孛儿帖淡淡地说："塔塔儿人就要被我们杀尽，但愿这个也速干不要心生怨恨才好！"铁木真听了马上说道："我要让也速干成为我的妃子，那她的家人自然是另当别论了。"铁木真打消了孛儿帖心中的疑虑。

几天后，铁木真远远看见合撒儿领着一个端庄美貌的女子过来，心中暗想："塔塔儿竟有如此绝色女子，真是他们的福分啊！"他一边想一边迎过去，对合撒儿说："果真是个绝色美艳之女啊！我当好好赏赐你！"然后站在也速干面前盯着她看。也速干也是个有见识、识大体之人，她轻轻地拜倒在铁木真面前，怯生生地说："感谢可汗的垂爱，能服侍可汗，真乃也速干全家人的福分！"铁木真拉起她，一把搂住她的腰身，痛快地说："今日塔塔儿人已是穷途末路，你能在我处安生，是长生天保佑，你就安心地享受荣华富贵吧！"也速干含情脉脉地看着铁木真。铁木真更加高兴了，笑道："今日迎来也速干，定要庆贺一番。"当晚，整个营地里欢声震天。

宴会结束后，也速干在铁木真的卧榻上亲昵地恳求道："我的可汗啊！您能保全我的父兄和家人吗？"铁木真抱住也速干，懒洋洋地说："今日你能与我同枕，便是我的妻子，我的丈人也客扯连自当好生相待，网开一面。"也速干心中不胜欢喜，轻轻地将双手搭在铁木真的胸前，小鸟依人地躺在他的胸间。

一连十几天，铁木真都在也速干的帐中留宿。也速干不但善于迎合,而且能歌善舞。一天吃饭的时候,也速干突然叹了口气,说道:"我的可汗啊!我们塔塔儿人死的死,离的离,今日我在此享福,却不知道我的姐姐现在何处!"铁木真惊奇地问道:"你还有姐姐?她是什么人?"也速干看了一眼她所敬畏的男人,悲凄地说:"我的姐姐生性温柔,美貌更是天下一绝,比我好看百倍,她才是真正配得上可汗的人,只是不知她现在流落何方。"铁木真一听,马上站起身来,高兴地说:"天下竟有如此美貌之人,我一定要找到她。"他马上派出一大批人,分为几队到塔塔儿人逃亡的地方去搜寻。

也速干见铁木真下令寻找自己的姐姐,忙将好消息告诉父亲也客扯连,也客扯连欣慰地祈祷道:"长生天保佑,让我的家人能活着,团聚在蒙古人的麾下也好!"

当天晚上,也速干来到铁木真的中帐对他说:"如果我们姐妹能安定地在可汗身边服侍,我也就心满意足了。"说完给铁木真敬了一碗酒。铁木真举起酒碗,对也速干说:"等你姐妹团聚之后,同在我左右,岂不是美事一桩。"说完,他一口饮尽这碗酒,之后便到孛儿帖的营帐去了。

也速干一人坐在营帐里,心中暗自合计:"不能让铁木真疏离我,这关系到我全家人的荣辱贵贱。"她想,如果姐姐也来服侍可汗,即使他不再宠爱自己,姐姐也遂也一定会改变这种情形。

过了三天,铁木真正在宴饮时,侍从突然进来禀报道:"也客扯连丈人正带着也速干夫人的姐姐也遂,站在帐前准备觐见可汗。"铁木真闻报激动地站起身来,说:"今日能让我一睹绝世美人风采,真乃人生之极乐啊!"说完,他牵起也速干的手兴冲冲地向帐外走去。他一见到也遂,马上被她的美色给镇住了,只见她一双迷蒙的大眼,楚楚动人,肌肤如雪,丰胸翘臀,身材匀称。这时也速干站到姐姐也遂的身边轻轻地抚去她脸上的灰尘,对铁木真说:"可汗,这便是我对您提起的姐姐也遂。"也遂急忙上前跪拜在地上,虔诚地说:"贱妇感激可汗厚爱之恩,此生愿意为可汗做牛做马,来生再来做奴婢服侍可汗。"铁木真在众目睽睽之下，一把抱起美人，走进营帐里去了。

也遂到来之后的一个月里，铁木真与也遂姐妹常常在草地上举行宴会，欣赏这对姐妹的美色和才艺。一个夏日炎炎的午后，铁木真坐在草地上与也遂姐妹共饮。也速干对也遂说："今日姐姐脸色不好，是昨日受了风寒吗？"也遂只是摇摇头，铁木真也关切地问道："今日夫人饮过了吗？"也遂仍心事重重地摇着头。铁木真见状，心中疑惑，他环视周围，发现一些收编的属民也在一旁乘凉。他细心地查看了一番，发现其中一个相貌俊俏的男子神情可疑，于是站在众人面前大声说道："你们按部族所属各自站成队列，我要审查。"属民们听到命令，马上列成几个小队，只有那个俊俏的男人独自站在队列之外。铁木真马上命人将他拿下，说他是外部落的奸细。那男子被捆绑后自知不能活命，于是大声叫喊道："我是来看望我妻子的，坐在宴席上的也遂便是，请可汗将她还给我。"铁木真听了，狠狠地看了一眼也遂，怒喝道："快将这个奸细斩首，我是容不得这种心怀叵意的塔塔儿人的。"他话音刚落，几个侍从便上前将那个男子拖到偏僻之处斩首了。

也遂心如刀绞，伤心地流下了眼泪。但铁木真更加宠爱也遂，生怕她被人夺走。

这场扫荡塔塔儿人的大战历时几个月终于结束了，铁木真大获全胜。最令他感到欣慰的是既报了杀父之仇，又得到了一对姐妹为妾。而在草原上称雄一时的塔塔儿部则就此走向衰败。

战后，金朝丞相完颜襄对铁木真说："塔塔儿部落无缘无故地背叛我们，你为大金国平叛有功，杀死了该部落首领。我已经禀报了圣上，授予你一个'札兀惕忽里'的官职。从今以后，你应当多为我们金国出力！"从此，铁木真又多了一个身份，即金国副招讨使。

不过，这对铁木真来说是一个两难的选择，如果他一口应承，蒙古部便成为金国的属臣。如此一来，他便有了招讨使名号，他的征战便能师出有名，还可以借种种由头去征讨其他部族。所以，铁木真只能以沉默应对，以微笑带过。

在这次扫荡中,最大的赢家自然是克烈部。脱斡邻勒不但抢到了大量财物,而且被金朝封为王,从此,人们都叫他"王可汗",简称"王罕"。

三、河畔宴会引争端

战胜塔塔儿人是铁木真称霸草原的重要一步,它使草原上的其他部落真正意识到一个强大的蒙古部即将统领整个大草原。高举"为祖报仇"旗帜的铁木真得到了草原人民的敬重和爱戴,他的人格魅力放射出更加夺目的光芒,他的威名正向四方传播。

然而,在扩张的同时,他也走上了风口浪尖,不仅结拜的安答与他决裂,本部落的亲族中也有人内心不服。

面对各种矛盾,铁木真自有其应对之策。无论是自己的敌人,还是自己的亲族,当他们顺从臣服的时候,他总是笑脸相迎,用香醇的马奶酒来迎接心悦诚服地臣服于自己的人;当他们桀骜不驯的时候,他也从不吝啬自己的武力,冷漠、无情的杀戮是他征服的最后手段。

在草原上,失败的部落被劫掠,部分成员被俘为囚,逃跑的部众或重新组织起来伺机反击,或加入战胜者的部落中。今天的盟友可能就是明天的敌人,正如铁木真与札木合那样。基于此,在击败主儿乞人的行动中,铁木真采取了全新的策略,这一策略显示了他的雄心,即要从根本上改变进攻和反击、结盟和分裂循环的情形。

与塔塔儿部大战前不久,当铁木真为蒙力克、畏答儿和术赤台的到来而高兴时,孛儿帖于当天晚上对他说:"既然可汗如此好兴致,那么就举行宴会庆祝他们的到来吧!"铁木真笑道:"如此甚好,明日我们就在大帐前举行宴会。"铁木真立刻吩咐下去,让侍从准备一次喜庆、丰盛的宴会，然后，他又派人到各个首领驻地送达了宴请通知。

第二天，铁木真很早就起床了，他心中隐隐感到有些不安，在大帐中徘徊。这时，别勒古台走进来禀报道："今日的宴会中午时分就可以开始，请可汗亲自去看看。"铁木真便走出去对司厨（伙食主管）失乞兀儿笑了笑，给予他鼓励。转了一圈后，别勒古台对铁木真说："汗兄还是在帐中坐等宴会开始吧。"铁木真说："今日你务必将所有长支贵族都招待好，不可怠慢任何一个人。"别勒古台连连点头。

午宴时间很快到了，一众亲族和客人陆续坐到席上，铁木真马上宣布："快斟上一盏酒来。"司厨失乞兀儿应声而来，先后给几位主客和铁木真斟酒，又来到主儿乞贵族面前，给撒察别乞的小母豁别该斟上一盏酒。这时，坐在一旁的两位老夫人豁里真妃和忽兀儿臣妃马上表示了不满，豁里真妃大声呵斥道："难道你们心中没有长次之别吗？主儿乞人的长者是我和忽兀儿臣妃，你们怎么能无视我们的礼俗呢？"失乞兀儿忙跪在众人面前，道歉说："对不起，我们只是按顺序斟酒，无意冒犯大妃。"豁里真妃仍破口大骂道："你这样的贱奴都敢目中无人，我们的亲族还会在意我们吗？堂堂的主儿乞贵族怎能让你来侮辱？"失乞兀儿见豁里真妃如此愤怒，申辩道："难道小小的错误能引起那么大的罪过吗？"豁里真妃闻言更加恼怒，伸手打了失乞兀儿一个耳光。整个宴会的气氛顿时变得非常紧张。豁里真妃又从席座上下来，用鞭子在失乞兀儿身上乱抽一阵。失乞兀儿曾服侍过也速该，受到这般羞辱后心中有气，大声反驳道："是也速该首领和捏坤太石二人不在了，你们才敢这样无法无天，在宴会上大打出手，也速该在世时从来没有人敢这样对待我。"铁木真听出了话外之音，这是暗指他不如父亲那样有威信，说他软弱无能，连一个司厨都庇护不了。

失乞兀儿被赶出后，豁里真妃大声对铁木真说："以后这样目中无人的厨子最好不要，要是没有好的，我送给你一个。"铁木真强作欢颜，说道："两位长辈受气了，希望你们不要耿耿于怀才好啊！"

铁木真内心其实非常生气，但又不便发作，只得将一股无名之火窝在心里。然而接下来又发生了一件事，终于使铁木真忍无可忍了。

原来，宴会期间，铁木真让弟弟别勒古台看守随行人员的马匹，主儿乞部首领也派了一个叫不里孛阔的头目看守主儿乞人的马匹。

失乞兀儿被打后，别勒古台走到铁木真身边说："我到帐外巡视一下，免得又生出什么事端。"他轻快地走出大帐，突然发现马棚里有人影闪动，于是就悄悄地躲在角落里监视，看到一个小偷正在偷马笼头，将好几个笼头放在一匹战马的背上，正准备将马牵走。等到那个小偷走出来的时候，别勒古台一把抓住他大声喝道："你是何人？竟敢在可汗的马棚里偷马笼头？"那人惊叫道："我只是看看，不是偷。"别勒古台正要斥责小偷时，主儿乞氏的后勤官不里孛阔走过来，故意说道："合答吉歹，让你去巡视我部的车马，你怎么跑到这里来了，搞错地方了吧？"别勒古台马上向不里孛阔怒斥合答吉歹的偷窃行为，没想到不里孛阔有意袒护这个小偷，别勒古台与他发生争执，并强行拖着合答吉歹朝宴会方向走去，结果被不里孛阔拦住了去路。别勒古台大动肝火道："你要是想袒护偷盗者，那就把我砍倒在地上。"说完，两人就在宴帐外大打出手。不里孛阔挥刀向别勒古台狠狠地砍来，情急之下，别勒古台也挥起马刀向不里孛阔砍去。不里孛阔是主儿乞有名的大力士，他的刀砍伤了别勒古台的右臂。别勒古台的右臂鲜血直流，但他不想在宴会中闹事使铁木真难堪，于是就忍下这口气，先住了手。他盯着不里孛阔，"哼"了一声，若无其事地回到宴会大帐。

铁木真见别勒古台的右臂鲜血直流，问道："你的伤口是怎么弄的？快快给我如实说来。"别勒古台详述了事情的经过。铁木真听了大怒，如烈火在心头燃烧一般。别勒古台忙劝阻道："汗兄不必为了小事而伤了与亲族的和气。"铁木真之所以一直忍气吞声，就是为了维护亲族的团结，然而，眼下的情形明显是对方故意挑衅，是对他汗权的蔑视。他再也无法忍耐下去，于是下令手下砍来树枝，抽出捅乳杵，亲自指挥族人与主儿乞人厮打起来。经过半天的争斗，最后孛儿只斤氏胜利了，铁木真将豁里真妃和忽兀儿臣妃扣押下来，主儿乞人狼狈地回到驻地。从此，主儿乞人离开了铁木真的牧地，另起炉灶。

事后，铁木真觉得在宴会上械斗有失可汗的风度，经过双方几次交涉，他将两位大妃送还主儿乞部。就在这个时候，金国使者前来邀请蒙古部攻击塔塔儿人，主儿乞人此前是铁木真最亲密的盟友，但主儿乞人不但没有为蒙古乞颜氏报仇雪恨，反而趁铁木真在战场上与塔塔儿部厮杀时，抢劫了他在克鲁伦河上游的大本营，杀了他的十余位部下，剥去五十人的衣服并抢走其他财物。铁木真闻讯怒火中烧，他咬牙切齿地说："我对主儿乞人百般忍让，他们却视我为仇敌。他日定要彻底征服主儿乞，方解我心头之恨！"

因此，在战胜塔塔儿人之后，铁木真计划要征服的下一个仇敌就是主儿乞人。

1197年春，铁木真终于向主儿乞人开战了，他下令："在义愤中向主儿乞进攻，让主儿乞再无反抗的机会。"铁木真的大军很快便冲杀到主儿乞的驻地，但此时大部分主儿乞人都不在营地，于是，铁木真率大军顺着主儿乞人奔走的方向一路追赶，两军相遇于阔迭额阿剌勒附近的朵罗安孛勒答黑（即七道岭）。

铁木真挥舞着苏鲁锭（可汗战旗），指挥骑兵长驱直入，将主儿乞人打得落花流水。经过不到半日的战斗，主儿乞部的主力在克鲁伦河的小岛上被彻底击溃。首领撒察别乞和泰出带着妻小仓皇逃窜，在帖列秃山口被铁木真的大军追上，铁木真威严地站在他们面前，厉声责问道："当初拥立我为可汗时，你们是怎么发誓的？"撒察别乞和泰出自知有罪，大声说："请可汗赐我们一死吧！我们罪孽深重，无颜立于可汗帐下。"说完双双伸出脖颈。

铁木真毫不手软，立即召集各部族首领对没有参加剿灭塔塔儿战斗的撒察别乞和泰出问罪，并亲自主持公审了这两位主儿乞贵族首领：背信弃义，未履行参加战争的承诺，并且趁他不在的时候洗劫蒙古部的营地。最后，铁木真命人将他们当众斩首。直到这时，铁木真才长长地舒了一口气，叹道："你们甘愿伏法，还算是有良知的。"

主儿乞的首领被处死后，他们的百姓归附了铁木真。主儿乞部的老百姓十分强悍，拿起武器便可成为军队，被认为是蒙古部族中最精锐的氏族军队，在铁木真后来的征战中可谓无坚不摧、所向披靡。他们中出现了很多世所罕见的英雄，如"四杰"中的木华黎和博尔术。

然而，善战的主儿乞人并不容易驯服。铁木真通过强硬手段将他们压服之后，仍有死灰复燃的迹象。撒察别乞和泰出死后，一个新的强势首领又在主儿乞人当中崛起，他就是被主儿乞人称为"国之力士"的不里孛阔。不里孛阔是合不勒汗第三子的后代，与也速该是同辈人，是铁木真的堂叔。在主儿乞人眼中，不里孛阔是一个众望所归的首领，但对铁木真来说，他却是一个潜在的敌人。

一天晚上，不里孛阔坐在营帐中对周围的人说："主儿乞的勇士们，今日我们能这样自在地生活，是长生天的保佑，但我们也不能忘记刚刚逝去的首领撒察别乞和泰出啊！"这话很快传到了铁木真耳中，铁木真告诫别勒古台说："我看这个不里孛阔堂叔与撒察别乞是同路人，是一个很大的隐患。"别勒古台心领神会地说："不里孛阔倒是个勇士，如果汗兄想让他臣服，就让我来解决这件事吧！"铁木真看着别勒古台说道："眼下没有理由诛伐他，难道你还想以个人名义与他决斗一次？"别勒古台谨慎地点了点头。合撒儿说道："不里孛阔力大无穷，而且他的武艺也在你之上，我看还是不要决斗为好。"铁木真微笑道："这倒不必担心。狭路相逢勇者胜，只要别勒古台有胆识，便能稳操胜券。"随后，铁木真与几个兄弟在大帐中精心安排了一场生死决斗。

某日晌午时分，铁木真在大帐中宴请众人。不里孛阔坐在帐中高兴地说："那天与别勒古台在帐外争斗，万万没想到别勒古台如此谦让，我却不知好歹将他伤了。今日定要请别勒古台痛饮一杯。"别勒古台马上站起来说道："那天是我先失礼，今日众人兴致不错，我们再来决斗一次，让众人高兴高兴怎么样？"铁木真马上表示赞同："好！你们二人今日在我面前比试一下，看谁勇力过人。"不里孛阔以长者之尊再三推辞，但别勒古台坚持要决斗，不里孛阔只得勉强地说："那好，我们就来比试一番吧！"说完，他站起身来与别勒古台走出大帐。

不里孛阔不愧为主儿乞部著名的摔跤手，只见他用一只手执住别勒古台，再用腿一扫，就将别勒古台绊倒在地，然后重重地压在别勒古台身上。别勒古台拼命挣扎，寻找机会。这时，得意的不里孛阔望见了铁木真锐利的目光，不由得打了个冷战。别勒古台趁机翻身而起，抓住不里孛阔的一只胳膊，一扭一摔，但被不里孛阔轻松地闪躲过去，别勒古台情急之下，又用脚向他脸上踢去，不里孛阔将别勒古台的腿抓住后又放下，心想："今时不同往日，主儿乞已不能与孛儿只斤分庭抗礼，我们现在寄人篱下，还是佯装败下阵来才是上策。"于是，不里孛阔连续左右躲闪，看上去似乎只有招架之功，没有还手之力了。别勒古台抓住机会抱住不里孛阔的大腿用力一摔，将他摔倒在地，不里孛阔佯装无力再战，躺在地上。

别勒古台骑在不里孛阔身上，回头看了铁木真一眼，请示下一步如何做。铁木真咬着下唇，示意进行到底。于是，别勒古台拉紧不里孛阔的衣领，扼住其喉咙，猛一用力，用膝盖折断了不里孛阔的腰骨。不里孛阔痛苦地喊道："我不是败在别勒古台手里，而是败在铁木真的权威之下呀！"随后，别勒古台将不里孛阔瘫痪的躯体拖到营地外，不一会儿，不里孛阔便含恨而死。

不里孛阔是一个能干而有智慧的人，但与铁木真对抗导致了他的死亡。不里孛阔一死，各个部落的贵族再也不敢轻举妄动。主儿乞的嚣张气焰也受到了前所未有的打击，这为铁木真进一步巩固自己的汗权奠定了基础。

与此同时，过去追随主儿乞部首领的札剌亦儿部勇士古温兀阿的两个弟弟赤老温孩亦赤和者卜客也投到铁木真的麾下。

在战争或袭击中，敌方营地常有被遗弃的幼童，而且多为婴儿。凡拾到的幼童，铁木真都视为部落一员，亲自抚养，给予他们与亲生子同等的待遇。有趣的是，这些被收养的幼童后来都成为铁木真身边有力的幕僚、将领，屡建战功。如从篾儿乞惕部营地拾得的屈出，从征服塔塔儿部的战场上拾得的失吉忽秃忽,从泰赤乌部营地拾得的阔阔出……这次战争中,者卜客从主儿乞营中带来了一个被抛弃的小男孩,名叫博尔忽。这个孩子戴着黄金项环,身穿金丝线貂鼠皮兜肚,颇有贵族气质。铁木真把这个孩子献给了母亲诃额仑抚养。

四、遭义父背弃

征服了主儿乞部后,1199年冬,为了继续扩大地盘,增强实力,铁木真又联合王罕发动了征讨居于蒙古西部阿尔泰山下的乃蛮部的战争。

乃蛮部是蒙古高原西部最强大的游牧部落之一,起初居于谦河地区(今叶尼塞河上游),后逐步南迁,散居于阿尔泰山一带。东邻克烈部,西至也儿的石河(今额尔齐斯河),北抵吉利吉思,南达畏兀儿(维吾尔)。乃蛮部首领亦难赤必勒格死后,乃蛮部分裂为两大部族,一部以太阳汗为首,另一部以不亦鲁黑汗为首。据说太阳汗和不亦鲁黑汗兄弟相争是源于他们父汗的一位妃子。分裂之后,太阳汗带领部众占据了阿尔泰山下的广大平原地区,不亦鲁黑汗则占据了大片山林。

冬歇、春牧、夏战是草原游牧民族一千多年来的作战习性。铁木真有一次在冬季突袭一个小部落中尝到了打破这一习性的甜头,现在他又准备故伎重施,想在严冬时节狠狠打击乃蛮人。他与王罕商定的策略是暂弃太阳汗,集中兵力攻打不亦鲁黑汗。

不亦鲁黑汗扎营于淄豁里河畔,位于阿尔泰山的东北坡。

铁木真率兵越过杭爱山,进抵科布多湖附近。王罕按预定计划也由东向西,进入不亦鲁黑汗的山林地区。

不亦鲁黑汗闻讯,知道自己不是两人的对手,便打算放弃这片林地，躲到阿尔泰山深处去。他命手下将领也迪土卜鲁黑率兵拦截铁木真和王罕，掩护部众撤离。由于双方兵力悬殊，两部联军的先头部队没有遇到有力的抵抗。他们进军神速，在阿尔泰山山麓与也迪土卜鲁黑军相遇。也迪土卜鲁黑见两部联军来势汹汹，心生恐惧，而他的战马勒肚带断了，不慎在慌乱中落马被擒。

不亦鲁黑汗失去了后卫，在冰天雪地里拖儿带女缓慢撤退。铁木真命轻骑快进，越过阿尔泰山，顺着早已封冻的兀派古河而下，在乞湿勒巴失湖（今乌伦古湖）附近追上了不亦鲁黑汗。不亦鲁黑汗本来就没有做好交战的准备，现在又被两部联军围困在寸草不生的黄土丘陵上，他只得丢下部众只身逃亡。乃蛮人在群龙无首的情况下，很快被击败，逃的逃，降的降。

铁木真和王罕胜利班师，他们选择沿阿尔泰山北坡和杭爱山南坡之间顺拜达里格河谷而行。这条路十分狭窄，一边是高山，一边是河流，如果乃蛮人在这一带设伏，地势对联军十分不利。

联军艰难而行，铁木真最担心的事情果然发生了。他们遇到了一支战斗力强大的乃蛮军队，守将是乃蛮勇士撒卜勒黑，他在拜达里格河谷摆下阵势，扼守这一交通要道。

联军立即列队，准备战斗。此时天色已晚，敌情不明，铁木真和王罕经过商议，决定先扎营休息，摸清敌情，白天再战。联军点燃篝火，分两处扎营，相距不过二里，联络十分方便。王罕认为明日一战必定要付出很大代价，险地不宜久留。于是，到夜深人静之时，他采取了非常之举，吩咐部下悄悄拔营，乘夜色正浓时撤离。

直到第二天早晨，铁木真才发现王罕的营地早已空空如也。如此一来，铁木真的处境变得十分危险，无论是走是战，都有可能四面受敌。王罕此举使铁木真和他之间产生隔阂。铁木真恼怒万分但又无可奈何，只得以必胜的决心，与乃蛮人决一死战。但事情的发展却极具戏剧性。

原来，就在王罕撤走的时候，乃蛮人以为联军全撤了，便悄悄跟在王罕的后面。撒卜勒黑是个很有战斗经验的战将，他准备在下一个险要地带袭击王罕。

王罕的军队紧赶快行,刚刚来到帖列格秃山口,撒卜勒黑便率军猛杀过来。王罕毫无心理准备,忙率军快速后撤,一直撤到撒阿里草原(驴背草原)。而撒卜勒黑仍在后面紧追不舍,沿路大肆抢掠杀戮,夺走了克烈部的许多牲畜、粮食,还掳走了王罕的儿媳和子女。原本被关押在克烈部的战俘脱黑脱阿也乘机脱逃。

铁木真因祸得福,得以优哉游哉地撤军。但他还没回到自己的营地,便有克烈人飞驰前来求援。

铁木真心想,自己日后对抗强敌,还需要王罕的帮助,如果王罕损失过重,也意味着自己的实力削弱;王罕一直有恩于自己,现在正是感恩报德的好时机。基于此,铁木真决定不计前嫌,马上派兵援救。他命令博尔术、木华黎、博尔忽和赤老温四人各带一队人马去救援王罕。为了争取时间,他还将自己的快马"灰耳朵"让给博尔术骑。

博尔术四人领命后向东飞驰。当他们赶到王罕的营地时,撒卜勒黑正与王罕之子桑昆的部众厮杀,战斗非常激烈。克烈部的两名大将都被撒卜勒黑挥刀砍于马下。桑昆惊慌失措,正准备撤军,不料被乃蛮人射伤腿部,翻身落马。乃蛮人蜂拥而上,眼看就要活捉桑昆,这时,博尔术冲入敌阵,挥刀左挡右砍,杀出一条血路,一把将桑昆拉上马,转身逃出。

其余三名大将的人马也一起杀了过来,对乃蛮人形成包围之势。撒卜勒黑见势不妙,大呼一声,率军退去。赤老温追击了数里地才收兵回营。王罕的部众重新夺回了大部分被抢走的东西。

第三天,王罕专程到铁木真的营地表示感谢,并给蒙古部的勇士们带来了犒劳品,其中以博尔术获利最丰。

王罕对铁木真说:"过去也速该曾救出我部被掠去的百姓,今其孩儿又以德报怨,救出了我的儿子和百姓,实在是令我既惭愧又感激。我要把你的德行告与天地知,让长生天永远保佑你。"

这次征战虽然没有完全消灭乃蛮部,但已大大削弱了其实力。

五、再战札木合

铁木真的势力不断壮大,令草原上的强势部落惶恐不安。他们在相互提防、猜忌和利用中,突然发现急速成长的铁木真才是自己最大的敌人,于是,一些旧贵族部落又开始了新一轮的结盟。

1201年,札木合在他的谋士及其他部族的怂恿下,开始谋求对整个蒙古草原的统治权,这与铁木真的目标完全一致。这对同远祖且三次结拜的安答之间的矛盾已经无法调和,唯一的办法只能是兵戎相见,直到将另一方彻底消灭为止。

如果发动战争,札木合仍拥有极大优势。很多有实力的贵族部落都支持他,如泰赤乌部、乃蛮部、斡亦剌惕部等。众部的结盟使札木合的力量更加强大。这场战争跟以往不同,不只是着眼于一系列劫掠财物和人畜的袭击,它将是札木合与铁木真之间为争夺对蒙古草原的领导权而展开的一场你死我活的较量。

为了达成目标,札木合召开了忽里台会议。在这次会议中,加入联盟的十二部首领郑重宣誓:"我们中如果有背叛盟誓的,就将他摧毁像这块泥土,将他削碎像这些树木。"说完,他们将一大片泥土倒在河里,举刀砍下树木的枝干。他们对外宣告立札木合为古儿罕。这个称号具有很深的历史渊源,是个古老而又尊贵的头衔,意为"众汗之汗"。而拥有"古儿罕"这一头衔的最后一位可汗是王罕的叔父,曾经统治过克烈部,后来王罕反对他并取而代之。札木合此举实际上也是向王罕挑战,想通过战争消灭两大劲敌——王罕和铁木真,假如他能赢得胜利,他将成为草原的最高统治者。

札木合战前举行了萨满巫师占卜和祭祀活动。巫师们带着鼓和用于宗教仪式的随身道具，通过烧焦的羊肩胛骨上的裂纹来判断吉凶，预测未来。巫师的地位和权威性，取决于他们过去的经验和预测的灵验程度。铁木真也曾招揽了一大批萨满巫师，让巫师给他解析梦境、选择出征吉日、预测征战结果等。其中有一位名叫帖卜腾格里的萨满巫师，在后来的战争中起了重要作用。

札木合本来是准备通过突袭来拉开战争序幕的，然而，当十二部的首领分头准备的时候，豁罗剌思部一个名叫豁里歹的人奔往铁木真处告密。当时，铁木真正在古连勒古一带放牧。豁里歹乘一匹快马飞奔报信，但连续飞奔令马儿气绝而亡。傍晚，他正好经过泰赤乌人的营盘，便找了本部落的一个熟人，换了一匹马，还差点被巡逻队捉住。豁里歹侥幸逃脱，第三天终于来到铁木真的营地。

铁木真得报后，立即调动兵马，并求助于克烈部的王罕，希望"汗父速速出师"，共同对抗札木合十二部联军。王罕还算讲情义，不久便率兵来到克鲁伦河。二人见面后，共议军情。王罕说："这次敌军妄图偷袭，准备充足，依我看，必须多派哨探出去才行。"

铁木真说道："汗父放心，我已派阿勒坛、忽察儿、答里台三人去做头哨了。"

王罕说："我也应该派人前去方好。"说罢派遣他的独子桑昆为前锋，带领一队人马前去打探消息，他本人则与铁木真顺克鲁伦河而下，依计正面迎击札木合联军。

第二天傍晚，两军的先锋阿勒坛、忽察儿、桑昆等进军到兀惕乞牙，正准备安营扎寨时，设在赤忽儿忽的哨所派人报告说："敌人快要到了。"于是，阿勒坛等率随从和一队轻骑前去了解情况，正好遇到札木合的头哨先锋以及泰赤乌部的阿兀出把阿秃儿、乃蛮部的不亦鲁黑汗、篾儿乞惕部的忽都、斡亦剌惕部的忽都合别乞。

铁木真认真分析了敌情，担心桑昆急躁轻敌，忙派人传令让桑昆不要轻举妄动，同时派快骑增援。

王罕却不急不忙地说："想来没有大碍，我弟札合敢不与大将必勒格别乞也去了。"

铁木真不再说什么，只催促全员快进，于是，两队人马向前疾驰。

第二天，铁木真和王罕的两路大军与札木合的十二部联军在阔亦田相遇。阔亦田位于呼伦湖与捕鱼儿湖、贝尔湖之间，克鲁伦河注入呼伦湖之河口以南。这个有山有水的风景胜地，马上要成为血腥的战场。

铁木真、王罕依山取势，占据有利地形，居高临下，以逸待劳，等待最佳战机。

札木合的人马中，泰赤乌部首领阿兀出仗着自己有些蛮力，自告奋勇充当前锋。他见铁木真与王罕的前锋兵马只有寥寥数百人，便讥笑道："就这么几个残兵弱将，还不够我几刀挥杀的！"乃蛮部首领不亦鲁黑汗也在一旁极力附和。二人之所以要当急先锋，是因为他们都在不久前败于铁木真之手，急于报仇雪耻。

阿兀出跃马扬刀，正要率众杀出，忽见前方尘土飞扬，成千上万的兵马浩浩荡荡地杀奔过来，他一时又惊又怕，自言自语道："我本想趁其不备杀他个措手不及，哪知铁木真早有准备，大批兵马立刻就到了！"他又赶紧退了回去。

札木合也心生几分胆怯，但仍强作镇定道："篾儿乞惕部首领的儿子忽都，能够使用妖术，呼风唤雨，飞沙走石，只要叫他作起妖法来，就能迷住敌人的军队，我们就可以趁乱冲杀了！"这是札木合的一张王牌，也是他费了不少功夫得来的法宝。

忽都端来一盆水，然后拿出预先备好的道器，开始作法。不亦鲁黑汗说："这是一种巫术，我也勉强能作。"札木合催促道："那你也赶快去作法！"于是，不亦鲁黑汗就和忽都一起仰望天空进行祈祷。

他们叽里咕噜地念了好一阵，也不知是真有天意还是事出巧合，天空顿时狂风大作，天昏地暗，不久又风雪交加。巫师爬上一个高坡，不停地敲打他的鼓并敲击神秘的岩石，以控制天气的变化。

札木合高兴不已，命各路人马一起向铁木真的联军杀去。但他哪里知道，铁木真也在让人施法，使风向突然逆转（当天可能是先刮西北风再刮东南风），在一片混乱之中，札木合那边的巫术反伤了他们自己及其同盟者。风雪十分猛烈，以致许多人的手足被冻僵，士兵纷纷坠马。双方的人马胶着在一起，在暴风雪中混战起来。铁木真的人马居高临下，可以顺风使箭，杀伤力非常强大。札木合的联军迎风而进，山高路滑，又冒着雨雪和箭矢，进攻十分困难。这场大战一直持续到夜幕降临。

札木合的十二部联军实际上是一群乌合之众，各部的贵族首领各怀鬼胎，各部的属民百姓也并不真心拥护。他们郑重其事地对天盟誓，并没有加强联盟的力量，而誓言对下边的成员也没有多大的约束力，许多人早有林鸟纷飞的打算。

第二天清晨，铁木真趁札木合的人还在熟睡之际，便率军如猛虎下山般扑向札木合的营地。联军总指挥札木合临阵脱逃，带领部分属民沿途边退边抢，大肆践蹋拥护他的诸部，最后逃往额尔古纳河。

十二部联军纷纷作鸟兽散，篾儿乞惕部的忽都向薛格凉河逃去，泰赤乌部阿兀出逃往斡难河，斡亦剌惕部的忽都合别乞退往森林地区……王罕见联军败走，便乘胜追击，沿着额尔古纳河去追赶札木合。桑昆则去追脱黑脱阿，脱黑脱阿仗着自己马快，丢下妻儿，逃到巴尔忽真脱窟木去了。铁木真则带领自己的人马穷追泰赤乌部的阿兀出。

六、者勒蔑舍身救主

铁木真率兵一直追到斡难河边，接近泰赤乌人的大本营。阿兀出的父亲脱朵延吉尔帖正是当年迫害铁木真母子的人，他见溃不成军的泰赤乌部军队已无法再保卫营地的安全，便与族人一起逃往他处。

但泰赤乌首领塔儿忽台和阿兀出十分顽固，他们纠集残兵败将，与醒各路将领:"远射是泰赤乌人的拿手好戏,大家要打起精神,一鼓作气杀入敌阵,切不可轻易退却!"说罢,他越过河去,挥舞着大刀带头冲向泰赤乌人的阵地。阿兀出的部下没想到对方会打破常规,先用刀而不是使箭,一时有些慌乱。但他们也不甘示弱,奋起迎战,射箭手则躲到远处,瞄准目标射击。

铁木真笑道:"难道弓箭能射死骆驼吗?"考虑到长途远袭于己不利,对方在其营地内作战占有地理优势,于是,他冒着箭矢,亲自挥刀杀入敌阵,想要速战速决。众人听到铁木真的喊杀声,顿时军心大振,杀声震天,冲向敌阵,但蒙古大军冲了三四次,都没有冲破敌阵。

者勒蔑越战越勇,喊道:"长生天是垂爱我们的,我们的胜利马上就到手了,大家不要放弃。"随后,在他的带动下,众人又发动了第五次冲锋。

塔儿忽台则惊恐地喊道:"将士们,现在冲在大部队前头,穿深紫色战袍的便是铁木真,你们要是能伤到他,我保证你们会一辈子享尽荣华富贵!"

一个名叫只阿豁阿歹的神箭手气定神闲地站在塔儿忽台面前,说:"哪个是铁木真?我来射他。"他顺着塔儿忽台手指的方向望去,然后挽弓搭箭,瞄准铁木真的脑袋射出一箭。铁木真正在冲锋之中,忽然感到一阵疾风刮过,但躲避不及,他的脖颈被箭射中,顿时鲜血如注。

这时后面还有梯队在冲锋,铁木真置伤口于不顾,依然坚持战斗,直到精疲力竭地倒在地上,他忠诚的卫士者勒蔑才强行把他背回营帐。

回到营帐中不久,铁木真便昏迷了。这种伤具有高度感染的危险,箭上还可能涂有毒药。者勒蔑忠实地守护在他身旁,用嘴吮吸他伤口上的瘀血。他担心别人误事,始终不肯离开铁木真半步,一直守护到半夜。

午夜过后,铁木真恢复了知觉,有气无力地说:"我想喝点阿亦拉可(发酵的牛奶),渴极了!"

者勒蔑赶紧去给铁木真找喝的东西,但在战地露营,他们没有牛奶、马奶，只有一点水。者勒蔑想了一会儿，脱下帽子、靴子和衣服，光着上身悄悄跑到敌人的阵地上寻找马奶。对蒙古人而言，当众裸体是非常有失身份的。者勒蔑这样裸体穿越营地，泰赤乌人或许会以为是自己人起床解手，出于礼貌，他们或许会把脸转过去，以免羞辱自己的勇士。就算他们看得仔细并认出了他，者勒蔑也可以假装投降，并声明他是因为遭到蒙古同伴剥去衣服的羞辱而逃到泰赤乌人这边来的。他们或许会相信他，因为没有哪个蒙古勇士会故意让自己裸体被俘。

者勒蔑在泰赤乌人的车辆中摸索着寻找马奶，但是找了好久也没有找到，最后，他总算在一辆车上发现了一大桶奶酪。他立即将它背回来，然后用水调开，慢慢喂铁木真喝。

铁木真喝了三口之后，叹息说："我的眼已明，心已醒了。"此时晨曦初现，他坐了起来。看见自己流的血在地上形成一个泥洼，便问身边的人为什么不清理干净。者勒蔑对他叙说了事情的经过，自己是怎样吮吸他的伤口，怎样去敌营偷取乳酪。铁木真问道："如果被擒，你怎么说呢？"者勒蔑沉着地答道："我会装作投降，说是被您剥去了衣服后挣脱逃出的。他们必然会相信，然后我跳上预先备好的一匹马，这样就能逃回来。"

对于者勒蔑深夜裸闯泰赤乌人的营寨，铁木真嘴上并没有表示感激之情，但他心中永远不会忘记，是者勒蔑把他从泰赤乌人手中救出，又冒着生命危险为他寻找饮品，他将这位伴当的忠诚铭记于心。

第二天，攻打泰赤乌部的战斗仍在继续。铁木真想拖着伤重的躯体重上战场，但被众人劝住了。为了不影响士气，别勒古台穿上铁木真的战袍，率部向泰赤乌营寨冲杀。众人看见后，以为铁木真又发动冲锋了，于是人人奋勇向前。站在营寨中的塔儿忽台见铁木真并没有被射杀，心生恐惧，准备逃走。这时，他手下的大将纳牙阿高声喊道："现在是我纳牙阿表现的时候了。"说完，便率领一队人马冲出大营，直奔铁木真的大军。

别勒古台为了不让纳牙阿知道他不是铁木真，于是避开纳牙阿的队伍，从另一个方向对泰赤乌营地发起猛烈攻击。蒙古部众见铁木真一马当先，备受鼓舞，斗志高昂。很快，整个泰赤乌营地便被夷为平地。当纳牙阿率部回援主营时，整个营地已经没有一个能够站立的泰赤乌人了。在别勒古台、博尔术、阿勒坛、忽察儿等几路人马的重重包围下，纳牙阿自知无法逃命，想自杀身亡，但被博尔术拦住了。

随后，别勒古台、阿勒坛、忽察儿兵分三路，继续清剿泰赤乌部的逃亡者。经此一战，长期与铁木真为敌的泰赤乌部已经毫无威胁了。

七、恩人合答安

战争是残酷的，有战争必然有杀戮。铁木真的战争法则是顺我者昌、逆我者亡，对那些顽强抵抗的部族，他常常采取灭族政策。但不知何故，他对殊死反抗的泰赤乌部却手下留情，收容了一批战将和百姓。

铁木真负伤后，仅仅休息了两天，第三天就开始指挥追击泰赤乌部逃亡者的战斗。四千蒙古精骑，得了铁木真的号令，收弓、抽刀、拍马，动作整齐划一，干净利落，势如狂风般朝泰赤乌残军冲杀过去。泰赤乌部人数虽众，但都聚集在土山四周，作为预备兵力的第二支队伍已被击溃，蒙古骑兵一时如入无人之境。泰赤乌各部族的大小头领带着自己的亲卫军，各自逃命去了。被包围的士兵分属好几个部族，顿时乱作一团。一场屠杀从午时持续到傍晚。凡是慌乱逃命、没有跪下投降的，都被立功心切的蒙古兵砍了头。接下来便是打扫战场：收集兵器、盔甲，救治伤员，统计缴获的战马、粮草，指挥俘虏收埋尸体。那些战死或伤残的马匹，也押载回去，当作庆祝宴上的下酒菜。

天色大亮时，铁木真得到报告："泰赤乌部首领趁着夜色已率兵逃走，他的许多部民却不知情，仍旧住在原来的营地里。"铁木真听说后，忍着伤痛，亲自去安抚那些部民，欢迎他们归附自己。突然，他在昏暗的月光下看到一个身披红衣的女子，坐在木轮车旁大声喊叫着，心中很是诧异。者勒蔑纵马过来喊道："可汗，那红衣女子在不停地呼唤'铁木真'呢！难道她是可汗的亲人不成？"铁木真闻言更加疑惑不解，忙挥鞭驰马前去问道："你这个野妇，为何这般呼喊我的名字？"那个女子停止哭泣，大声对铁木真说："铁木真是我的大英雄，我只要呼唤他的名字，他便可以来挽救我夫君的性命！"铁木真惊愕地问道："你是何人？我便是铁木真，我认识你吗？你丈夫怎么了？"

那女子揉了揉自己的眼睛，惊呼道："铁木真，你是铁木真吗？我是合答安。铁木真曾说过，在危难之时只要呼唤他的名字，他便会来救我。"铁木真听了心中一震，双眼盯着她激动地问道："原来你是合答安！我的好姑娘，我的救命恩人！你丈夫被抓往何处？我一定将他救回来。"合答安说，她的丈夫被塔儿忽台的随将抓去，走的时候还被痛打了一顿。铁木真沿着合答安手指的方向望去，大声说道："众将继续追击泰赤乌人，我上山去救合答安的丈夫。"合答安停止了哭泣，跟着铁木真的随从向后方营帐撤去。铁木真骑着战马一口气奔上了山冈，只见几个泰赤乌人围在一个男人的尸体旁，一个随从说："地上的人就是合答安之夫，可怜的是他已归天了。"那侍从长长地叹息了一声。铁木真翻身下马，亲自裹好合答安丈夫的尸体并将其带了回去。

当铁木真拖着尸体站在合答安面前的时候，她失声痛哭道："我们卑贱之命注定没有长生天保佑吗？如果铁木真能早早被长生天派来，你的命就会得以保全！"铁木真轻轻地低下头来，抚摸着合答安的长发，说："都怪我晚来一步，但你丈夫的灵魂知道你现在安全无恙地在我的营帐中，他也应该感到心安了。"他让人将合答安丈夫的尸体裹好，放在一个洼沟里，打算为他举行葬礼。但合答安只顾在地上痛哭，没有多看一眼铁木真。他心想："合答安啊，你果然是个超凡的女子，不但貌美如花，性格也是如此淳朴贞烈！"他站在她身边，一直等到她止住哭泣。

天黑的时候，远方奔来几个小卒向铁木真报告说："泰赤乌部族死的死，散的散，降的降，已经完全失去了抵抗能力！"铁木真站在族人和众将领面前，高高举起苏鲁锭喊道："蒙古乞颜氏又站起来了，我们的父亲和祖先看到了叛徒受到应有的惩罚，长生天也会保佑我们的。"

整个营地顿时沸腾起来，欢唱之声回荡于山林峡谷之间。

深夜时分，铁木真带着侍从向自己的中军帐走去。这时，者勒蔑上前进言道："我的可汗啊，那个美丽的合答安到现在都没有对可汗说一句感激的话，她心中就一点都没有想过可汗吗？"铁木真突然止步，举起右手对他说："她这样是在责怪我没有时时想着她，我说过要娶她的，是我失信于她了，我去看看她吧。"他掉头向合答安暂住的小帐走去。

此时，合答安正用衣角轻轻擦拭着身上的泥土。铁木真轻轻地挥了挥手，周围的随从马上散去。他清了清喉咙，走过去对合答安说："我的恩人合答安，你的失夫之痛我能体会，但你得为活着的自己想想，活人不能随死人而去，死人也得安息才好！"合答安拭去脸上的泪水，冷冷地看了铁木真一眼，说："征战之苦我们已经尝尽了。今日我丈夫死了，父亲还不知去向，我的生命这般苦痛，不知生有何用！"铁木真神情凝重地看着她说："我的恩人，今日得以重逢，便不会再让你受流离之苦。我曾经对你说过的话一定会实现，而你的心要先脱离苦海，要重新树立信心。我铁木真会像你丈夫一样百般呵护你，你的美丽和坚贞长生天可见。这是长生天赐给我的缘分。"说完，他抱起合答安走向自己的营帐。合答安没有抗拒，像一只小羊羔一样，听由他的摆布。

第二天，合答安的父亲锁儿罕失剌带着一个年轻人前来归附。铁木真问他："你和你的儿子曾经救了我性命，为什么这么晚才到我这里来？"锁儿罕失剌答道："在我的灵魂深处，我已经是忠于你了。但如果我只身投奔你，我的家人就要遭殃了。"

和锁儿罕失剌同来的年轻人叫只阿豁阿歹，属于别速惕族，是泰赤乌人的藩属。铁木真觉得只阿豁阿歹有些眼熟，问道："他是什么人？"锁儿罕失剌微笑着说："他就是泰赤乌部的只阿豁阿歹，是个名副其实的神箭手。"铁木真轻轻地抚摸着自己的脖子说:"你就是那个射死者勒蔑战马的神箭手?"只阿豁阿歹赶紧跪倒在地,说:"是我射的,我知道自己罪孽深重。"铁木真亲自扶起他,说:"你能在我面前承认罪过,很好。如果你能帮我在战场上射杀敌人,就像在泰赤乌人手下一样,我就可以免你死罪。"只阿豁阿歹本以为自己险些射杀了铁木真,必死无疑,没想到铁木真如此爱惜自己,不计前嫌,胸怀宽广,不禁为之折服倾倒。他诚恳而坚定地说:"可汗,您本可以杀死我,我的血只能染污手掌般大的一块土地。但您恩赐我不死,我愿为您效命,深水可以横渡,坚石可以粉碎。"铁木真满意地说:"凡敌人伤害了人,必然隐瞒不说。你如今实言相告,可以做我的伴当!"

只阿豁阿歹叩谢道:"可汗果然圣明,我将像一支利箭那样保护您。"铁木真笑道:"好了,既然你是个神射手,我就给你个名号,你以后就叫哲别吧,这样我就可以将你记在心上了。""哲别"的蒙古语意思是箭。只阿豁阿歹激动地说:"承蒙可汗如此恩典,哲别无以为报,唯有献上这满腔热血!"铁木真高兴地说:"从此以后,你就是我身边的侍卫,在战场上时,你要像一支利箭一样插进敌人的心脏。"

过了一天,博尔术又将泰赤乌的大将纳牙阿带来,铁木真对这位忠于事主的悍将十分欣赏,同样把他收归帐下。

八、与义父兵戎相见

当铁木真击败泰赤乌人的时候,札木合却从王罕的追兵手中逃脱了。札木合急于重整旗鼓,于是便投靠了王罕。尽管札木合的联盟已被粉碎,但仍有其他部族效忠于他,即便躲到草原的偏远地带,他一样能赢得新同盟者的支持,吸引他们加入自己的队伍。他和铁木真之间的博弈仍将继续下去。

1202年，也就是铁木真击败泰赤乌人的次年，王罕联合铁木真，由铁木真出头发动了另一场劫掠东部塔塔儿人的战役，而年迈的王罕则待在离家乡更近的地方，发起了一场针对篾儿乞惕人的战役。

在消灭东部塔塔儿人的战斗中，铁木真手下的贵族阿勒坛、忽察儿和答里台三人违反军令，只顾抢掠物品而贻误了战机。为此，铁木真没收了他们所有的战利品，并严厉斥责他们不守军令的行为。结果，他们一气之下也投靠了王罕。

当时，铁木真已在较小的桑沽儿河与克鲁伦河交汇处建立了新的主营。后来，这里成为他的首都，称为曲雕阿兰。在此期间，在东到大兴安岭、西到阿尔泰山的广阔的蒙古高原上，只剩下以铁木真为首领的蒙古部、以王罕为首领的克烈部，以及西边的乃蛮部。王罕、古儿罕（札木合）、铁木真三人再次聚首，不过是以敌人的身份而不是朋友。王罕与铁木真之间的父子之情也因为王罕的反复无常而彻底断绝。

王罕与铁木真，一个灭了篾儿乞惕部，一个灭了塔塔儿部，那么，他们中谁将成为草原之王呢？解决的办法不是选举或继承，而是战争。

就在他们宣战前不久，还举行过一次会盟。王罕在会盟时说："我的亲兄弟没有一个好东西，至于我的儿子，因为他是独生子，没有人帮助他，就让铁木真做我儿子桑昆的哥哥吧，这样我就有两个儿子了，可以放心了！"于是，铁木真与桑昆正式结拜为安答。

为了建立更亲密的关系，铁木真提出把桑昆的妹妹嫁给自己的大儿子术赤，同时要将自己的女儿嫁给桑昆的儿子。

铁木真这样乱点鸳鸯谱似乎有点问题，因为他和桑昆是兄弟，桑昆的妹妹嫁给他的儿子就降了一个辈分。蒙古人虽然不太在乎辈分，但桑昆却以此为借口，拒绝了铁木真的要求。他推辞说："我方的女儿嫁到他家，只能在门边服侍他们（因为辈分低），而他家的女儿嫁到我们家，却可以坐在上席接受服侍。这怎么可以呢？"联姻因此告吹，铁木真从此对王罕和桑昆更加反感。

但这只是他们之间产生裂痕的表面原因。精明狡猾的札木合早已看出端倪，他怂恿桑昆说："我的安答虽然在口头上认你父亲为父，但是他有雄霸草原的野心。你们要是信任他，就会坏了大事。如果你们征伐他，我愿意当先锋！"

受过铁木真处罚的阿勒坛和忽察儿等人也附和道："我们愿意帮助你除掉诃额仑，斩杀她的大儿子铁木真，杀光她的小儿子们。"

还有人向桑昆表忠心说："为了您的事业，我们愿意走到路的尽头，水的深处！"

桑昆早就想灭掉乞颜部，但是事关重大，他必须征得父汗同意。

王罕说："不应该这样对待铁木真。我们部族的发展壮大还要靠铁木真呢！要是对他起坏心，长生天也会发火的！札木合是个挑拨离间的人，他的话不可信！"

桑昆认为父亲不会审时度势，保守而顽固，于是又让那些支持他的人前去劝王罕。1203年年初，札木合专程赶来与桑昆、阿勒坛和忽察儿煽惑王罕。在他们的鼓动和权位的诱惑下，王罕动摇了。

得到父亲的首肯后，桑昆回到自己的营地，对手下说："前些日子，铁木真不是向我们提亲吗？现在请他们过来吃羊脖子，趁机把他们拿下！"

铁木真收到邀请后，还以为桑昆答应了联姻之事，非常高兴，准备带上十几个人去赴宴。途中他们在蒙力克老爹家留宿。蒙力克听说此事后，非常担心地说："桑昆这么快就改变主意，恐怕其中有诈，可汗务必小心。听一些远处过来的牧民说，克烈部的好多营帐正在集中人马，不知有什么阴谋。"

铁木真思考片刻后说："我是该多做些打算，免得自己如羊入虎口。"于是，他放弃赴宴计划，只派了几个部下前去，自己则立即返回营地。

桑昆见自己的计谋没有成功，心里十分焦躁，连忙找人商量对策。

最后，他决定向铁木真宣战。他马上集结大军向东方草原快速挺进，想先发制人，突袭乞颜部。

但是，克烈部的两个牧民把这个消息报告给了铁木真。铁木真紧急召集部众，准备迎战。

几天后，两军相遇于哈兰真沙陀。王罕站在阵前大声呼喊："克烈部的勇士们，我的好儿子铁木真要对父亲下杀手了，你们要替天行道啊！"然后，他又对桑昆和札木合说："今日之战，一定要挫败铁木真，这样我儿桑昆就有安稳日子过了。"桑昆笑道："那是自然，只要除掉了铁木真这颗眼中钉，克烈部就是草原上的主人，父汗就可以得福享乐了。"他们父子一唱一和，听得札木合心里很不舒服，他正要开口讲话，哨兵来报："铁木真的大军已经到了哈兰真沙陀。"桑昆大吃一惊，忙向部众喊道："剿灭叛逆，活捉铁木真！"他的部众举起马刀，齐声应和。

铁木真坐在马上，看见王罕的先锋队冲杀过来，也催马挥刀，向敌阵冲去。乞颜部兵力虽然不占上风，但因为铁木真身先士卒，带头冲杀，士卒们斗志旺盛，将克烈部的轻骑挡了回去。王罕的先锋队见势不妙，向后方奔逃，不过，强大的克烈军主力并没有遭到削弱，稍事整顿之后，卷土重来。铁木真望望天空，看着快要落山的太阳便对将士们喊道："天色渐晚，我们且收兵回营整顿，明日再来与我的老父亲好好厮杀一场。"说完，下令全线收兵。王罕见铁木真的军队撤退，也不追赶，收兵回营。

两军初次交锋，桑昆等人被蒙古军射伤，损失四百余人；而铁木真军中也有数百人伤亡。

铁木真清点人马，发现三子窝阔台及博尔术、博尔忽兄弟不见踪影，他立即命人去寻找，但迟迟没有回音。

第二天早晨，坐在营帐中焦虑不安的铁木真突然接到探报："前方有一匹骏马奔来，有可能是三位将军中的一人。"铁木真激动地跨出营帐，站在高处远远望去，发现坐在马上的正是博尔术。他迎上去问道：

"我的好伴当啊,现在才归来,真让我担心!和你一同冲杀的窝阔台和博尔忽没有和你一起归来吗?"博尔术解下身上的背带,对铁木真说:"昨日我是与窝阔台和博尔忽在一起,但在保护窝阔台冲杀的时候,我的战马忽然被射中,倒在地上。值此生死关头,窝阔台用弓箭射中了桑昆,敌军大部分涌到桑昆身边。就在这时,我看到一匹马驮着摇摇欲坠的口袋,于是斩断绳索,飞身上了这匹光板鞍马,拼命向大军后撤的方向奔来,就此与窝阔台和博尔忽失去了联系。"铁木真闻言安慰道:"你等果然是我的勇士和那可儿!若是长生天保佑,博尔忽和窝阔台都会没事的!"

突然,一个哨兵慌慌张张地跑过来禀报:"可汗,远方又有一匹战马奔驰而来,很可能是哪位将军归来了。"铁木真心里更加紧张起来:"只有一人归来吗?难道我的主将们就不能全身而退吗?"他凝视着远处奔驰而来的战马。当那马儿临近时,众人发现马背上有两个人:博尔忽口带鲜血,左臂包着伤口,骑在马上,后面卧躺的正是窝阔台。铁木真亲自将博尔忽从战马上扶下来,紧紧地扶着他的肩膀,激动地说:"我的英雄啊,今日能安全归来实在是我蒙古部之大幸。"博尔忽拖着疲惫的身躯叩首道:"今日能重见可汗,我要感谢长生天的眷顾。将窝阔台安全带回到可汗身边,是我义不容辞的责任。"侍从小心地将窝阔台扶下马来,抬上铁木真的卧榻。

铁木真接着问博尔忽:"你们是怎么逃出来的?"博尔忽站起来回道:"我在跟随窝阔台作战的时候,冲进了克烈部的包围圈中,克烈部的兵马冲了上来,我狠狠地打了一下窝阔台的战马,他的战马飞一般地向前奔去。窝阔台冲出包围圈后,我挥刀苦战,也杀出重围,向窝阔台追去。等我看到他的时候,发现他脖颈上中了一箭,已不能支撑,于是就将他放在我的马背上朝隐蔽的树林中奔逃,找到一个安全的地方休息了一夜。天刚刚亮的时候,我带着窝阔台向我军撤退的方向奔驰而来,直到现在才赶上大队人马。请可汗见谅!"

铁木真听了博尔忽的叙述后,情不自禁地落下泪来。他狠狠地拔出自己的宝剑，在火堆上烧红后，亲自将窝阔台的伤口烫烙好。众将见状，一起叩首道："可汗的英明和博爱是长生天可见的，将来可汗定是天下之主。"

铁木真心事重重，对博尔忽道："你归来时是否发现了王罕军队的最新动向？"博尔忽再叩首道："可汗，我冲出克烈部包围圈的时候，听到有人口中叫喊，说桑昆中箭了。今日王罕可能要亲自出战了。"

快到晌午时，两军再次交战。王罕站在军中指挥，只见手下两路人马交替而进，像是深山里放出的一群猛虎一般。当畏答儿将秃黑军旗插在阙奕山冈上的时候，铁木真的大队人马从哈兰真沙陀战场上横扫过来。王罕的第二梯队迎面冲杀，畏答儿纵马上前，与其主将阿失黑失仑交战，阿失黑失仑一刀刺中畏答儿的要害，畏答儿应声倒地。忙忽惕人马上围在畏答儿落马处，经过约半个时辰的厮杀，畏答儿被成功营救出来。

铁木真看着马群扬起的尘土，对身边的人说："王罕追上来了！"

他不敢恋战，且战且退，收拢部众。铁木真亲自清点人数，发现还有四千六百余人。为了解决饮食问题，他将部众一分为二，一队沿哈拉哈河左岸而行，另一队（包括兀鲁兀惕人和忙忽惕人）沿哈拉哈河右岸而行，他们一边走一边狩猎。由于畏答儿的伤口尚未痊愈，铁木真与他分手时特别告诫他要安心静养，但畏答儿身为一军主将，不愿坐享其成，多次参加狩猎。在一次追逐野兽时，他的战马跑得太快，结果引起伤口崩裂，不治而亡。

铁木真损兵折将，悲痛万分，情绪低落，他悲戚地说："我日夜担心的畏答儿如此无情，竟然不愿与我并肩作战了。"他把这位心腹爱将安葬在哈拉哈河畔斡儿纳兀山的悬崖上。

九、与克烈部的苦战

铁木真率部沿河而下，来到了水草丰美的大兴安岭南麓，他让部众在此安营扎寨，休养生息。这里离孛儿帖的娘家不远，铁木真以武力收服了弘吉剌部。不久，他派出使者给王罕送信，表明自己对王罕的忠诚，对他的决绝行为表示困惑，并对札木合等人的挑拨离间表示愤慨。在这封长信中，他没有对王罕的不义行为进行指责，只是倾诉自己的委屈，并发誓道："要是我铁木真怀有不轨之心，就让我流尽鲜血而死！"

但是，桑昆听了使臣的话后，大怒道："铁木真是真心臣服于父亲吗？他不是把我的父亲称作'老屠夫'吗？他又几时称我为安答，他不是说过我是'羊屁股后面的尾巴'吗？"他不想给铁木真翻身的机会，又出动大军对铁木真的营地进行劫掠。

铁木真再次败走，身边仅剩下百十来人。当他下令由南向西北方向迁移的时候，身边又有部众投靠札木合和王罕去了。当他们到达巴勒渚纳湖畔时，天色阴沉，雷声阵阵，铁木真感伤地说："打了无数次的仗，从来不曾像今日这般狼狈！"纳牙阿凄苦地说："可汗，我们部落剩下的主要将领只有十九人，这次的损失是最惨重的了。不过，我会永远追随可汗，心如坚石。"铁木真说："现在是考验每个人的意志和忠诚的时候，你有如此决心，那就做可汗卫队的首领吧。"术赤台也说："可汗说得很对，我们只要将这个苦味吃透了，还会东山再起的。到时候让老王罕的骨头在泥地上打滚，将桑昆的狗头悬挂在辕门上示众。"铁木真仔细打量着身边的每个人，说道："我们因战败而狼狈，而王罕因胜利而安稳。他和札木合的实力十分强大，我们以往每一次的战斗只能让他感觉到痛痒，这都是因为我没有重视敌人的实力！现在军队散了，将军们还与我一起吃苦,我实在是难当此罪!"

众将士在愁云惨雾的笼罩之下,听到铁木真如此真挚的肺腑之言,心中的悲怆化作一滴滴苦涩的泪水。对一个英雄来说,再苦再难也只能流血不能流泪,但此时铁木真身边的英雄都流下了伤感的眼泪。铁木真见状,自己的眼泪也流了下来,但他仍坚强地说:"我要用将士们的泪水来祭奠先祖和长生天,我要用王罕的哭泣声来换回将士们的笑脸!"

这支寥寥数百人的队伍在巴勒渚纳湖畔安顿下来。一天晚上,十九位将领坐在火堆旁闲聊,一个士卒过来报告说:"可汗,我们已经没有食物了,明日要饿肚子了。"者勒蔑不等铁木真说话,马上说道:"没有肉,我们可以吃野菜,你转告其他将士。"说完,他便带上工具挖野菜去了。

巴勒渚纳湖的浑浊泥水是苦涩的,野菜也是苦涩的,这让他们的生活苦上加苦。

夜深人静的时候,铁木真等人仰望星空,个个都无法安睡。良久,铁木真才开口道:"小孩都喜欢星星,而大人呢,就喜欢太阳了。"者勒蔑忙说:"我们现在既失去了太阳也抓不住星星,可汗的雄心壮志受挫,这是长生天的考验吗?"阿儿孩接着说道:"这就是长生天的旨意,它让可汗吃苦,这样才能有更大的成功。只有品尝过失败的人,才会真正地远离失败。"铁木真笑道:"你倒像个文化人。我的志向藏在心底,而我的汗国却显露在世人面前。每当我有困难的时候,都不会轻言放弃,这一次也不例外。我们只有艰苦实干,将困难打倒,才能站得更加稳固。"众人连连点头称是,内心受到了鼓舞。不一会儿,所有人都安安静静地躺在草地上睡着了。

天色渐渐明亮起来,不远处传来了马蹄声,有一战马由远及近奔驰而来,众人都坐了起来。别勒古台迎上前去一看,不由得又惊又喜,原来是在战斗中被俘的合撒儿。铁木真听说合撒儿回来了,也急忙起身向他奔去。合撒儿飞身下马抱住铁木真,泪流满面地说:"我的好兄长,我们彼此不能相顾,这是多么大的悲哀啊!"铁木真提起精神道:"只要你们都在我身边,再大的苦难也难不倒我们。"众人都为合撒儿归来感到高兴。

铁木真高兴地说:"今日合撒儿归来,我们来好好庆祝一番吧!"别勒古台说:"汗兄,我们的食物已经吃光,前几天的猎物也没有了,拿什么给二哥洗尘啊!"

就在这时,原野上奔来一匹野马,阿儿孩大声叫喊着,众人正要上去围猎时,合撒儿飞身上马,兜头拦住野马,然后挽弓搭箭,只听"嗖嗖"两声,射中了野马的脑门和前腿,野马向前蹿了几步后倒在地上。侍从将野马拖回来,铁木真高兴地说:"这野马来得真是时候,长生天是保佑我们的!"他笑着坐下来,让合撒儿给众人讲述逃生的经历。原来,被王罕俘虏的合撒儿不得已把妻子、儿子留在王罕的营地,自己带上几个人悄悄溜走,好不容易才找到这里。

野马肉很快就煮得烂熟了,别勒古台说:"我们没有奶酒,怎么办?"铁木真想了想说:"我们就以巴勒渚纳湖水为酒,让各位将军品尝一下这湖中的污水是什么滋味。"速不台笑道:"吃野马肉喝湖水,这是一辈子也无法忘记的事情!"

铁木真举起酒盏,痛快地饮尽一盏湖水,者勒蔑也喝下一盏,口中不住地说:"这酒是好酒,比一般的奶酒更稠!"铁木真接过话头说:"这不是稠,是醇,它比一般的酒更醇!"众人也一齐将湖水饮下。合撒儿激动地说:"我们今日在此地自在地吃喝,实在是快乐啊!汗兄都要将我们记下,这些都是您不离不弃的好伴当啊!"铁木真也激动地大声说道:"我若能成就大业,日后定要将与我同饮湖水的人看成心窝里的伴当。让长生天都记住我们的情义吧!"

正热闹之时,速不台抬头朝小路上望去,发现有人正往这边走来。他马上站起来向那边望去,并且说道:"是个有钱人啊!还有一大群羊呢!"众人都站起来,目视着陌生人走过来。那陌生人见原野上有人,便走了过来,站在铁木真面前说:"看来您是个贵人,请问您的尊号大名?"铁木真反问道:"那你又是什么人,要讨我的名号?"那人急忙赔礼道："我是花刺子模的商人，名叫镇海，是去金国做生意的。"铁木真笑道："不是敌人，那便是朋友。来，我们坐下来一起吃肉吧！"镇海感到盛情难却，便坐了下来。他看了看酒盏，惊奇地问道："难道你们穷得连奶酒都没有吗？看来你们是逃亡者啊！"别勒古台马上说道："与你说话的是我们的可汗——铁木真，你可曾听说？"镇海惊讶地睁大双眼，跷起大拇指道："原来是大名鼎鼎的铁木真啊！我在中原多次听说可汗的威名，实在是百闻不如一见啊！"铁木真淡淡地笑着说："如此说来，镇海先生不只是商人，还是个饱览天下的智者！"镇海谦让道："哪里，哪里，我在金国就听人说，铁木真在战场上所向披靡，整个大草原都要被你统一了。"博尔术走上前说道："我们终日征战，难免也有失败的时候，现在是我们最艰难的时刻，但可汗仍胸怀大志，我们必定会东山再起的。今日先生光临，实在是一件美事啊！"镇海已心中有数，于是问铁木真道："可汗对未来有什么打算吗？"铁木真吃了一口马肉，沉思片刻道："我命途多舛，而事业多艰难，但我们不会因此而气馁，相反，因为有苦难我们才更加坚强，才能有勇气渡过难关。这样，安详和宁静的天地就呈现在我们面前了。"

镇海拍手称赞道："可汗的志向如此坚定，镇海佩服得五体投地。如果可汗不嫌弃，我愿意将手上的一千只羊送给可汗，并且在可汗的军帐前效力，不知可汗意下如何？"铁木真闻言，欣喜若狂地说："难得镇海先生如此慷慨，我怎么受得起你这般恩惠呢？"镇海重重地拍着胸脯说道："我敬重可汗的为人，能追随可汗左右，是我人生中的一大快事。"在一片欢笑声中，铁木真接受了镇海的馈赠，欢迎他的加盟。

过了几天，铁木真根据合撒儿提供的情况，与别勒古台、博尔术等人商定了一个猎捕王罕的计划。

这段时间，铁木真沿途收罗部众，招兵买马。只要能收编的人就收编，能抢到的财物尤其是马匹就抢，队伍又渐渐壮大起来。

与铁木真相反，王罕一方不满其统治的人越来越多，他手下的人都各怀私心。其中，铁木真的叔叔答里台为自己背叛铁木真而感到后悔；

阿勒坛和忽察儿有合法的汗位继承权，所以一直觊觎汗位；札木合惯耍阴谋，图谋自己的霸权，正密谋"于黑夜袭而擒彼王罕，我等自立为王，不受克烈人之辖，亦不受铁木真之治"。因此，王罕一方实际上已是人心涣散。但是，札木合的密谋计划很快败露，只得带着阿勒坛和忽察儿逃亡到西面的乃蛮部。答里台则重新投归铁木真帐下。

不久，铁木真开始实施猎捕王罕的计划。经过几天的商议，合撒儿按照计划所定回到王罕那里，对他说："我本想追随兄长的足迹而去，可我四处寻觅，却听不到他的回音。我枕着草堆，睡在星空下，想到我的妻儿都在汗父这里，我愿意回到汗父身边！"他以此迷惑王罕，使之放松警惕。铁木真则率部昼夜兼程，赶到者折额温都儿山的峡口地带（克鲁伦河附近），准备突袭王罕。

当王罕设宴款待归来的合撒儿、合里兀答儿和察兀儿罕等人的时候，铁木真大军忽至，王罕毫无准备，但他人多势众，战斗进行得非常激烈。双方往来厮杀了三天三夜，铁木真大军的包围圈越来越小，不少克烈人缴械投降。

王罕和桑昆见势不妙，趁双方混战时逃跑。他们本想一起往西投奔乃蛮部，但半路上，桑昆嫌年老的父亲是个累赘，便抛弃王罕仅领着十多个轻骑逃跑。王罕孤零零地在沙漠中逃亡，一边跑一边哀叹："我疏远了不该疏远的人，招惹了不该招惹的人，才落到今天这个地步！上天有眼，要惩罚我这个罪人。"他来到乃蛮边境的时候，被乃蛮哨兵豁里速别赤抓住了。豁里速别赤一看他是个肥胖的糟老头，本想放过他，王罕却说："我是克烈部的王罕，快去通报你们的首领。"豁里速别赤怎么会相信这个人是赫赫有名的王罕呢，就算是，把他杀了正好回去邀功，于是一刀了结了王罕。曾经叱咤风云的一代草原英雄竟死在一个无名小卒之手，哀哉！

桑昆弃父而逃后，一路下来，身边的人越来越少，最后只剩下一个随从阔阔出及其妻子跟着他。准备渡河时，桑昆下马把自己的马缰绳交给阔阔出，没想到阔阔出跳上马背，准备离开桑昆。

阔阔出叫妻子一起逃走，但他的妻子于心不忍，责骂丈夫道："在穿绫罗绸缎的时候，在吃美味佳肴的时候，桑昆视你为兄弟。现在他落难逃亡，正需要你的帮助，你怎么能够抛弃你的主人，自己逃走呢？"阔阔出见妻子不走，急得大骂道："该死的蠢妇，难道你想留下来做桑昆的女人吗？"

阔阔出的妻子说："你骂我不要紧，连畜生也比你有人性，如果你真当自己是个人，就把那个金碗留给他喝水吧！"阔阔出无奈，只得把金碗抛给桑昆，然后带上妻子，掉转马头，朝铁木真的营地奔去。

铁木真得知事情的经过后说："阔阔出的妻子在主人桑昆遇难的时候，没有抛弃他，应该得到赏赐。阔阔出不忠不义，不值得信任，应当处死！"说完令人把阔阔出拖出帐外，处死后示众，最后将尸首弃于荒野。

克烈部的把阿秃儿合答黑战败被擒，被押到铁木真面前。铁木真质问他为何如此死战，他回答说："我之所以连战三日三夜，完全是因为我忠于王罕。我要尽己所能，拖延时日，使王罕安全逃走。现在，可汗若赐本人死，我则去死；若让本人生，我则愿忠心为可汗效力。"铁木真对忠诚之士敬佩有加，于是赦免了他。

再说桑昆一路徒步西逃，他经过艰苦跋涉，又收拢了一些逃散的部众和乃蛮人，来到唐兀惕扎下营寨，做些拦路打劫的勾当，并时时侵扰西藏，结果被西藏人打败。桑昆无处容身，只得向北逃至新疆，不久在库车被当地人杀死。

铁木真收服克烈部后，宽容地对待他们。王罕的亲弟弟札合敢不献出了两个女儿亦巴合和唆鲁禾帖尼，铁木真纳亦巴合为妾，幼子拖雷则纳唆鲁禾帖尼为妻。

此战后，尽管很多克烈部人得以生存，但其实力已大不如前。

十、最后的障碍——乃蛮

征服克烈部后,铁木真的势力日益强大,能与之抗衡的仅剩乃蛮部的太阳汗一支。统一草原的战争已如箭在弦上,势在必发。铁木真坦然地对众将士说:"乃蛮部现在因为纠集了几部残余势力而变得更加强大了,为了我们伟大的统一事业,我们要时刻准备战斗。"

一天,乃蛮部的太阳汗正坐在大帐中,与札木合商议军机。太阳汗说:"蒙古人只能吓唬像王罕这样的老人,等时机成熟,我一定会让你的属民和牧场重新回到你的身边。"札木合冷笑道:"草原上的英杰都在您身边,时机已经摆在我们面前了。"太阳汗侧头看看身边的夫人古儿别速,笑着说:"那好,我现在就派人去通知汪古部的首领阿剌忽失,我们强强联合,定能将铁木真一举歼灭。"这时,太阳汗的夫人古儿别速不屑地说:"小小乞颜氏,哪用大动干戈?听说蒙古人常常吃粗食,而且身上也有气味,俘虏蒙古人时一定不要让他们靠近我。"

站在帐下的老臣可克薛兀则心神不宁地进言道:"我敬爱的可汗,今日蒙古乞颜氏兴盛于漠北并非偶然,我想我们应该谨慎对待乞颜氏才是!"太阳汗将杯中奶酒一饮而尽,大声说道:"难道我强大的乃蛮部还在乎一个整天饥不择食的野蛮部落吗?他们若敢犯我部边境,我定把他们打得抱头鼠窜。"可克薛兀见太阳汗如此妄自尊大,重重地叹息后,便一言不发地走出了太阳汗的中军大帐。

几天后的一个早晨,乃蛮边将来报,称铁木真正在整顿大军,即日便要向乃蛮部大举进攻。太阳汗站在深帐中抚摸着夫人古儿别速的双手说:"小小乞颜氏竟敢如此狂妄,我定要为所有草原百姓报仇雪恨。"古儿别速暧昧地看了一眼太阳汗,说道:"我看你抓到蒙古人也没有什么用处，如果有标致清秀的小童便给我带来几个，让他们干干净净地洗个澡，穿上像样的衣服，每天给我们挤马奶也好。"太阳汗为了让古儿别速开心，马上说道："蒙古人如此野蛮，让他们的小童给夫人挤马奶，应该是他们一生的福气了。"古儿别速得意地笑了起来。太阳汗身边的近臣都建议他认真应对此次战事，但他却视作儿戏，好像蒙古人天生惧怕乃蛮部似的。一场决定乃蛮部命运的战争就这样在太阳汗的毫不在意中拉开了帷幕。

当太阳汗的使者卓忽难站在汪古部的阿剌忽失面前时，阿剌忽失问道："你是要我和你们一起去打仗吧？"卓忽难简单地说明来意，阿剌忽失想了想，严肃地对使者说："你先回去，我们很多族人都在远方围猎，等他们全都归来我们再商量吧。"于是，卓忽难带着阿剌忽失模棱两可的答复回到了太阳汗的营帐。札木合说："汪古部的意思很明显，他们不想协同我们作战。"太阳汗叹息道："我的亲戚竟然如此不通情理，太不讲仁义了。"古儿别速轻蔑地笑了笑，说："汪古部能有多大力量，我们何必求助于他们，以我们的力量对付蒙古人足够了。"太阳汗说："如此也好，我们不必耿耿于怀，消灭一个小小的乞颜部哪需大动干戈呢！"这时，一个哨兵报告道："蒙古军不堪一击，战马瘦得连马鞍子都驮不住。"太阳汗大笑道："那我们胜利的日期又要提前几天了，蒙古人居然如此孱弱！我还以为他们是马背上的枭雄呢，可怜啊可怜！"札木合见太阳汗如此狂妄轻敌，只冷冷地看着他，什么话也没有说。

太阳汗的使臣一离开汪古部，阿剌忽失立刻派遣部将秃里必答思向铁木真报告乃蛮部要攻打蒙古部的消息。其时，铁木真正在帖麦该川（今哈拉哈河南）围猎，他勒定马，说道："难道草原上就没有一个真正的英雄吗？只有伪君子才会不停地向我挑衅，既然这样，我只有迎接挑战了。"他款待了汪古部的使者，又将骏马两千匹、奶羊两千只回赠给汪古部，并说："贵部对我如此仁慈，我愿意与汪古部一起讨伐乃蛮人。"就这样，汪古部成了铁木真的盟友。

1204年冬，铁木真在黑林举行了声势浩大的忽里台大会，并举行了庄严的出征祭旗仪式。这个"旗"称为"秃黑"，是铁木真家族的旗帜，旗边缀有九角狼牙，牙端悬有九条白色牦牛尾（本来悬的是九条枣红马尾，铁木真为了显示其庄重神圣，换成了白色牦牛尾，这便是日后让敌人闻风丧胆的"九尾白旄纛"）。随后，铁木真率五万大军，杀向乃蛮部营地。

蒙古大军的先锋是以哲别和忽必来为统帅的精锐骑兵。行进了二十几天，蒙古军主力才到达乃蛮边境撒阿里一带。铁木真仰望天空，说道："西部真是好风光啊，难怪乃蛮部如此富庶，等我们消灭乃蛮部后，定要将此富饶之地收入囊中。"

此时，太阳汗仍不知铁木真已大兵压境，他估计开战的时间最早也在春末夏初。战争的胜负有时就是那么简单，冬天的雪夜遮挡了乃蛮人的视线，呼啸的风声掩盖了蒙古兵进军的马蹄声。吃饱喝足在暖和的柴火旁睡得烂熟的乃蛮人，在蒙古大军拉倒护栏、纵马冲进营帐烧杀射砍后，才从地动山摇的马蹄声中惊醒过来。

"夜袭！"在黎明前最黑暗的时刻，驻屯于山下开阔地带的乃蛮军中，突然响起阵阵惊叫声，伴随着惶恐的呼号，左右两翼营寨同时起火。

草原霸权的最终一战，以蒙古军雪夜千里偷袭乃蛮十二万驻军营地为序曲，正式揭开了厚重的血色帷幕。

太阳汗命令儿子屈出律道："蒙古军马虽然消瘦，但人却野蛮善战，你可以斗狗的方法，且战且退，诱敌深入，瞅准时机，突然袭击，等到了阿尔泰山，蒙古军疲惫之时，正是击败他们的最佳时机。"但屈出律却不屑地反驳道："难道父汗胆怯了吗？为何不正面迎敌？"

太阳汗闻言愤怒地说："难道我乃蛮是弱小的吗？我今天就要证明一下。"他一声令下，三支人马整备完毕，前去与蒙古军交战。两天后，乃蛮军队全部会聚于杭爱山，太阳汗下令渡过鄂尔浑河，驻军于纳忽山崖前察乞儿马兀惕，分兵列阵。

蒙古大军一步步地朝纳忽崖挺进。合撒儿率领的中军如饿虎般等待战斗的到来,铁木哥斡赤斤的后卫军则像饿鹰一样等待着增援的命令。

太阳汗驰马飞奔到阵前叫喊道:"让我们将野蛮的蒙古人统统抓来做奴隶吧!"哲别、忽必来等人率领的蒙古先锋军一见到太阳汗,立即发起了第一次进攻,乃蛮部左右两路兵卒很快便败退下来。

太阳汗的中军主力仍以血肉之躯阻挡着蒙古铁骑的突进,他们就像是浪花扑向坚固的礁石,下一刻便被击得粉碎。

在火烧、箭射、刀砍的死亡威迫下,乃蛮部十余万人迅速溃逃。蒙古军毫不手软地屠杀着,对没有反抗力的百姓也毫不留情。为了逃命,乃蛮部众像无头苍蝇似的逃窜。很多人趁着天黑逃入树林,但在这严冬季节,没有马匹,仅凭一双脚,又无粮食,恐怕还没走回乃蛮营地,便被饿死、冻死了。

蒙古军收拾战场,将未烧毁的财物、营帐、粮草收集起来,在收走投降的乃蛮兵身上的武器后,又将他们几人捆绑在一起赶入营帐。铁木真没有趁消息未通、太阳汗无备之机,攻击乃蛮本部,而是在纳忽山停留了三天,收编那些逃散的和禁不住冻饿返回此地请降的乃蛮人,前后收降了六万多人。随后,铁木真留下不主张杀戮的别勒古台亲领一万精兵看守俘虏,然后率领近四万铁骑,奔袭准噶尔丹乃蛮本部。

失去了两万精兵,只剩下老弱残兵的乃蛮部,根本不是蒙古四万虎狼之师的对手。经过一次黎明时分的成功突袭,铁木真击破太阳汗的中军。"弃械投降不杀!"蒙古军呼叫着冲进十万乃蛮人的连营当中。

过了一会儿,太阳汗发现有一群人从他们背后结阵绕行而来,忙问道:"那些是什么人?他们大队人马,群奔而扬尘,摆开圆阵,究竟是哪个氏族的?"札木合慢慢地转过身来,眺望旗纛,回答道:"他们是专抢富人财物的好汉,今日如此严整地奔驰而来,可能是因为心生义愤了。他们便是兀鲁兀惕和忙忽惕。"太阳汗惊叫道:"那我们更不能受这些人的凌辱。"他大手一挥,令剩余的乃蛮军向另一个山头撤退。

铁木真乘胜追击,铁骑所到之处,凡是拿着兵器的,无论男女老幼一律格杀。太阳汗见势不妙，带上几个随从逃走。神射手哲别眼疾手快，拍马追了上去，只见他挽弓搭箭，一箭将太阳汗射落马下。豁里速别赤带领一支亲卫军负隅顽抗，结果被蒙古军围住，全部被杀。

当时得以逃脱的乃蛮人，只有屈出律及其亲信，以及屈出律的叔叔不亦鲁黑汗的一些部族。曾经追随札木合反对铁木真的草原各部落，如扎答阑部、合答斤部、撒勒只兀惕部、朵儿边部、泰赤乌残部、弘吉剌残部等，都归顺了铁木真。

又一次侥幸逃脱的札木合与不亦鲁黑、屈出律、脱黑脱阿，一起逃往也儿的石河上游及离斋桑湖和兀鲁塔山不远的森林地区。

铁木真攻占了乃蛮部所有的营地，掠夺了他们所有的财富。他的弟弟合赤温畅快地说："我的兄长，今日狂妄自大的乃蛮部已经被消灭，骄狂的太阳汗也死在乱军之中，他的那个妃妾古儿别速还在帐中哭泣呢！听说她是个大美人，兄长何不去看看呢？"铁木真便纵马前去一看究竟。他刚走到乃蛮部的斡耳朵大帐跟前，便听到女人的哭声，不久，侍从将古儿别速从帐中带了出来。铁木真仔细一看，这个古儿别速的确是个标致的女人。

铁木真站在古儿别速跟前，心想："听说此女好干预政事，太阳汗因此而败亡。而今日我眼前的古儿别速却像只小羔羊，实在令人怜惜啊！"他转身对侍从说："将这个古儿别速留下，其余人等随你们处置好了。"铁木真当即让古儿别速侍寝，并嘲讽道："你不是说蒙古人身上有臭味吗？我就让你在我身边好好闻闻我的气味！"这个传说中导致乃蛮部两王子相争而内讧的女人，再次以其风姿绰约俘获了铁木真的心。

合赤温知道兄长的心思，第二天将古儿别速请到一旁，说明了铁木真的用意。古儿别速跪在合赤温面前，激动地感谢道："今日能让我活命，我定会一心一意地服侍可汗，恪守本分。"合赤温交代她说："服侍可汗与别人不同，他不会允许一个女人在他面前指指点点。如果你以后能温顺点，我保证你依然可以享受荣华富贵。"

就这样，古儿别速被留在可汗的营帐，铁木真让她在自己的大帐中一起用餐，显然已经不把她当奴婢了。古儿别速跪拜在铁木真面前卑怯地说："太阳汗已随天主而去，我已没有什么遗憾。今后只会一心向着可汗您，断然没有二心。"铁木真心中暗想："此女人果然有魅力，难怪太阳汗如此宠爱她。"午饭过后，古儿别速正式成为铁木真的别妻。

第五章 蒙古国横空出世

一、忽兰皇后

在歼灭塔塔儿部,剿平篾儿乞惕部,吞并克烈部,击溃乃蛮部之后,大漠上已经没有任何一支部落能够阻碍铁木真统一草原了。尽管篾儿乞惕部和乃蛮部残余的异己分子仍在负隅顽抗,西伯利亚的森林部落还没有被征服,但随着乃蛮部的灭亡,铁木真成为大草原上唯一强大的力量。他统辖的地域东起大兴安岭,西至阿尔泰山,南达阴山界壕,北抵林木中百姓居住的边缘地区,他实际上已经成为漠北草原的主人。

这一时期,不少被打败的部族流民纷纷来投,其中一个重要的人物就是篾儿乞惕部的忽兰。

铁木真的大军与乃蛮部开战时,篾儿乞惕部首领脱黑脱阿一直支持乃蛮部,但在其激战之时,他却趁机逃走。铁木真灭乃蛮部后,又挥师追击脱黑脱阿。蒙古大军到达塔米儿河时,发现屈出律正在排兵布阵,便一鼓作气,渡过塔米儿河,向屈出律发起猛烈攻击。屈出律见对方来势凶猛,一时慌不择路,一直跑到阿尔泰山南面的兀泷古河畔。但蒙古军很快追了上来,将他们团团围住。双方激战一场,仅屈出律一人逃脱,而被他抛弃在河谷中的士兵则全部阵亡。

屈出律脱身后，无路可走，只得投奔叔父不亦鲁黑汗。与此同时，铁木真的另一支军队正在向篾儿乞惕部的脱黑脱阿父子发动进攻，两军交战于合剌答勒忽扎兀儿河上游。脱黑脱阿对他的儿子们说道："让我们集中全部兵马，与铁木真在这里进行最后一次决战。是胜是败，听天由命。"于是，数千篾儿乞惕人在合剌答勒忽扎兀儿河边列阵。脱黑脱阿父子抢先向蒙古军冲杀过来。蒙古军的指挥是合撒儿，他命令大军分前中后三个梯队迎战。经过半日的战斗，脱黑脱阿父子大败，其兵卒和属民全部被蒙古军俘获。

从战场上归来之后，合撒儿激动地对铁木真说："强大的篾儿乞惕部已不复存在，残部全收归在我们手中了，这是一个不小的喜讯啊！"铁木真坐在大帐中，说："我们要将篾儿乞惕人彻底清除，就必须使他们的部落没有重新聚合的机会，这才是最关键的。"别勒古台上前说道："我们可以将篾儿乞惕部众分解到各营去，让他们充当奴隶，不让他们有任何作为。"铁木真笑道："好！别勒古台的心思真是越来越灵透了，我也是这样想的。"脱黑脱阿之子忽都的两个妻子秃该夫人和朵列格捏夫人也被俘虏了，铁木真把朵列格捏夫人赐给三子窝阔台为妾。

脱黑脱阿父子奔逃了一日一夜后，在一个小山冈上安营扎寨。篾儿乞惕人开始在中军帐中商议下一步的计划，但此时族内却出现了不小的分歧，兀洼思氏的首领答亦儿兀孙站出来说："我们最好的生存方式便是与铁木真联合，在他的麾下，我们不但可以保全性命，而且我们的牛羊也能继续在大草原上安然地吃草。"脱黑脱阿一听不由得火冒三丈，骂道："如此没有骨气的草包，你也配是篾儿乞惕人的首领之一吗？真让篾儿乞惕人感到丢脸！"合阿台氏的答儿麻剌站起来说道："我反正是服从脱黑脱阿首领的，就算战死，我也绝不向世仇投降。"说着，他轻轻地拨弄了一下刀鞘，厉声威胁道："如果你已经打定了投降的主意，那你就走吧！我们篾儿乞惕人都是铁骨铮铮的汉子。"头领会议不欢而散。

一天晚上，答亦儿兀孙站在营帐前观望天空中的点点繁星，心中顿生莫名之感，于是对女儿喊道："忽兰，你出来看看，今夜的星辰可真好啊！"忽兰出帐看了一会儿，说道："这天空中的星辰真有趣，我倒觉得这是我家的福气。一定是星辰在告诉我们要早早离开此地，若铁木真能容纳我们家族，那我们就真的是富贵临门了！"说完，她便将双手抱在胸前虔诚地祈祷。答亦儿兀孙叹道："唉，我美丽的女儿啊！我们与蒙古乞颜部是世仇，就怕此去不顺利啊！二十年前我就劝过脱黑脱阿，不要抢掠铁木真的夫人，但他不听劝告，现在还让我们跟他一起受罪！"忽兰说："塔塔儿部与乞颜部也有血仇，尚能通过结亲得到安生之地，难道我们就不能吗？"答亦儿兀孙心中一震，拍着脑袋问道："难道你有献身保全族人的想法吗？若是如此，我们的安定之日就在眼前了。"忽兰轻轻点了点头。

当天晚上父女俩下定决心投奔铁木真。第二天，答亦儿兀孙就带上忽兰等人上路了。就在他们父女俩边说边赶路的时候，不远处出现了一队人马，答亦儿兀孙仔细观察，发现是蒙古军队，于是迎上前去叩拜道："大人们，我是篾儿乞惕部的兀洼思氏族人，今日特带上小女觐见铁木真可汗，请将军行个方便，容我等通行。"

为首的将军在忽兰身旁转了转，见忽兰果然是个美貌女子，于是朗声说道："我是可汗亲卫队的将军纳牙阿，我不阻拦你们面见可汗，但你们要知道，前方正在征战，如果你们不小心在乱军之中被杀死，那就后悔莫及了。你们不如在我帐中安歇几日，等前方战争平定，我再亲自送你们前去觐见可汗，你们看如何？"答亦儿兀孙牵着忽兰的手，双双叩拜在纳牙阿面前表示感激。

晚上，他们到达纳牙阿的营帐，纳牙阿亲自在自己的营帐中挑选了三个侍从来服侍忽兰。

在纳牙阿的营地小住三日之后，答亦儿兀孙站在帐檐下对忽兰说："外面的战事应该消停了，纳牙阿将军也应该让我们起程了。"忽兰看着父亲为难的脸色，马上说道："纳牙阿将军可能有他的理由吧！"父女俩正说话间，纳牙阿纵马从远处奔来，打算带他们起程。

为了尽快让铁木真见到忽兰,以免节外生枝,纳牙阿带着忽兰父女日夜不停地赶路,终于到达铁木真的营帐。纳牙阿让忽兰父女稍事歇息,自己前去大帐向铁木真禀报这个好消息。铁木真闻报后,马上让纳牙阿将忽兰父女引进大帐,他仔细端详着忽兰,不住地点头,说道:"若早几日来,我还有盛宴款待,可惜今日才到。"纳牙阿上前说道:"前几日战事正紧,我让他们在我的营帐中安歇了三日,前线安定后我便亲自将忽兰父女送来了。"铁木真脸上疑云顿起,静静地看着忽兰,然后对纳牙阿诘问道:"忽兰在你帐中安歇了三日?难道你是先玷污了她而后让我享用吗?你这是犯下了大罪!"他大怒,让左右将纳牙阿绑了起来。

纳牙阿大声辩解道:"我对可汗忠心耿耿,绝无二心,怎么会干出如此勾当?请可汗明察!"

但铁木真不信,准备将纳牙阿处以极刑。站在一旁惊慌失措的答亦儿兀孙跪拜在地上乞求道:"可汗明鉴,我与我的女儿三日来寸步不离,纳牙阿将军也日夜忙于军务,不曾接近过我的女儿,连说话的机会都没有,更不必说玷污她的身子了。"忽兰泪流满面地跪在地上说:"我们从迭儿思河出发不久就遇上乱军,幸好有纳牙阿将军保护,否则性命难全!纳牙阿将军为了让我们顺利面见可汗,还亲自护送,他对可汗忠心耿耿,可汗明察啊!"铁木真闻言,心情稍有好转,但心中仍有疑惑:"那你拿什么来让我相信你们的一面之词?"忽兰自知空说无益,于是抬起头道:"我仍贞洁如初,我愿意让可汗验身,我若是处女之身,便可证明纳牙阿将军是清白的;如果不是,我们愿意领死。"铁木真听了,大声叫道:"把巫婆请来,让她来给忽兰小姐验身。"

巫婆很快就赶到了,带着忽兰到侧旁的营帐中验身,纳牙阿紧张万分地跪在地上,委屈地低着头一声不吭,而铁木真仍怒火中烧。不久,巫婆兴冲冲地跑进来禀报道:"可汗,此女乃贞洁之身,还真是个黄花闺女呢!"铁木真这才转怒为喜,亲自解开纳牙阿身上的绳索。纳牙阿松了口气,说道:"我一心侍奉可汗,只要获得美女宝马,一律献给可汗，不敢有私藏之心，若心生歹念，甘遭天谴！"

铁木真惭愧地对忽兰说："如今已证明你白璧无瑕，此事无须再提。"继而宣布说："纳牙阿忠心耿耿，我将委以重任。"从此，忽兰成为铁木真身边的新贵，地位仅次于孛儿帖。铁木真对篾儿乞惕部的残余势力继续穷追猛打，忽兰则保全了家族。

二、天赐"成吉思汗"

铁木真对忽兰验身一事如此慎重，并非因为他看重女人的贞操，而是对他最高权威的维护。

古语云："非有位尊，无以称成功；非有官爵，无以酬有功。"铁木真为了强化他的地位，以及诏告一个新生的强大联盟体的诞生，于1206年在斡难河源头召开了盛况空前的"大忽邻勒台"大会，会上庄严地升起了象征吉祥和权威的九尾白旄纛。

对草原人民来说，立旗是一个充满象征意义的举动。圣旗飘扬表明成吉思汗是神授的，象征他对"毛毡帐篷下的人"实施统治的权力。

这天，在蓝天白云之下的斡难河源头，在无边无际的大草原之上，营帐一座连着一座，成千上万的战马奔腾嘶叫，数千矛头耀日生辉。在大队人马的簇拥下，铁木真如同众星捧月般出现在会场之中。跟在他身后的是母亲诃额仑与妻子孛儿帖；接着是术赤、察合台、窝阔台、拖雷和一个义子；之后是以忽兰为首的诸位别妻也遂、也速干、合答安、古儿别速等；再之后是诃额仑以心血抚养，来自草原各地的四大养子：失吉忽秃忽、博尔忽、阔阔出和屈出；走在这四名健壮有力的青年身旁的是合撒儿、别勒古台、合赤温、铁木哥斡赤斤和已经出嫁的帖木仑及其丈夫不图；队伍的最后是以博尔术、者勒蔑、木华黎、赤老温、哲别、速不台、忽必来、主儿扯歹、月忽难、豁儿赤、蒙力克、锁儿罕失剌等数千名那颜（贵族）和别乞（首领）。铁木真在会上庄严宣布蒙古国成立。旗下各部的追随者，从此只有一个统一的称呼：蒙古人。

曲雕阿兰是个富有诗意的名字，这里碧草如茵，丘陵起伏，森林茂密，铁木真将这里定为都府。

当然，成立一个国家不是只竖一面旗帜就完事，还要为其定个名号。蒙古人把自己第一次建立的国家叫作"也客-忙豁勒-兀鲁思"，汉译为大蒙古国。同时，在萨满教首领帖卜-腾格里（又命通天巫）的授命下，铁木真正式以"成吉思汗"的尊号一统草原各部。这是一种宗教认可，核心是承认铁木真是"天赐可汗"，是正统的领导者。"如今在这个地域上被称为古儿罕的君主，已被你一手征服，你已取得他们的领地，我建议可汗采用一个有着同样意义的尊号——成吉思。"帖卜-腾格里加重语气，继续说道，"神降旨曰：'你的名字必须如此。'"

"成吉思汗"到底是什么意思呢？八个多世纪以来，人们说法各异。它通常被解释为"海洋般的统治者"，也有人说是"坚不可摧的皇帝"或"宇宙皇帝"，总之，它象征着对大草原的一切享有普遍的统治权力。

在即位仪式上，成吉思汗对各部落、氏族的追随者（统称为蒙古人）发表了讲话，表达了对他们的帮助与忠诚的感谢。在听完成吉思汗凝聚力极强的演说后，追随者们也从内心表达了对这位草原英雄的尊敬和忠心。整个大会呈现出空前的团结与和谐。

之后，成吉思汗封赏了有功之臣。他一共封了九十五个千户，四个万户。并且，对他们还另有赏赐。失吉忽秃忽按照成吉思汗的旨意，将他们分别召来领赏。

第一个受赏的人是蒙力克老爹。他是也速该的托孤之臣，多次挽救成吉思汗的性命，赏个千户并不为过。成吉思汗还赐他有参议国事的权力，又任命他的儿子帖卜-腾格里为宗教领袖。

第二个受赏的人是成吉思汗的安答、"四杰"之一博尔术,他的赏赐高于蒙力克,是个万户。

第三个受赏的人是"四杰"之一木华黎。木华黎虽是个身份低贱的奴隶,但他最早主张铁木真称汗,而且在十几年的征战中屡出奇策,提出了很多治军措施,所以他也得了个万户之赏。

受赏的第四人是成吉思汗早就有过承诺的豁儿赤。他是跟木华黎一起主张铁木真称汗的功臣,并以君权神授的故事替成吉思汗慑服了几个部族的反对者。他被封为万户,并且特许他在封地的归降百姓中,挑选三十个漂亮女子做妾。

受赏的第五人是"四杰"之一赤老温。赤老温是锁儿罕失剌之子,以骁勇善战著称。归附成吉思汗后,他参加了统一蒙古各部的战争,战功赫赫,得到了"把阿秃儿"的称号。

还有一个万户封给了不久前给成吉思汗带来美女忽兰的亲卫队将军纳牙阿。当然,他的功劳不只是护送了忽兰,还在于他立过不少战功,更重要的是他对成吉思汗有血诚之心,值得信赖。

受赏的人中自然少不了锁儿罕失剌老人。"四杰"之一博尔忽,"四狗"者勒蔑、忽必来、速不台、哲别,以及亦鲁该、主儿扯歹、忽难、秃格(即统格)、别勒古台、屈出、阔阔出等人也各有赏赐。

众人都欢欣雀跃,只有失吉忽秃忽心里很不是滋味,忍不住对成吉思汗说:"可汗,我是您的义弟,您赏赐有功之臣,难道我不曾立过功吗?我的力气一点也不比他们使得少。而且,当我还躺在摇篮里的时候,就来到您高贵的家里生活,直到脸上长出胡须,从未有过任何异心。诃额仑母亲待我如同亲生,我为何没有赏赐呢?"

成吉思汗这才想起把自己的义弟忘了,他歉疚地说:"我要多给你些补偿。我亲弟弟拥有的家产,你享有同等份额。你是有功之人,另外赐你九罪不罚。你还是我的耳目,分家的事情也由你做主。你制定的法律,任何人不得更改!"

就这样,失吉忽秃忽得到的赏赐不仅有财产,还有最高立法、司法权，可谓一步登天。

国家成立后，还要建立管理机构和体制，颁布法令法规。

成吉思汗实行的国家基本体制是千户制。

千户制具有瓦解氏族部落结构，加速各氏族融合，防止旧氏族贵族复辟，以及军民兼容、平战结合等优越性。成吉思汗编制的九十五个千户打破了原来氏族的界限，削弱了各氏族、部落的力量。

成吉思汗按十进位编制，将成年男子编入十户、百户、千户中，有利于统一指挥和统一调动。成吉思汗的诸弟、诸子侄及被分封的各等级那颜是各级军事长官，享有绝对的支配地位，而成吉思汗是这支军队的最高统帅。

千户的规模大小不一，因地制宜，有的千户长管辖多至四千户，有的则不足一千户。千户下分为若干百户，百户下为十户。千户作为基本军事和地方行政单位，取代了旧时的部落和氏族结构。通过分编千户，所有民户都在指定的牧地居住，不许变动。国家按千户征派赋役和调遣军队，所有民户都在本千户辖内登记户口，负担兵役和差发。千户制实际上是新贵们的一种政治身份，特殊功勋的那颜均被授予种种特权。

成吉思汗分封完千户、万户之后，就开始扩建怯薛军。怯薛军的基础是原来的护卫亲军（番直宿卫），由于他们分四班轮番入值，习惯上称为四怯薛。成吉思汗深感怯薛军在十几年征战中的重要作用，对部将说："以前我只有八十人做宿卫、七十人做侍卫，现在上天让草原各部归属于我，我要从各万户、千户、百户中挑选有技艺、身强体壮、手脚麻利的优秀子弟，直接归我调遣。"他亲自确定编制：宿卫由八十人增至一万人，分作四队；箭筒士由四百人增至一千人；侍卫由七十人扩充到八千人，分为八队，听命行事。同时，这些护卫必须根据规定带其弟弟或伴当候补到怯薛军中去。

成吉思汗还挑选和任命了博尔忽、博尔术、木华黎、赤老温、纳牙阿、术赤台、阿儿孩、合撒儿等有胆有识、英勇善战的亲信来担任怯薛军的指挥官。他说："这些做我护卫的人，以后可为大中军者。"而大中军的万户长则由纳牙阿担任。

对于怯薛军的兵源，成吉思汗规定：每一个千户，要派一个男丁和十个随从；每一个百户，要派一个男丁和三个随从；每一个十户和自由人，要派一个男丁和一个随从。凡是应当来而不来者，一律以逃避兵役论处，要流放到最偏远的地方去。其他自愿从军者，任何人不得阻拦。

怯薛军的任务主要有三个：一是保卫大汗及汗廷的安全；二是战时充当大汗亲自统领的作战部队，在其指挥下冲锋陷阵，打硬仗、苦仗；三是分管汗廷的各种事务，如厨师、掌酒、典车马、奏乐等。这支部队是成吉思汗的亲军，只听命于他。怯薛军的成员及其家属，均有崇高的荣誉感、责任感和重大的使命感，绝对忠于大汗，为大汗抛头颅、洒热血。

成吉思汗还做了一件大事——颁布札萨。

札萨意为法令、军法。早在1203年，成吉思汗战胜克烈部后，就曾经口耳相传过札萨，强调禁止泄密、不许贪财等事项。后来，随着征战的扩大，成吉思汗越来越感到对这些桀骜不驯的牧民进行管理和惩治的重要性，于是召开了忽里台大会，对领导规则、律令和古代习惯重新做了规定：凡盗窃、奸淫、盗马都是死罪；每月只许喝醉三次，否则会智慧消失，整日昏迷；禁止牧民在雷雨中洗澡，也不准入河沐浴；严禁溺于水中或灰烬上；严禁跨火、跨桌、跨碟等，但允许回教徒水中洗礼的宗教仪式。这次颁布的札萨法典是斟酌各部族的习惯传统而成的，是蒙古国的第一部成文法。

法典规定，凡是间谍、强奸、做伪证者均处以死刑。札萨法典还规定，从第一片雪花飘下到草原初绽新绿的这段时间为狩猎季节，可捕杀麋鹿和野驴。到了春天，就要召开忽里台大会，各级首领必须参加，擅留营地者将受极其严厉的处罚。凭借札萨法典，成吉思汗拥有了一支训练有素、军纪严明、所向披靡、战斗力强大的军队。

创建了法律制度，还需要人去贯彻执行。因此，最早从怯薛军中分化出断事官来，司法审判机构应运而生。成吉思汗任命自己的义弟失吉忽秃忽为最高审判官，担任断事官，身兼司法和财政职务，被人称为"国相"。此后，失吉忽秃忽根据国情逐步制定了一套审理办法。尽管当时的司法审判制度很不完备、很原始，但失吉忽秃忽为断案的方式、方法和原则奠定了基础。

三、创制蒙古文

成吉思汗建国后，蒙古人还没有文字，此前每逢征战号令、派遣使节，都靠结草或刻木记事。成吉思汗讨伐乃蛮部时，捉住了一个叫塔塔统阿的畏兀儿人。他是乃蛮部太阳汗的国傅、掌印官。成吉思汗听说他生性聪慧，善言论，深通本国文字，便问他："太阳汗的人民、疆土都属于我了，你怀抱金印要跑到哪里去呢？"塔塔统阿回道："这是为臣的职责，我要寻找到主人交给他，并无其他打算。"成吉思汗赞赏他忠于故主，但又十分惊奇，问道："你这样卖力地保护这颗金印，它有什么用处呢？"塔塔统阿说："出纳钱谷，委任人才，一切大事都用它，这是个信印。"成吉思汗又问道："你深知本国文字吗？"塔塔统阿答道："是的，我可以在您帐下任职，为一统草原的蒙古国效力。"成吉思汗闻言大喜，于是命塔塔统阿留在大汗帐前。

在草原各部中，已经形成国家雏形的乃蛮部，代表着当时草原最高的文明。成吉思汗也知道可以在马背上夺取国家，但不能在马背上管理国家。自从留下了塔塔统阿，成吉思汗就以客卿之礼善待他，让他教诸子、诸王学习畏兀儿文字，并向塔塔统阿请教行政机构的设立问题。

如今蒙古人有了自己的国主，在庞大的汗国中有无数英雄豪杰及数十万部众。在一次大臣会议上，豁儿赤在汗廷上口出狂言："我们蒙古国大汗是世上最强大的国君，可以将任何一个敌人打败。"坐在汗廷宝座上的成吉思汗高兴地说："我们这个马背上的民族现在有了自己的国家，有了自己的组织机构，现在我们似乎什么也不缺了。"塔塔统阿叩拜道："如果大汗要经略天下，大蒙古汗国的实力还要经受一个考验，大汗应该心中有底才是。"众人闻言都十分生气，说："你这个读书人，没有一句吉利话，不怕砍头吗？"成吉思汗挥了挥手，说道："塔塔统阿先生真是一语惊人！今天我听的奉承之言太多了，现在还真想听听塔塔统阿先生的高见！"塔塔统阿直言不讳地说："凡立国尊王，仅有武略还不够，还要学习文韬，这样一个庞大的国家才能延绵兴盛。今日我大蒙古国的确武力强横，但却缺少文才，这对治理一个大汗国来说是非常不利的。"成吉思汗点点头，高兴地说："看来我将塔塔统阿先生留在身边是对的，我的儿子和弟弟也应该多学文化。"失吉忽秃忽叩拜道："文可以治理国家，而武只能争夺国家，这两者区别太大了。"成吉思汗思量片刻，对塔塔统阿说："我知道文人是有智慧的，但我蒙古国世代习武，不通文韬。从现在起，我族各子弟一定要通习文化，请你做总教习。同时，你还要负责创立我蒙古国文字。"

开国盛典连续欢庆了一月有余，成吉思汗渐渐冷静下来。一天，他在汗廷上走来走去，思考如何对这个新生的国家进行管理。这时，塔塔统阿走进来，高兴地说："大汗，请您到我的教习室来看看吧！"成吉思汗笑道："太好了，是该看看我的子弟们学习得怎么样了。"成吉思汗进入教室时，众人正低头书写，塔塔统阿夸赞道："蒙古人个个都是人才啊！他们学习的劲头都非常大。特别是失吉忽秃忽，他的成绩最优秀。"成吉思汗走到失吉忽秃忽跟前，见他正在书写畏兀儿文字，便问道："失吉忽秃忽兄弟，你写的文字让我感到神秘，你会畏兀儿文字了吗？"失吉忽秃忽站起来回答道："大汗，我已经学了不少畏兀儿文字，但学文字不比射箭，要下很大功夫才行！"这时，众子弟都站起来对成吉思汗说："大汗，我们都在学习畏兀儿文字，塔塔统阿先生教得非常好，我们找到了很有效的学习方法。"成吉思汗笑道："好啊！学习文化以后，你们就不必上战场打仗了，有机会的话我也要来向你们讨教！"随后，成吉思汗走到塔塔统阿面前，轻声说道："等他们下课后，先生到我汗廷来一趟，我有重要的事情与你商谈。"

到了晌午，塔塔统阿匆匆走进成吉思汗的中军大帐，叩拜道："请大汗恕我迟到之过，只因弟子们请教问题，一时走不开。"成吉思汗笑道："没关系，教授无定时，哪能责怪你。我急于和你商讨创立蒙古文字问题，所以才打断你的教学。"

塔塔统阿起身答道："创建文字非一日之功，但我愿意尽毕生之力，为大蒙古国创立文字。"成吉思汗笑道："蒙古国已经建立，但苦于文化闭塞而不能很好地与外界交往，这是国之大事。如果没有文字来进行交流，就会限制我蒙古汗国的进一步发展，这个问题已经困扰我们太久了。"塔塔统阿赞同道："是啊！没有统一而固定的政令和文书，确实会大大影响国家的发展。大汗有此远见，实在是蒙古国人的一大幸事。那么，大汗是想用文字来发布法令、制作外交文书是吗？"成吉思汗点点头说："是啊，我想创造蒙古人特有的文字！有了自己的文字，我们以后的国事文书和札萨就不用靠口头传授了，更不用靠系绳打结来记事了。希望先生能殚精竭虑，达成蒙古国民的心愿！"塔塔统阿坚定地说："我一定不负大汗所托，致力于文字创造，全力以赴完成这个壮举！"成吉思汗激动地抓住塔塔统阿的肩膀，笑道："蒙古人有了自己的文字后，首先要在皇子皇族中推广，然后让全国民众都来学习，可以说你是立下了千秋之功啊！"

此后，塔塔统阿一边教学，一边整理书籍资料，着手创造蒙古文字。他采用畏兀儿字书写蒙古语，创造了畏兀儿字蒙古文。一个多月后，塔塔统阿来到成吉思汗大帐中，兴奋地说："伟大的成吉思汗，我已经将文字的基本框架设想出来了，请大汗审查指教。"根据塔塔统阿的想法，蒙古文字由二十个畏兀儿字母拼写，其余的字由偏旁凑成。成吉思汗对塔塔统阿的方案非常赞同，高兴地对众臣子说道："现在大蒙古国的文字基本成型了,我要用这些文字,把蒙古人的故事写到书上,千秋万代地传下去。"众人高兴地叩拜道:"大汗英明,蒙古人的文字一定会将蒙古国的功绩永远传扬下去。"

  有了成吉思汗的支持,塔塔统阿信心十足,开始准备下一步的造字工作。大约过了一年时间,成吉思汗亲自来到塔塔统阿的帐中询问文字创造的情况。塔塔统阿高兴地说:"'畏兀字书'已经完成,您的子弟都开始学习了,失吉忽秃忽也掌握了这种文字。"成吉思汗紧紧地握住塔塔统阿的双手,激动地说:"我们终于有了自己文字!你要将这种文字教给众人,这样我们才能成为一个有文化的大国!"

  塔塔统阿遵照成吉思汗的嘱托,将"畏兀字书"传授给诸皇子。此后,他的学生越来越多,很快,这种文字便传播起来,在草原上形成了一股学习文字的热潮。与此同时,塔塔统阿仍在兢兢业业地研究和完善蒙古文字。一天,失吉忽秃忽对塔塔统阿说:"老师如此忙碌,让学生也来替你效劳吧。"塔塔统阿轻轻地摇头道:"不行,你还是去大汗帐下做文书吧!他的大札萨需要人书写,他的国政文书需要你这个断事官给他执行!"于是,失吉忽秃忽来到成吉思汗的廷帐。成吉思汗马上吩咐他说:"失吉忽秃忽,我现在命令你用新创的文字给本汗起草一个大札萨,一个所有百姓都要遵从的大札萨。我现在就口头传授所有的规章制度给你,你要将它们整理出来,做成书面札萨,以后如果有人犯错或犯罪,你要以大札萨为依据,不能有半点私情。"

  失吉忽秃忽取来纸笔,坐在汗廷上按照成吉思汗口述的内容,撰写蒙古的第一部法典——《札萨大典》。作为成文法典,《札萨大典》经过反复修改,最终在众人的期待中诞生了。1219年,成吉思汗准备高举"世界征服者"的旗号进攻花剌子模国,因此召开了一次盛大的忽里台会议。在忽里台会上,他向所有将士申明了自己的领导原则、律令,以及对传统草原生活习惯的一些约束。成吉思汗还对贵族和百姓说:"谁违背了大汗的意志,便是触犯了札萨条律。"由此可见,由于历史的局限,大札萨代表了成吉思汗个人的最高利益,如果他觉得札萨要修改,那就必须修改;如果大汗有过失,反而不受札萨的约束,这也体现了浓厚的专制色彩。但在那个时代,成吉思汗的札萨还是具有很大的进步意义。作为蒙古草原上的第一部成文法典,它不但使蒙古历史熠熠生辉,而且让草原人的思想和政治生活向前迈进了一大步。

对成吉思汗来说,蒙古文字是弥足珍贵的,它直接催生了《札萨大典》。而蒙古文字——"畏兀字书"经过后人的不断完善,其表达性不断增强,词汇也更加丰富,在蒙古国的政治、经济、军事、外交等方面发挥了极其重要的作用。

四、神权与皇权的交锋

国家机器运转起来后,为了巩固地位,维护自己至高无上的权威,成吉思汗惩治了通天巫。

当时,蒙古汗国已成立了一年多,国家的政治格局发生了新的变化,蒙力克以及他的七个儿子,特别是他的大儿子通天巫帖卜－腾格里威胁到了成吉思汗的统治。

成吉思汗立国登上汗位的时候,得到了帖卜－腾格里在宗教上的大力帮助,他称成吉思汗是"天赐可汗",以受命于上天的名义,帮助成吉思汗顺利登上大汗宝座。可以说,双方在整个大典中的合作是相当默契和成功的。封赏功臣时,蒙力克被摆在受封者的第一位。但对于蒙力克本人,成吉思汗并没有太多的好感。这个人和他的父亲不同,当成吉思汗全家陷入众叛亲离的处境时,他非但没有像察剌合老人那样勇敢地站出来反对背叛,反而辜负了也速该的临终嘱托,抛弃成吉思汗一家而出走了。成吉思汗早就看出蒙力克是一个势利小人。成吉思汗立国后,蒙力克自恃早年辅助有功,为了满足一己私利,他的野心如狼毒草般迅速滋长,他也越来越显得面目可憎。蒙力克家族借口长生天托梦,给所谓的"别有用心之人"安加罪名,前后侵夺了别勒古台、合撒儿和成吉思汗几位亲叔伯,以及后来投靠过来的一些部族首领的财产。

至于帖卜-腾格里,他的野心更大,他认为成吉思汗今日的地位完全是拜他所赐,因此试图用神权来挑战皇权。

帖卜-腾格里自称通天巫,是蒙古宗教的领袖。对草原部落来说,政治与世俗的权力都来源于超自然力量——长生天。为了达到个人目的,帖卜-腾格里一再制造事端,对成吉思汗的诸弟常常伺机凌辱。他还利用神的名义离间成吉思汗的兄弟关系。他对成吉思汗说:"神传旨意,让铁木真统治国家,又叫合撒儿统治万民。""不除掉合撒儿,后果不堪设想。"成吉思汗受其妖言所惑,当即派人前往合撒儿营帐,将其逮捕。诃额仑听说此事,当夜乘车前往,于翌日早上赶到。当时成吉思汗已将合撒儿的双手缚住,除去他的冠带,正在严词诘问之中。诃额仑十分生气,亲自为合撒儿松绑,归还其冠带,然后盘腿坐下,解开自己的上衣,露出两乳,责问成吉思汗:"看见没有,这是你吃的奶头。合撒儿有何罪,你竟然如此骨肉相残?小时候,你只能吃尽我一个奶头,只有合撒儿能同时吃尽两个,他胸宽力大,善于骑射,用弓箭降服了叛离的部众。现在敌人消灭了,你就不愿再见合撒儿了?"诃额仑的训诫令成吉思汗羞愧难当,他不再加害合撒儿,但疑心已起,还是收回了合撒儿的大部分封地,只留领地一千四百户。诃额仑为此忧郁成疾,不久便因病去世。

此后,帖卜-腾格里仍不肯善罢甘休,一心想要借助天神的力量,图谋与成吉思汗平起平坐。在他的唆使下,铁木哥斡赤斤麾下的百姓有很多都投奔了他。铁木哥斡赤斤派亲信莎豁儿前往讨人,帖卜-腾格里叫人将莎豁儿痛打一顿后,又将马鞍绑在他的背上,把他赶了回去。铁木哥斡赤斤忍无可忍,决定亲自前去理论,没想到帖卜-腾格里的几个兄弟对他恶语相向。铁木哥斡赤斤见其人多势众,于是极力忍耐,承认自己有过错,但仍被罚跪于帐后。第二天一早,成吉思汗还未起床,铁木哥斡赤斤就径直进入大汗金帐，将自己受辱的经过告诉他。成吉思汗尚未开口，孛儿帖从被窝里坐起来，用被子遮住胸脯，流着泪说："帖卜－腾格里几兄弟到底想干什么？大汗眼下还健在，他就这样侮辱皇室子弟，万一您归于长生天，他们怎么会听从我们孩子的管辖？"成吉思汗这才猛然看清神权对王权的威胁，下定决心要铲除他。

第二天，蒙力克率领七个儿子来朝见成吉思汗，帖卜－腾格里刚刚坐定，铁木哥斡赤斤就赶过来揪住他的衣服说："前几日你教我服罪，今天我俩来较量一番。"说着就拖着帖卜－腾格里往外走。他们刚出金帐，三个大力士就迎了上来，把帖卜－腾格里制伏在地，又折断了他的腰骨，扔在东厢的车队旁边，权势滔天的通天巫被成吉思汗以摔跤比武为名处死了。

帖卜－腾格里和成吉思汗之间的矛盾，实际上是宗教领袖与世俗王权的斗争，不过，成吉思汗还是顾及了蒙力克，只制裁了帖卜－腾格里一人。蒙力克得知儿子死于非命后，担心殃及自己，流着泪发誓会一如既往地为成吉思汗效力，忠心不贰。

成吉思汗对蒙力克说："帖卜－腾格里不仅向我的弟弟们挑战，还用逸言离间我们兄弟，所以被公正的长生天收走了。作为父亲，你不管束你的孩子们，反而使他们妄自尊大，竟然想要和我平起平坐。如果知道你们是这个样子，早就应该处理你们了。但我曾经授予你犯九罪而不罚的特权。言而无信，就会遭人耻笑。既然我曾经说过那样的话，就不追究你的过错了！"

此后，成吉思汗把安邦定国作为首要任务，开始了新的征战。安内攘外是他的一个基本国策，这使他在某种程度上更接近于一种凶猛的动物。他的双目炯炯有神，脸上刻满坚毅的皱纹，那是大漠风沙送给他的最好的礼物。他无疑是翱翔在广袤草原上空的一只志存高远的苍鹰。

五、征服漠北黑林

豁儿赤被成吉思汗封为万户后,便前往其封地——鄂毕河和叶尼塞河之间的森林地区。他这个万户虽然得来比较容易,但要管理好封地并不容易。森林的生活环境和条件不同于草原,森林原住民的生活方式与牧民也截然不同。森林原住民并不是软弱的顺民,他们常常寻找机会,进行各种形式的反抗。其中有一部分兀儿思-篾儿乞惕人也反叛而去,立寨于忽鲁合不察儿山口。

一天朝议时,豁儿赤向成吉思汗进言道:"如今草原上已经安定,但生活在北方林木中的那些原住民着实让我们感到忧虑。"群臣也纷纷上言道:"在漠北生活着两种人,一种是毡房中人,另一种是林木中人。要想让漠北成为一块纯洁的天地,必须征服林木中人的斡亦剌惕部才是。""我们不能因为安定就忘记周遭的危险,林木中的部落凶悍无比,现在我们一定要处理好他们与毡房中人的关系。"成吉思汗神色一凛,严肃地说:"是那个协同札木合、王罕和太阳汗作战的斡亦剌惕部吗?正好,我们的军马休整的时间够长了,再不出去溜达一下,恐怕就要肥得走不动了。"成吉思汗立即下令长子术赤为主将,孛秃驸马为先锋军,向黑林进发。

第二天早晨,两位将领辞别众人,率领大军上路。

当术赤大军到达德勒格尔河岸旁的时候,斡亦剌惕部首领忽都合别乞早已带领族人守候在山口。术赤上前问道:"难道你们斡亦剌惕部真要与我们交战吗?"忽都合别乞上前参拜道:"我斡亦剌惕部从前虽有过荒唐的行为,但现在知道长生天的旨意了,我们是来向大蒙古国投诚的。希望成吉思汗能接受我们奴仆一样的诚心。"在忽都合别乞的引导下，术赤对其部族视察了一番，高兴地说："你们既然打算投奔蒙古国，以后就得听命于我，明日我要到山林中收服原住民，你们可以为我带路吗？"忽都合别乞拜谢道："斡亦剌惕人愿意为将军效犬马之劳。"

当天晚上，忽都合别乞为术赤谋划说："明日我可以带蒙古军去失思失河、八河地区和贝加尔湖一带招降我们的同胞和邻人，到时候大军不费吹灰之力便可尽降其众。"术赤闻言十分高兴地说："若能如此，我们回师之后必记上你大功一件。"随后，忽都合别乞详细说明了行走路径，并让将士们做好攀登高山的准备。

经过几天的长途跋涉，忽都合别乞带着蒙古军先后降服了万斡亦剌、不里牙惕、巴儿忽惕、秃马惕等部落。术赤兴奋地对忽都合别乞说："你果然是个讲信用之人，能担当大事，大汗一定会对你重重赏赐的。"忽都合别乞说："只要大汗能不怪罪我们从前的过失，我们就非常感激了。"术赤伸出双手在他的肩膀上轻轻拍了拍，说："你的功劳很大，我父汗待人是非常宽仁的。"忽都合别乞忙跪谢道："我们斡亦剌惕部真的是太荣幸了，希望长生天保佑成吉思汗的光芒能永远照耀在我们草原和黑林之中。"术赤哈哈大笑道："我们将成为永远的朋友，以后你就是黑林中的首领了。"这时，一个哨兵来报："大汗听说术赤将军已经将林木中人平定，请你即刻起兵回大本营，并带上新首领一起朝见。"

1207年夏，术赤带着北方一众首领在成吉思汗大帐下叩拜，成吉思汗十分激动地说道："我儿术赤今日能率领这么多人前来请功，我当重重赏赐你。"成吉思汗当即将大批百姓赏给术赤。术赤大声说道："儿臣能不费一兵一卒平定林木中人，全是仰仗斡亦剌惕部首领忽都合别乞，恳请父汗好好嘉奖他。"于是，成吉思汗封忽都合别乞为林木中部落之长，统领黑林地区，并正式宣布将自己的二女儿扯扯亦坚嫁给忽都合别乞的儿子脱劣勒赤，又将术赤的女儿豁雷罕嫁给忽都合别乞的另一个儿子亦纳勒赤哈答。成吉思汗同时宣布，将公主阿剌海别吉嫁给汪古部首领。

庆典结束后，成吉思汗对豁儿赤说："我的忠臣豁儿赤听令，你快快准备动身，统辖你的林木中人去吧。"豁儿赤立即叩首拜谢道："大汗圣明，我明日便动身起程，感谢大汗能如此信任我，我绝不会辜负大汗的厚望。"说完，豁儿赤收拾行装，赶往黑林。

1209年，成吉思汗集结大部分军力南征金国，只在草原上留下两千军马镇守。林木中人得知这一消息，心中滋生了反叛之心，加上豁儿赤经常强抢民女，使得民怨沸腾。恰逢秃马惕部落首领新亡，由其遗孀孛脱灰塔儿浑继任为首领，她公开发动叛乱，将豁儿赤监押在囚笼之中。成吉思汗得知此事后，马上下令："从速营救豁儿赤。我的亲家公忽都合别乞是秃马惕人的邻居，请他出面解决此事。"于是，忽都合别乞等人来到秃马惕部首领帐中，恭敬地说："今日我们前来是想请秃马惕部释放豁儿赤将军，并献上几个美女来，这样我们在大汗面前就好替你们说话！"没想到孛脱灰塔儿浑拍案而起，大声叫嚷道："我们秃马惕人不会再受蒙古人的凌辱！就让长生天来做主，看看我们秃马惕人做的是不是对的！"说完，孛脱灰塔儿浑让身边的侍从将忽都合别乞也抓了起来。秃马惕部族人齐声高呼："你们若再逼迫，我们便以死相抗，不再服从成吉思汗的管辖。"

成吉思汗闻讯，十分生气地说："难道边远小部也敢如此无视我的威严吗？他们若不服，就尽灭其部。"当天晚上，成吉思汗命令大将纳牙阿去平息叛乱。但纳牙阿认为豁儿赤作恶在先，欺压秃马惕部百姓，现在让他行讨伐之事，是违背正义的。因此，一向唯命是从的纳牙阿对传令侍从说："我近日身体疼痛得厉害，恐无力担此重任。"成吉思汗听了汇报，坐在帐中想了半天才对侍从说："那就只好请我的义弟博尔忽出战了。"侍从将命令传到博尔忽帐下，博尔忽皱着眉头问道："是你们在主上面前提到我的吗？"侍从说是大汗亲自下的命令。博尔忽马上放下手中的盏子，对家人说："我虽然是去为大汗谋取一统大业，但我是替别人去的。"他一时找不到什么拒绝的理由，只得奉命带领几千军士前去平叛。

博尔忽率领军士向秃马惕部营地进发，由于山中路险，博尔忽带着五个轻骑兵前往深山探路。博尔忽一边走一边对身边的人说道："小小秃马惕部不足为虑，我不动一兵一卒便将他们拿下。"但经过几天几夜的探寻，他们始终没有找到进军的路线。博尔忽心中有些着急，对众人说："这山中能有大军吗？最多几十个人而已。"他话音未落，身后突然响起喊杀声，他转身一看，原来是几百个秃马惕人截断了他们的归路。他们正要拔刀迎战，四面八方的箭矢已向他们飞来，博尔忽用战刀抵挡了一阵，终因体力不支而倒下，被涌上来的秃马惕人砍死在树林之中。等蒙古军的主力前来增援的时候，埋伏在山中的秃马惕人早已跑得无影无踪了。众将士将博尔忽的尸体抬回营帐，在营中祭奠了三天。

成吉思汗本以为博尔忽征讨秃马惕人是胜券在握，然而前方传来消息说："博尔忽将军中伏被杀，百姓都逃往北方，蒙古军群龙无首。"成吉思汗痛苦地说："博尔忽，你虽然战功赫赫，这一次却临战轻敌，使我失去左膀右臂，我一定要亲率大军，踏平秃马惕部。"他捶胸顿足，决定放弃伐金计划，为博尔忽报仇雪恨。

众将闻言都争相规劝，博尔术向前叩拜奏道："我军数万主力正与金国对峙，若因此而撤军，将对大局十分不利。"木华黎也上前进言道："我们可以再派遣一员有勇有谋的大将前去征讨秃马惕部，如果还不行，再从长计议。"但成吉思汗不听劝阻，冷冷地说："不管结果如何，我已然决定罢兵，回师草原，荡平黑林叛逆。"众将领见成吉思汗心意已决，也就不再多言。第二天清晨，蒙古大军缓缓撤军，离开金国的边境后，立刻放马疾奔，往黑林而去。

路上，成吉思汗问侍从道："博尔忽临终前有没有说什么？"侍从说："我军赶到时秃马惕人已经将博尔忽将军砍倒，等我们救下他，他已经咽气了。"成吉思汗悲叹道："此次我们一定要消灭秃马惕人，告慰博尔忽的在天之灵。"

几天后，成吉思汗在行军帐中召集众将商议对策，他说："黑林广阔，藏匿几百甚至数千人是很容易的，大军围剿，劳民伤财，难以奏效。此次我让朵儿伯多黑申率轻骑兵前往，你们觉得怎么样？"木华黎马上表示同意："大汗的英明是我等所不及的，这是个最圣明的决定，我等怎会有异议。"众将领也随声应和。于是，成吉思汗手握马鞭说道："朵儿伯多黑申率领三千人马即日进发，定要踏平秃马惕部，为博尔忽将军报仇。"他自己带领数万人将森林四周的主要通道封死，准备像围猎一样，将造反的秃马惕人消灭干净。

朵儿伯多黑申带领人马来到森林里，望着茫茫林海，他思索良久才下令道："不能轻敌冒进，我们要兵分三路，打探到进山道路的去向之后再分兵而进，务必将其主要头目一网打尽。"经过三路人马分头探寻，终于发现有一条路可以直通林中山地。找到路径后，朵儿伯多黑申仍派一路人马虚张声势沿之前博尔忽的路径前进，另两路人马则顺着那条小径，向山后爬去。军士们带着工具在山上披荆斩棘、开凿道路，花了整整一个月时间才登上山顶。其时，秃马惕人正在山腰的营房里举行宴会，蒙古军居高临下，出其不意地出现在他们面前，秃马惕人乱作一团，被蒙古军消灭殆尽，所有酋长和首领都被蒙古军抓了起来。成吉思汗亲自迎接朵儿伯多黑申的军队凯旋，设宴庆贺胜利。他将字脱灰塔儿浑赐给了忽都合别乞，又命上百名秃马惕人为博尔忽守灵。

几天后，成吉思汗又派大将速不台率军清剿漠北所有异族反抗势力，至此统一了漠北。

六、招降畏兀儿

平定黑林之乱后，成吉思汗又派速不台进行大规模的清剿，大草原上作为完整部落的部族已经不复存在，只有一些散落各地的逃亡者偶有一些小规模的侵扰活动。

这些逃亡者主要是流浪在草原之北的札木合、脱黑脱阿、合勒等。与太阳汗的战争结束后，屈出律、札木合和脱黑脱阿父子不约而同地逃到太阳汗的弟弟不亦鲁黑汗那里（阿尔泰山北）。不亦鲁黑汗死后，脱黑脱阿则逃到也儿的石河上游，离斋桑湖和兀鲁塔山不远的地区，像强盗一样，靠打家劫舍为生。

此时，成吉思汗已经对金国、西夏进行了几次试探性的征战，但对南伐和西征还没有太大把握，同时也对自己的后方不放心。因此，尽管三四年来他与这两个强大的对手冲突不断，但他还是决定先彻底扫清草原部落的残余势力，然后再专心向南、向西扩张。

当时札木合正在他故土的边陲，这一带是森林茂密、野兽极多的地区。札木合对猎狩比较在行，因而将其作为谋生的手段，另外也进行一些冒险的抢掠活动。

对于札木合之死，史书少有记载，但被人们演绎出了各种版本。据说有一天，札木合好不容易打到一只野羊，用火烤好了，正准备饱餐一顿，他的几个随从突然把他扑倒在地，吃了野羊肉，然后将他捆绑起来交给成吉思汗。

成吉思汗回想起两人过去的恩恩怨怨，内心十分感慨，便想劝他降服。他与札木合进行了一场平等的谈判，或者说是两个蒙古勇士、安答间的谈话，札木合为了维护部族和个人的尊严，断然拒绝归降。他说："我失败了，没脸见你。请你杀了我。不过，请你赐我不流血而死。"成吉思汗说："我想和你重归于好，你却不答应。好吧，我满足你的心愿，让你不流血而死。"成吉思汗无奈地把札木合交给手下人审判，最后将其处以极刑。札木合死后，成吉思汗以安答的名义将其厚葬。

成吉思汗和札木合的决裂以及札木合之死，一直是蒙古史中的一个谜团。

有人说，札木合不是被手下人出卖的，而是成吉思汗想要斩草除根，于1209年冬对反对势力进行了彻底扫荡，札木合就是在这次清剿中被活捉的。当时，成吉思汗派遣速不台率铁车大军攻打了乃蛮首领屈出律和篾儿乞惕首领脱黑脱阿残部。屈出律和脱黑脱阿遭到突然袭击后，逃到额尔齐斯河一带。蒙古军在忽都合别乞的引导下，追上了脱黑脱阿和屈出律。脱黑脱阿被射杀，屈出律败逃至西辽。

脱黑脱阿之子忽都渡过额尔齐斯河南逃，企图进入畏兀儿地界。畏兀儿人是唐代回鹘汗国的后裔，居住在天山以南的哈剌火州（今吐鲁番）和以北的别失八里（今新疆吉木萨尔北）一带。忽都派使者到畏兀儿请求收容，但遭到亦都护（国王）巴而术阿尔忒的斤的拒绝，使者也被杀死。

畏兀儿人此举完全是因为忌惮成吉思汗大兵压境。速不台一支先锋军在合剌答勒忽扎兀儿之地大败篾儿乞惕军队，将脱黑脱阿射杀后，得胜的蒙古大军一路奔驰，向蒙古草原班师。成吉思汗站在帐前，高兴地说："我蒙古大军已经进入西夏，看来西夏的灭亡就在眼前了。"合撒儿说："等我们占领西夏的疆土后，再去攻打西辽，这样西方就没有后顾之忧了。"成吉思汗轻轻地摇着手说："没有那么容易。西方强国如林，我们不能掉以轻心啊！"

当成吉思汗的大军回到大草原时，他的故事和功绩已传遍整个草原和中亚地区。巴而术阿尔忒的斤坐在王位上，不安地说："听说东方的蒙古草原上出现了一个成吉思汗，他的国家像大山一样坚固，军队像猛虎一样强悍，他打败了西夏国，号称生命的主宰。在不远的将来，他的弓箭会瞄准我们吗？"众臣子面面相觑，都没有说话。过了一会儿，巴而术阿尔忒的斤问相国伵俚伽："难道相国就没有什么高见吗？"伵俚伽慢慢走上前说道："成吉思汗不但是武艺超群的勇士，还是宽仁的君主，他伟大、坚强而慷慨好义。我们应该与这个强大的君主联合，而不是对抗。"巴而术阿尔忒的斤若有所思地说："请相国继续说下去。"伵俚伽继续说道："蒙古国的实力远远在西辽之上，而西辽国主无道，迟早会被成吉思汗的蒙古大军消灭。为了保全畏兀儿族，我们可以联合蒙古国，摆脱西辽的统治。"巴而术阿尔忒的斤赞同道："的确，西辽对我们的压迫也该到头了。"

朝议之后，巴而术阿尔忒的斤马上命军队将西辽的少监抓起来，西辽少监见畏兀儿人要造反，赶紧跑到楼上避难，你俚伽追上楼去，一刀砍下少监的脑袋，然后让众人推倒了房子，少监的尸体被埋在瓦砾之中。成吉思汗闻讯，对臣子说道："我攻打西夏时就注意过畏兀儿国，如果这个小国真心投靠我们，那我们攻打西夏就更有把握了。"他接着下令道："合撒儿，我令你去招降畏兀儿，如果他们反抗，那我们的大军就摧毁他们的城池，将他们消灭掉。"

合撒儿随即带上文书和军队，驰马奔向畏兀儿地界，他们刚到城池外面，就遇到正要去给成吉思汗送议和信的巴而术阿尔忒的斤的使臣。得知蒙古军到来，巴而术阿尔忒的斤十分高兴，立即出城以上宾之礼将合撒儿一行迎进王廷，并对合撒儿说："我本打算去上国通好，没想到你们先到了，畏兀儿全国百姓都感到高兴啊！畏兀儿国虽小，但对成吉思汗来说，是有一定战略地位的。"合撒儿连连点头道："今日亦都护如此坦诚，实在令人感动，那就请使者上路，去面见成吉思汗吧！"巴而术阿尔忒的斤亲自拟定一份国书交给使臣，由合撒儿带领一路向蒙古草原大本营而去。

就在使臣出发后次日，篾儿乞惕部的忽都、赤老温等带着脱黑脱阿的人头来投靠畏兀儿，畏兀儿人知道篾儿乞惕人是成吉思汗的仇敌，于是拒绝接纳，双方在高昌城外进行了一场战斗。速不台的铁车大军与畏兀儿军将篾儿乞惕的军队团团围住，不到半天工夫，忽都、合勒、赤老温等先后死在铁车军的刀箭之下，最后只剩脱黑脱阿的幼子蔑儿干跪在地上乞求饶命。这时，一个侍从对速不台说蔑儿干善射，是个神射手。速不台说："如果真是神射手，那就先饶了他的性命吧。"随后，巴而术阿尔忒的斤马上又派遣了一名使臣向成吉思汗报捷。成吉思汗得到消息后，盛情款待了畏兀儿使臣，并对使臣说："你们如此诚心地投靠我，我非常高兴，这也是畏兀儿人的明智之举。我大蒙古国现在战无不胜，相信你们也早知道了，畏兀儿的做法是保持安定的最佳方式！你们的亦都护是个英明的主子啊！"

畏兀儿人归附后，大草原进入了一个相对稳定的发展时期。为了进一步稳定西部局势，1211年，蒙古大将忽必来奉命领大军征讨哈剌鲁。行军途中，忽必来听说哈剌鲁的君主马木笃罕对西辽少监恨之入骨，得意地对身边的人说："我军且等待几日再发起进攻，哈剌鲁君主很有可能会像畏兀儿人一样向我们投诚。"忽必来故意放慢进军速度，两个月后才在哈剌鲁首府阿力麻里城外不远处安营扎寨。马木笃罕见蒙古大军兵临城下，惊恐地对众臣子说："我们国小兵弱，根本打不过蒙古大军，现在该怎么办呢？"一个大臣建议道："去年畏兀儿国在蒙古军的威逼下投降了，今日我们不妨效法畏兀儿人的做法，将西辽少监杀死，联蒙抗辽。"马木笃罕思忖良久，终于下定决心，说："我们哈剌鲁国的冤屈和欺辱该被洗刷了。西辽少监欺人太甚，就让他死在我们的战刀下吧！"随后，马木笃罕调派了一支几百人的军队，冲进西辽少监的住所，将他绑了起来。少监自知无路可逃，大声叫道："让你们的马木笃罕来跟我说话，我们大西辽皇帝知道了，一定会将整个阿力麻里城烧成灰烬的……"还没有等他喊完，马木笃罕的侍从便将他的脑袋砍了下来。之后，马木笃罕在王廷上郑重地宣布："打开城门，让强大无比的蒙古大军进来吧！"忽必来得到消息后，命全部人马原地待命，自己带着十几个侍从进入阿力麻里城议和。

忽必来坐在王廷上，欣喜地说："马木笃罕的明智值得夸赞，如果西夏国主能像你这么明智，西方土地就更加和平了。"马木笃罕笑道："成吉思汗是天下之主，这是毋庸置疑的。哈剌鲁国投到成吉思汗麾下，是顺应了天意啊！"在这种情况下，谈判自然不用多费口舌了。马木笃罕叫来一个老臣，对他说："快快拟国书，我要正式做成吉思汗的义子，将那个无德无能的西辽抛到深海里去吧！"不久，马木笃罕带上贡品和文书，与忽必来一起去朝见成吉思汗。

成吉思汗见忽必来得胜而归，高兴地说："我勇健的忽必来将军，你带来了哈剌鲁的国王，我怎么才能让你得到满意的奖赏呢？"忽必来谦虚地说："大汗的信任就是无上的荣耀，忽必来别无他求。"

这时，马木笃罕以臣子之礼对成吉思汗说道："伟大的蒙古国君，哈剌鲁国王前来臣服，阿力麻里的城民愿意永远做你的好子民和好奴隶。"成吉思汗听完马木笃罕宣读国书后，以国宾之礼将他迎入帐内，并对他说："哈剌鲁国君做出了明智的选择，真让人感到高兴！我现在郑重宣布，马木笃罕可以与任意一个未婚皇女成亲，以此表示我对马木笃罕的盛情和重视。"马木笃罕诚惶诚恐地站起身来，说："得到大汗如此隆恩，感激不尽！大汗果然如天上的太阳一样温暖，我哈剌鲁国定会世世代代依附大蒙古国。"

就这样，哈剌鲁国被纳入蒙古国的版图，蒙古国的势力在西边得到了进一步拓展。

第六章 伐金灭夏直指中原

一、三征西夏

畏兀儿与哈剌鲁归附后，成吉思汗认为讨伐金国的时机已经成熟，他只需一个合适的借口（毕竟他一度屈从于金国）和进军路线。经过一番考虑，他首先把矛头对准了相对弱小的西夏。

西夏位于贺兰山地区和黄河大拐弯处的鄂尔多斯草原（河套地区），是金、蒙统治的空白地带。党项人于11世纪初建立起来的西夏王朝可谓辉煌一时，他们使用汉人的封建制度治理国家，不但袭用汉字，而且创造了特有的西夏文。所以西夏国文化非常发达，西夏文化给草原甚至中原地区都带来了新的气息，其地理位置还是沟通蒙古和西域国家的要道，具有重要的经济和军事地位。

在此之前，蒙古已经和西夏有过两次小规模的交锋。

早在成吉思汗消灭乃蛮部后，他就以追击桑昆为由，率军突入西夏的西北部边境，开始围攻边界城堡吉里城。蒙古军本来打算采取围城打援战术，先歼灭西夏援军，瓦解城内军心，使城池不攻自破。不料西夏国王根本没有增派援军，而是任其自生自灭。蒙古大将纳牙阿只好留一半军队继续围攻，另一半军队则去攻打另一个城池——落思城。但战事并不如预料的那样顺利，经过六十余天的苦战，蒙古军才攻破这两座小城。攻下城池后，纳牙阿才发现城内并不富裕。这一带属戈壁滩，砾石、黄沙使来自草原的蒙古军队困难重重。纳牙阿随即又听说桑昆已逃入西域，他不敢孤军深入，于是只对这两座小城进行洗劫，抢走了一些居民、骆驼、马匹和其他牲畜。由于蒙古正准备与金国交战，第一次对西夏的征伐就这样不了了之。

1207年，成吉思汗以西夏拒绝向蒙古纳贡称臣为由，趁西夏皇帝襄宗刚刚即位，夏、金联盟尚未形成之时，再次讨伐西夏。他亲率大军南下，来到西夏边防重镇、位于狼山隘北口附近的斡罗孩城，首先展开了攻心战，派被抓获的西夏牧民进城宣传他的政策："若主动出城投降，则如朋友一般对待；若据城反抗，则等城池攻破之后，必屠尽城中之人。"

但攻心战作用不大，成吉思汗只得下令攻城。这是一场攻坚战，蒙古军连续攻打了三个月仍没有多大进展，只得弃马改用火器，架云梯，运炮石，历尽千辛万苦，终于攻陷了斡罗孩城。这次攻城，蒙古军付出了很大的代价，所以成吉思汗也要斡罗孩城内的人付出代价。全城除了工匠外，男女老少均被屠杀殆尽。之后，成吉思汗以此为据点，将周边地区掳掠一空，因粮草匮乏，于第二年春夏之交才返回草原。

1209年，成吉思汗为了伐金，第三次征讨西夏，这次征讨的规模大大超过了前两次。

纳牙阿是此次进军的前锋，他一路上尽量避开荒芜之地，直接寻找城镇攻打，很快来到落思城下。纳牙阿望着高高的城墙，大声喊道："勇士们，城内的财物定然不少，杀进城去，占领落思城！"

当蒙古大军洗劫西夏边陲的消息传到兴庆府（今银川）时，西夏皇帝襄宗大为震惊，坐在朝堂上半日无语。文武大臣在殿下交头接耳、议论纷纷。讹答太傅上前进言道："此次战事非同小可，陛下应该谨慎对待。如果我们再败，整个国家将难以保全！"襄宗沉思良久，说道："今日我让世子李承祯为元帅，高令公为副帅，率五万大军前去与蒙古兵决一雌雄。"众臣一听,心中都没了底气。高令公无奈地奏道:"能与世子一同上战场,臣也没有什么顾忌了。战事吃紧,我希望即日便出兵北进。"然而,李承祯既不懂兵法,又没有杀伐决断的魄力,使得五万大军在半途就遭到蒙古军冲杀,损失殆尽,副帅高令公也被活捉。

襄宗无奈,只得向金国求援。金朝和西夏签订过和平条约,双方约定,如果一方遭到敌人攻击,另一方要来救援。

成吉思汗的谋士们早料到了这一点,博尔术对成吉思汗说:"金国是我们周边最强大的国家,西夏与它联合,对我们非常不利。西夏东邻金国,我们不能在夹缝中求生存,应该打破这个联盟,全力对抗西夏,将金国的右臂断掉,这样金国就孤掌难鸣了。"成吉思汗笑道:"博尔术兄弟的大智抵得上千军万马!你正好说到我心里去了,我要在金国皇帝的军队增援西夏之前就将西夏灭掉。我现在就派人前往金国,离间西夏与金国的关系。"他随即部署兵马,想迅速攻下落思城。但蒙古军没有攻城的经验,两次攻打重新整修后的落思城都没有成功。

成吉思汗与众将士商议对策,木华黎说:"我们不必为这座废城浪费时间,我们应该直接攻打斡罗孩城。"术赤也表示赞同:"斡罗孩是军事重镇,也是兴庆府城的咽喉,如果我们这次能拿下这个城池,兴庆府就等于断了气,西夏也就岌岌可危了。"

成吉思汗笑道:"为什么不直接攻打兴庆府?木华黎将军难道是担心兴庆府城难以攻破?"木华黎解释道:"臣认为蒙古军擅长运动战,很少打攻坚战,所以想让将士们先攻打一座小城池,有经验了再攻大城。"成吉思汗沉吟半响,说道:"将军言之有理!我现在就去请畏兀儿的将领来,让他们传授攻城的方法。"

就在成吉思汗与众将商量攻打斡罗孩城时,突然有探马来报:"大汗,西夏世子李承祯进入斡罗孩城,要与我蒙古大军决一死战。"成吉思汗对众将说:"西夏军竟如此目中无人!看我活捉李承祯来做我们的奴隶。"众人听了都哈哈大笑起来。

于是,成吉思汗率领先锋军在城下部署攻城阵地。进攻之前,畏兀儿人建议成吉思汗带上云梯和炮石，提高作战效率。成吉思汗采纳了这一意见，让蒙古军运来大量攻城器具。

西夏将领紧闭城门，蒙古军将士看着高高的城墙，一时不知从何下手。成吉思汗果断下令，将战马放在旷野上，士兵推着石炮、架着云梯向斡罗孩城进行总攻。李承祯见成吉思汗在城墙边巡视，决定率领一支精锐骑兵发起突然袭击，活捉成吉思汗。他们冲出城门的时候，成吉思汗正要离开城墙，他见敌人来得突然，忙飞身上马，直奔自己的中军。李承祯下令追击。这时，守卫在斡罗孩城周围的蒙古军如闪电般从四面八方向城墙下冲来。李承祯见势不妙，慌忙撤退，在众人的护卫下艰难地逃回城中。这次袭击让李承祯损失惨重，他本人也差点有去无回。

李承祯受此惊吓后，紧闭城门，再也不敢出城半步。蒙古军很快开始强攻，仅一个时辰便攻破了斡罗孩城，城中百姓和士兵都望风而逃。李承祯也弃城逃跑，全军处于群龙无首的混乱状态。蒙古军横冲直撞，将斡罗孩城和兴庆府四周洗劫一空，然后逼近兴庆府外围的要塞克夷门（今内蒙古乌海西南）。

襄宗连忙增派五万人到城外的克夷门防守。克夷门地势险峻，两山对峙，中间只有一条小路可通行，两边都是悬崖峭壁，无法攀登。西夏军队凭险据守，蒙古军一时无法攻克，双方相持两月之久。

成吉思汗知道拖下去对自己十分不利，正在一筹莫展之时，木华黎献上了一个退兵诱敌之计，即佯败撤退，诱敌出城来追，在野外与敌军交战。成吉思汗依计埋伏好主力，等待西夏军队上钩。果然，西夏军队以为成吉思汗见不能破关门取胜，打算撤退，于是想趁势追击，没想到陷入蒙古军的包围圈，全军覆没。蒙古军顺利通过克夷门，包围了西夏都城兴庆府。

襄宗非常震惊，与众臣商讨计策，决定据城死守，同时派人到金朝求援。但是，西夏使者在金朝那里吃了一个闭门羹，金朝皇帝拒绝派兵救援，襄宗只得亲自登城督战。

双方相持至9月，恰逢天降大雨，黄河水暴涨，河床高于城区，成吉思汗终于等来了机会。他命人筑堤，引黄河水灌兴庆府，城中进水后，淹死了很多人。襄宗无计可施，准备与成吉思汗议和。这时，被俘的讹答作为蒙古使者，带着成吉思汗的旨意前来招降这位西夏国主。襄宗见到讹答后非常高兴，决定与蒙古国和解，并献上自己的女儿察合，希望能与成吉思汗世代友好。他登上城楼，隔水与成吉思汗相见，对成吉思汗说："久闻您的大名，如今您亲自前来，我们十分惊恐。今后，我们愿意做您的右手，为您效力。"成吉思汗满心欢喜地答应下来。襄宗接着说："我们住在泥巴和石头筑成的房子里，不善迁徙，无法替您征战。如果能够承蒙您的恩准，我们将把养育肥壮的骆驼送给您，把织好的美丽的布匹献给您！"

就这样，经过三征西夏，成吉思汗得到了大量的财物以及骆驼等牲畜，而西夏国主所遵从的"联金抗蒙"的策略也彻底破产了。征服西夏，对成吉思汗日后南征有着深远的影响。

二、进军大金

西夏问题圆满解决了，成吉思汗终于可以集中精力对付金国了。在成吉思汗心中，金国一直是个可恨而强悍的敌人。大草原上的数代百姓都受到金国的压制和剥削。蒙古与金朝的冲突经历了四代。当时蒙古合不勒汗因拒绝入朝，导致金朝派大军讨伐蒙古，结果金军惨败。之后金朝采取联合塔塔儿人对付蒙古的政策，塔塔儿人捉到了继位的俺巴孩汗，并将他送到金朝。为了向蒙古人报复，金朝将俺巴孩汗钉在木驴上，残酷地处死了。之后金朝每三年派兵向北剿杀，称为"减丁"，不少蒙古青年男子惨遭杀害，许多幼儿、妇女被掠为奴隶。

成吉思汗起初采取向金称臣的策略，等到蒙古统一后，双方的矛盾再也无法掩盖了。对成吉思汗来说，攻打金国，为先辈报仇，不仅可以一雪耻辱，还可以壮大自己的国家，扩大蒙古国的版图。正是出于这一考虑，成吉思汗把心中酝酿多年的伐金计划提上了议事日程。他借为祖先报仇之名，几次主动向金挑衅，但并没有大的战事发生。

1208年，金章宗病逝，才能平庸的世子完颜永济为帝。成吉思汗看到了这个报先辈之仇的好机会，计划先灭西夏后伐金国。1210年，金朝传诏蒙古首领，成吉思汗拒不奉诏。这年秋天，成吉思汗重新对众臣提起伐金一事，而众人都赞同举全国之兵，对金国进行一次真正的攻伐。成吉思汗备受鼓舞，但他仍谨慎地说："如果长生天允许，我将在有生之年目睹金国的灭亡，但现在我有很多忧虑啊！"木华黎马上进言道："金国并不可怕，如果我们能将各部落的军队团结起来，再让一员得力大将镇守草原大后方，伐金是有胜算的。"成吉思汗听了，连连点头道："好啊！看来我的将士们又要像当初那样，群聚而战了！"他决定整顿军马，在来年初春对金国发动大规模的征战。

1211年2月，成吉思汗在克鲁伦河畔举行誓师大会。会上，他按照蒙古人的古老习俗，解下腰带挂在脖子上，虔诚地向上天祈祷："长生天啊，昔日金朝皇帝杀害了我的祖先，如果你允许我复仇，为了我们蒙古人的明天，为了报一族仇恨，让所有的草原英雄都向着同一个目标吧！那就是战胜金国人，使他们的财物和城池都归我们所有，这样草原人的心才会感到安稳踏实。"

誓师大会结束后，蒙古大军南下阴山，直奔金国边境。

对于成吉思汗虎视中原、即将派重兵入侵的局面，金国国主毫不知情，永济皇帝坐在朝廷上对大臣们说："听说蒙古人打败了西夏，看来这些不开化的野蛮人有些实力了。"完颜胡沙说："区区一个蒙古部落能有什么作为？我大金国随时可以扼断他们的喉咙。"永济皇帝也得意地说："如果蒙古人敢扰我边境，那个汪古部便是头一个不好对付的啊！"他哪里知道，成吉思汗不仅是一个军事家，还是一个出色的政治家。为了攻打金国，成吉思汗早就派出木华黎，与居住在长城北侧的汪古人进行谈判，并顺利得到汪古部首领阿剌兀思的首肯。阿剌兀思还让一千名精习耕作的青壮年农夫携家带口，随木华黎返蒙。成吉思汗则把自己的孙女、四子拖雷之女许配给汪古部的年轻王子涅古台为妻，从而得到了宝贵的盟友。

蒙古军很快就到达汪古部驻地，阿剌兀思充当蒙古军的向导，引领蒙古大军轻松越过边境，长驱直入。直到成吉思汗的大军在金国土地上大肆抢掠的时候，金国国主才接到战报，称蒙古军已经越过边境，在金国土地上安营扎寨了。这时，永济皇帝仍不慌不忙地下令道："独吉思忠与完颜胡沙二人为中央尚书省特派代表，立行省于宣德，驻兵抚州。"他想了想又说："我们的乌沙堡非常坚固，可以另派一支军队在乌沙堡驻守，蒙古军就算再强，也会像以往那样抢掠一番便自动归去。"完颜胡沙见皇上不够重视，忙奏道："西北边陲的安危不容忽视，我们应该派重兵把守才是。"永济皇帝不懂军事，既然有人说要派兵，那就派吧，金国七八十万大军总不能闲着，于是他又下旨道："令西京留守胡沙虎为行枢密院长官，负责据守大同。"另派平章政事独吉思忠（一名独吉千家奴）协助指挥抵御。就这样，金军与蒙古军开始了真正的正面交锋。

独吉思忠等领兵到达边地后，加固了边墙和堡垒，便以为万事大吉了。1211年7月，蒙古大军进入金国西境，在成吉思汗的亲自指挥下，蒙古大军以哲别和耶律阿海为先锋，先围攻乌沙堡。当时独吉思忠等人正在修缮乌沙堡，见蒙古军到来，马上退守。乌沙堡一时难以攻下，蒙古军故伎重演，假装退却。哲别对手下说："先引诱他们出来，消灭他们的主要力量，乌沙堡就不攻自破了！"守关的金兵见蒙古人撤退，以为他们害怕，立马出堡追了过去。当金兵出堡二十多里时，哲别大军掉转马头杀了回来，一下子把金兵打得四下溃散。独吉思忠与完颜胡沙弃兵而逃，回去后独吉思忠被免职。

蒙古军初战告捷，成吉思汗非常高兴，信心倍增，他对哲别等人说道："今天的战况说明我们的胜利就在眼前了。"他决定兵分两路向金国腹地挺进，其中一路由其少子拖雷率领，分别占领昌州、桓州和抚州。每当拖雷兵临城下，城中便乱作一团，连最简单的防御也组织不起来，于是拖雷一鼓作气夺取了这些城池。另一路由术赤、察合台、窝阔台三人率领，他们也接连攻取了武州、宣州、宁州诸城。随后，他们又向西京（大同）挺进，驻守西京的胡沙虎惊恐万分，率领军队向城外逃窜。术赤等人首先占领了云内、东胜两个城池，然后轻松占领西京。耶律不花带领小队人马对胡沙虎紧追不舍，在定安之北，胡沙虎摆开阵势，欲与蒙古军开战。此时的胡沙虎如惊弓之鸟，远远望见耶律不花的军队奔驰而来，心中合计道："敌人足足有七千人，我还是且战且退为好。"一心想着逃跑的胡沙虎，还没有真正展开厮杀，就这样撤退了。到了薄暮时分，他偃旗息鼓，自带小队人马悄悄向后方逃窜。金军失去首领，顿时乱了阵脚，耶律不花很快取得了胜利。

永济皇帝接到连连失城的消息后，心中大为震惊。他与众臣子经过反复商讨，决定集中大部分兵力，在野狐岭与蒙古军决战。永济皇帝下旨："完颜九斤为招讨将军，独吉思忠为监军，统军四十万，与蒙古军作战，完颜胡沙率领十万大军做后应，务必一举歼灭蒙古军主力。"

完颜九斤等人领命坐镇野狐岭，占据有利地势。战前，完颜九斤召开了作战会议，契丹军师桑臣在会上说道："成吉思汗的军队洗劫了抚州城，瓜分了战利品。他们漫不经心地牧马于山麓之下，消息不灵。如果我们突然向他们发起进攻，必定可以把他们击溃。"完颜九斤摇摇头说："不行，无论攻城还是野战，我们的力量都不足，还是等完颜胡沙将军的后援部队到来，再一起向敌人发动总攻！"完颜九斤这个错误的决定使得金国将野狐岭之战的胜利拱手让给了成吉思汗。之后，完颜九斤又犯下了另一个愚蠢的错误，他派明安将军前去质问成吉思汗为什么发兵攻打金国，并说出了金军打算在野狐岭与之决一死战的战略意图。成吉思汗认真分析了消息的真实性，下令道："让明安先在牢房里过几天，等我们胜利归来了，再来处置他。"他放下手中的酒盏，马上开始备战。

几天后，蒙古军快马加鞭地向野狐岭奔去。成吉思汗亲自察看了地形后说道："我们在背面山口下营，扼住隘口，有利于我军冲锋。"木华黎建议道："金军有四十万人马，我们只有拼死冲锋先将金军冲散，然后各个击破，才有获胜的希望！"成吉思汗赞同地点点头，下令道："众将士听令，以木华黎为先锋，率敢死队为一路在前面冲杀，我自率一路主力中路跟进，术赤、察合台负责后一路清剿。"

次日，两军排兵对阵，成吉思汗一声令下，木华黎首先率军冲锋，疾如暴雨的马蹄声骤然响起。他们赶到山口后，木华黎命令一部分士卒抓紧砍伐山上的树木，运到两边崖壁上；同时又组织四千名弓箭手，埋伏在山口两边，等待敌人到来。

乌沙堡守将郭宝玉得知抚州被围，主帅平章政事独吉思忠要他领兵救援，便带着两万人马急急赶来。快到山口时，郭宝玉命令队伍停下，派哨探先去山口察看有无蒙古军队埋伏，那哨探走到山口，只随意张望了一下，便回去报告说："山口并无敌军埋伏。"郭宝玉便下令人马继续前进，心想："都说成吉思汗用兵善于谋略，现在看来不过是徒有虚名罢了！这山口乃乌沙堡通往抚州的要塞，若在此埋伏一支人马，我的队伍万难过去。"

当郭宝玉的两万人马进入山口之后，木华黎一声令下，山口两边的蒙古军喊杀声骤起，崖壁上的树木带着呼呼风声，一齐砸向金兵，金兵顿时死伤一片。

郭宝玉知道中了埋伏，忙下令撤军，但后路又被大小树木挡住，人马一时无法通过。这时，成吉思汗又率中路军杀了过来。

中路军又分为若干小队。术赤率领其中一队，他一边疾驰，一边关照落在自己身后半个马头的阿勒赤歹。阿勒赤歹向他点了点头，握着长弓的手紧紧绷着，指关节呈现出青白色。"年轻的勇士们已经冲上去了，我们这些老马也不能落后。"老将主儿扯歹挥动手中的大刀，催马向前，黑、花两色的旗帜紧紧跟在他的身后猎猎飞扬。忠诚的大将纳牙阿所率分队是成吉思汗的近卫部队，他高喊道："咱们也不能落后啊，为俺巴孩汗、忽图剌汗报仇的时候到啦，杀死这些金狗！"随着中军九尾白旄纛的前移，博尔术队、者勒蔑队、赤老温队、速不台队、忽必来队等同时发起了冲锋。忽兰皇后也随军出征，她一身戎装，站在野狐岭的一座高冈上，可以俯视整个战场。她仰望苍天，阴沉已久的天空此时一片蔚蓝，阳光照耀。"长生天保佑你的子民们吧，让他们少流血……"她轻轻闭上双眼，心中默默地祈祷。

当成吉思汗的大军冲杀过来的时候，完颜九斤惊呼道："这是一阵狂风，还是一支军队啊？"在蒙古军的拼死冲杀下，金军、哈剌契丹军和女真军很快便败下阵来。蒙古军越打士气越旺盛，黄昏时分，四十万金兵死的死、散的散，完颜九斤带着残兵奔逃而去。

主将逃窜，郭宝玉被俘。木华黎劝降郭宝玉，将他收入帐下。

负责后援的完颜胡沙得到四十万大军战败的消息后，没有与蒙古军照面，便带着军队逃进宣德城中。蒙古军在城下不停地冲杀，城中的豪族对完颜胡沙说："我们愿意以家丁为先锋，与蒙古军展开决战，请元帅发令吧！"完颜胡沙惊恐地说："我们的正规军都被打败了，你们去了也只能是送死！我们还是从长计议为好。"当地的豪族见完颜胡沙如此怯懦，斥责道："战局恶化到今日的地步是谁的过错，我们都知道。没想到完颜胡沙大元帅只想着逃跑，难怪会败呢！"但完颜胡沙什么都听不进去了，他不顾有利的地形和与敌决一死战的民心，趁着夜色率兵向南奔逃。守在城南的蒙古军发现了他们，双方又进行了一场激烈的厮杀，完颜胡沙好不容易杀出重围，一路向居庸关方向奔去，蒙古军紧追不舍。天明时分，完颜胡沙见逃不掉了，便在会河川摆开阵势，但他无心恋战，加上士气萎靡，金军很快就溃不成军，死伤无数。完颜胡沙只身一人从乱军中逃出，向宣德府城逃去。

成吉思汗得到各路军的捷报，兴奋不已。听说完颜胡沙躲进宣德府苟延残喘，他果断下令："围攻宣德府，将完颜胡沙抓到大汗中军帐中来。"于是，蒙古军又集中力量，向宣德府攻去。

完颜胡沙惊恐万分，但仍强作镇定地说："务必誓死坚守此城，如果这个城池也被蒙古军洗劫，我就更没有颜面去觐见皇上了。"就在他说话之时，侍从前来禀报道："蒙古人已经兵临城下，全城将士和百姓都在全力抵抗敌人。"完颜胡沙不安地说："不能懈怠，这些蒙古人像一群恶虎，常人实在是难以驯服他们！如果先皇当日能除尽蒙古人，今日我们就不会有亡国的危机了。"说完，他靠在长椅上，瞪着双眼等待消息。

城下的蒙古军此时已经将云梯、炮石全部运到宣德城下，他们下了战马，徒步走近城墙，架云梯、发炮石。经过七八天的攻坚战，宣德城内人心惶惶，百姓都在传：城墙就要倒了，蒙古军快要杀进来了。完颜胡沙捶胸顿足道："难道我完颜胡沙的性命真的要葬送在这里吗？"他还没喊完，屋子外面已经杀得一片混乱了。蒙古军蜂拥而入，一把抓住完颜胡沙，将士们高声喊道："完颜胡沙被活捉了，我们可以回大汗处报喜去了。"

攻破宣德府，意味着金国的西北部边疆基本落到了成吉思汗手中。

成吉思汗攻占宣德后，并没有停止前进的步伐。他命"四狗"之一哲别为先锋，打下了另一个要塞怀来，直逼居庸关。

居庸关是一个荒凉阴森的峡谷，地势险要，自古为兵家必争之地，因此，金人设重兵固守这一险要之地。

哲别在居庸关连攻数日不下，于是又使出了老招数——诱敌出城。他对手下说："先引诱他们出来，消灭他们的主要力量，什么关都可以不攻自破！"他下令闯关的士兵全部佯装撤退。

果然，金兵不知有诈，一见蒙古军撤退便一窝蜂似的奔涌而出，一直追到宣德府附近。他们哪里知道，成吉思汗的主力早在这里做好了迎战准备。金兵追了几十里，人困马乏，这时蒙古军几路人马一起杀向金兵，杀得金兵"积尸如烂木"，几乎全军覆没。

居庸关一破，蒙古军的铁蹄开始踩躏中原，骑兵在一马平川的平原上纵横驰骋，所过之处，城堡腾起浓烟，村庄化为灰烬，只有不到十个城池凭借坚固的城防没有被攻陷。

如今，成吉思汗对金国的军事实力和国力有了更深入的了解。他见大军已顺利闯过居庸关，决定让中路主力围攻金国的中都（燕京），同时让哲别的先锋部队继续向东南杀去。成吉思汗的计划是：中都若能打得下来就打，打不下就走，也算是教训了金国的新皇帝；攻打中都时，金军必然要调派精锐部队来援救，这对哲别的抢掠很有利，即使打不垮金国，也可以趁机抢掠一番。结果，哲别竟然从山西一直打到了山东。

永济皇帝正为如何化解危机而忧虑，突然听到侍者来报："城外有徒单镒率领的两万多人马前来护卫中都。"处于绝望中的金国众臣，此时又燃起了希望。老臣徒单镒本是金国的进士，"颖悟绝伦"，以才力智谋而著称。他建议死守都城，拖延时日，视事态的发展再做打算。于是，永济皇帝下令戒严，不准男子出城。朝议时，谏议官俞世昌等主张弃城逃跑，高耆年等反驳说："事已至此，唯有死守。万一逃离京城，敌人随后赶到，我们岂有驻足之地？"

成吉思汗原本没有马上拿下中都的计划，只是看金廷作何反应。没想到金国丞相完颜纲对永济皇帝说："天意想给我大金一些惩罚，是我等人力不可抗拒的。蒙古人来势凶猛，三战便击败了我们四五十万大军。现在如果继续出兵抵抗，也会被他们击溃。不如与蒙古人议和，等他们退走后再做打算。据说蒙古人的士兵和战马因为不适应这里的气候而烦躁不安，我们只要把美女送给他们的首领，把金银财宝送给他们的士兵，他们就会不战自退。"

永济皇帝觉得丞相言之有理，而且他的建议也容易实施，便立即准奏。于是，大金国第一次向蒙古人低下了头。双方进行了一次简单的谈判，成吉思汗一口答应撤军。当然，撤军时他们的马背上都驮着沉重的包袱，里面全是金银财宝。据说，蒙古军接受的礼物有：童男五百名，童女五百名，丝绸衣服三千件，御马三千匹，数十万两金银和无数珠宝。

野狐岭之战是蒙金对决的一次转折性战役，对蒙古消灭金国起到了关键性作用。蒙金之战使金国国势一落千丈，而金国的主要将领在这次战争中或被歼灭或被俘虏，金国昔日的盛世不复存在，金都也岌岌可危。

三、攻克中都大败金国

野狐岭之战后，金国以美女财宝换来了暂时的和平，但统治阶级内部已人心涣散，直接导致了金廷高层矛盾的进一步激化，民族之间的仇恨进一步加深。而这场国内民族斗争，迫使郭宝玉、明安、移剌捏儿、夹谷长哥和刘伯林等人臣服于成吉思汗。特别是郭宝玉，他初见成吉思汗，便向这位大汗分析了天下形势，并献上一套雄霸天下的方案。成吉思汗欣喜若狂，将这样的文武全才当成至宝，并对蒙古将士说："以后有像郭宝玉这样的人才，都要带到本汗面前来。"刘伯林也得到成吉思汗的重用，被派往前线征战，攻下了阴山以北的几个城池。他后来成为著名的汉军十大万户之一。不久，以史秉直、史天倪父子为代表的另一批金国将领也投靠了成吉思汗，他们在灭金战争中发挥了非常特殊而重要的作用。另外，还有一位极其重要的人物，他就是出类拔萃、名震四海的契丹人耶律楚材。

耶律楚材是辽太祖阿保机的长子东丹王耶律信的八世孙，生于金明昌元年（1190年），当时他的父亲耶律履已是花甲之年。深通术数、会相面算命的耶律履对亲人们说："我年已六十而得此子，他将是我们家的千里驹！据我相其面，此子他日必成大器，而且当为异国所用。"因此，他为儿子起名为"楚材"。出身于名门世家的耶律楚材幼时很苦，三岁时父亲就病故了，幸亏母亲杨氏是一位贤母，教其读书识字。耶律楚材博览群书，尤通经史，旁及地理、天文、律历、术数、占卜之说。他才思敏捷，下笔成文，是个少见的才子。十七岁时，耶律楚材想要考进士，当年参加应试的有十九人，试题是如何决断疑难案件。耶律楚材对答如流，成绩最为优秀，朝廷授其掾吏之职，后升为开州（今澶州）同知。

1214年3月，金国在蒙古军队的迅猛打击下，不得不委送卫绍王完颜永济之女到蒙古，以和亲换取喘息之机。是年5月，金朝深感国蹙兵弱，财用匮乏，将都府从中都迁至河南开封，以避蒙古军锋芒。迁都时，金宣宗命耶律楚材为中都左右司员外郎，职掌尚书六部日常奏章，协助右丞相完颜承晖留守中都。

同年7月，成吉思汗以"两国既定和议，又复迁都，是有疑心而不释旧怨，仅用签和作为缓兵之计"为借口，发兵古北口，进而进军中都。耶律楚材则欲绝踪于世，投拜万松老人（行秀）门下研习佛理。

中都被蒙古军队围困半年后，粮草几近断绝。右丞相完颜承晖想起了契丹皇族耶律楚材，在他再三恳求之下，耶律楚材答应帮他去开封求救，并让他用明矾水书写告急书信一封，只身混出城外。

耶律楚材改扮为游方道士，从北门出城。而城北正是成吉思汗中军主力所在地，耶律楚材之所以从这里出城，是打定主意想面见成吉思汗，如果成吉思汗真是个雄才大略的帝王，他便留下来辅佐其创立大业。

耶律楚材挥舞着一柄长剑，前行不远就遇上了蒙古的游骑哨兵。通晓九种语言的耶律楚材不慌不忙打了一个稽首（礼），对哨兵说要见成吉思汗。大将哲别恰巧在场，他见耶律楚材紫面长髯的长相分明是个契丹人，打扮却像汉人，不觉心中起疑，问道："你到底是什么人？"耶律楚材答道："我乃辽国皇族，国亡之后流落中都，学的却是汉人的诗书礼法，为避免金人纠缠，所以做了道士。"哲别又问："你见大汗有何事？"耶律楚材回答道："瞻仰一下开国帝王的威仪。"哲别警告道："让你见大汗可以，但大汗近日心情不快，管好你的嘴，否则性命不保。"耶律楚材微微一笑："难道大汗会诛杀我吗？如果真的被杀，至少说明大汗对我心存恐惧，我就算死也名垂青史了。"

戎马半生的哲别从未听过这种论调，不禁对这位奇人刮目相看，于是把他引荐给成吉思汗。见面后，耶律楚材跟随在成吉思汗后面，一边走一边交谈。

耶律楚材见一路上尽是死人，对成吉思汗说的第一句话便是："大汗，你杀的人太多了！"成吉思汗说："契丹王族与金国王族素为仇敌，朕杀金人虽多，也是为你们契丹报仇，你应该感谢才是。"没想到耶律楚材却说："我虽为契丹王族之后，但已经侍奉金室，我就是金朝之臣。既然我已做了臣仆，就应该忠心效主，如果对金怀有二心，就是犯了欺君之罪。我又怎敢感谢大汗的报仇之恩？"

成吉思汗听了耶律楚材的话，十分欣赏他的直率、忠诚，笑道："久闻耶律楚材大名，今日一见，果然名不虚传。你有德有才，正是朕所求之人啊！"

"大汗，你已经开辟了广大的国土，以后还将有更广大的土地归入蒙古国的版图。如果你每到一处只以杀人为乐，将青壮年都杀光了，谁来耕种这些土地，又要我这样的人作何用？"

"我正是要让土地荒芜，将来野草丛生，便可以成为宽广的牧场。我族打仗，并非想要土地，而是享受征服的乐趣，永不疲乏。"

"那民心呢？民心不附，立国不固。"

"杀人就是让民心归附的好办法，人都怕死，百姓们明白顺生逆死的道理后，就永远不敢反叛了。"

耶律楚材摇头说道："我的看法正好相反，百姓为了求活，必然会拼死而加倍反抗。"

"是吗？"成吉思汗沉吟不语，觉得眼前这位身高八尺、长髯过腹、两眼炯炯、声音洪亮的年轻俊才说话很有道理，便问道："那你为什么要见我？"耶律楚材答道："中原最终要有个明主，金国现已腐败透顶，我想辅佐大汗早日统一中原，让万民少受些苦难。"

一席话，让成吉思汗茅塞顿开，觉得他与众不同，想让他做自己的谋士。"长生天让你来辅佐我夺取中原，征服万邦，你就是蒙古的国师了！"他拍着耶律楚材的肩膀高兴地说。

耶律楚材长髯过腹，成吉思汗从不喊他的名字，平时总以"乌图萨哈里"（"长胡子"或"长髯公"）相称。此后，耶律楚材一直受到成吉思汗的重用。

正是这些人的归附，加速了蒙古灭金的步伐。

就在成吉思汗攻打金国的时候，辽东的契丹人耶律留哥因不满金国的统治，起兵造反了。早在1212年，耶律留哥与耶律耶的便合势募兵，不到一年时间，他们的军队就扩充到十余万人，耶律留哥被推举为三军统帅，耶律耶的为副将。他们在辽东公开与金人对抗。经过几次攻城略地，耶律留哥的威名震慑了整个辽东。但为了得到强大的成吉思汗的保护，耶律留哥带着所有财物前往蒙古军中，向成吉思汗称臣。在以后几年的对金战争中，成吉思汗常常给予耶律留哥有力的支援。在蒙古军的配合下，耶律留哥先后将前来征缴辽东的十几万金军击溃。胜利的消息传来后，成吉思汗高兴地说："辽东大大牵制了金国的兵力，我们攻克中都的时机快要来临了。"1215年，北方发生天灾，百姓寅吃卯粮，而金国国库却积余腐烂。在民不聊生的情况下，河东、陕西境内发生了多起农民起义。金朝内忧外患，永济皇帝无力扶贫救危，只得听之任之。与此同时，金国与西夏八十多年的同盟被打破，就在完颜胡沙力战野狐岭和会合堡时，西夏乘机袭击了金国，从此，金、夏两国开始敌对。西夏不时进攻金国边境，金国也常常骚扰西夏的边城。

在金蒙息战的几年间，金国国内又发生了什么事情呢？这还得从胡沙虎说起。1211年，作为西京留守、枢密院长官兼安抚使的胡沙虎，在前线没有与蒙古军交战便撤退，逃窜的路上还抢夺百姓财物，这让金国群臣感到十分不满。后来，当胡沙虎上廷述职时，左谏议大夫张行信要求永济皇帝严惩胡沙虎，徒单镒等也表示同意，永济皇帝虽然对胡沙虎有些不好的看法，但并未打算马上免他的职，只因群臣反对才不得不罢免胡沙虎。

胡沙虎被罢免后，蒙古再次发动对金战争，永济皇帝任命完颜纲和术虎高琪为帅，在居庸关与蒙古军周旋。金军虽然占有优势，但蒙古军从居庸关侧面的小道进攻，金军猝不及防，大败而归。蒙古军再次打开了通往中都的通道。永济皇帝无计可施，不得不再次起用胡沙虎，并对他寄予厚望。胡沙虎重新掌握兵权后，不但没有去抵抗蒙古军，反而马上发动政变。他带领军士闯进皇宫，将昏庸的永济皇帝抓起来，又杀死了尚书左丞完颜纲，自封"监国都元帅"，主持国政。9月，胡沙虎在众人的逼迫之下，杀死永济皇帝，迎立完颜珣为帝，是为金宣宗。

金宣宗即位时，蒙金刚刚签订息战协议不久，他屈从于蒙古国，过着战战兢兢的日子。一些大臣劝说宣宗将都城迁到黄河以南的开封去，宣宗采纳了这一建议，决定迁都。就在迁都的过程中，一些金人投靠了蒙古。

当时，成吉思汗正在鱼儿泊避暑，突然听到金宣宗将国都南迁至开封的消息，于是有了前文所说的发兵古北口、进军中都的一系列事件。金宣宗闻讯，马上将在中都的皇太子召到开封。人心惶惶的中都像在风雨中飘摇的小船。

这次成吉思汗分兵东西两路，向金国进军，一路由木华黎为帅，扫荡辽东，然后挥师南下；一路由他亲自率领，越过黄河，进入陕西，再往东进攻潼关。

金军也将主要力量集中于潼关来对付蒙古中军主力。胡沙虎令术虎高琪为统帅，但时间不长，术虎高琪便惨败而回。他一不做二不休，带领一支军队包围胡沙虎的宅邸，杀死了胡沙虎，然后向宣宗请罪。宣宗对这种谋杀主帅的罪行不仅不追究，反而任命他为左副元帅。在关系到国家生死存亡的紧要关头，金国上下没有同仇敌忾，反而争权夺利，军事计划自相矛盾，直接导致了战争的失败。

术虎高琪在金国将领中威望极高，但他嫉贤妒能、无才无德，对进谏忠言的人大加残害，任人唯亲，扰乱朝纲，使忠臣没有了容身之处，贤良没有了施展抱负的机会，于是，许多金国名将和贤才投靠了成吉思汗。成吉思汗对归降的人说："你们到我帐下来，便是我的将领。我会让你们充分发挥作用，现在就让我们向金国腹地进攻吧！"这些降将与蒙古军一起杀进关内。到1215年，蒙古军几乎占领了黄河以北除中都等几个城镇外的所有郡县。

与此同时，在辽东战场上，木华黎所向披靡，先切断了东北支援中都的线路，攻占东京（今辽阳），然后绕道入关，逼近中都。他首先打散了号称二十万人的银青大军，然后继续南进，包围了中都。

成吉思汗和木华黎在中都城下会合，众将士纷纷建议攻打中都，但成吉思汗轻轻地摇头道："不急，留着中都来消耗金国国力，这样他们会不攻自亡的。"根据成吉思汗的意图，困住中都，金军必来救援，围城打援，让金军耗尽兵力，自会分崩离析。

成吉思汗让义弟三木合拔都等人佯攻中都，金宣宗不知是计，立刻任命李英为将军，前往中都救急。李英是个科班出身的文官，对军事一知半解。他下令兵分三路赶往中都，但他的军队还没到达中都境内，就已被蒙古军的轻骑兵消灭干净。其时留守中都的是完颜承晖，抹捻尽忠为副将。眼见中都的粮草就要断绝，坐在将军帐中的明安笑道："我们立功的机会到了。"在明安的引导下，蒙古大军大举进攻，中都城内的百姓争先恐后地出逃，但大部分都死在护城河之中。金军主将完颜承晖见此情形，大声喊道："国将破，我只有以死殉国了。"说完辞别家庙，饮毒药而死。城中留下的妃嫔得知抹捻尽忠要弃城逃跑，想和他一起出城。抹捻尽忠却欺骗她们道："我先去探探路，回来再带上你们离开。"他带着家人出了城，再也没有回来。

金军将领合答继续率军御敌，但他见银青的二十万大军不堪一击，援军又迟迟不至，知道中都定然不保，于是准备向成吉思汗投降。刚到桓州避暑的成吉思汗得到消息，马上派失吉忽秃忽和另外两个将领汪古儿、阿儿孩三人进城受降，并清点财物和府库。

合答听说成吉思汗的使者已经进城，立刻搜集大量金银财宝亲自送来，表示投靠的诚意。失吉忽秃忽说："以前这城中的一切归你们的皇帝所有，你可以用它送人，但现在这一切都归我们大汗所有。你怎么能拿大汗的东西来送人呢？我是绝不会要这些东西的！"不过，汪古儿、阿儿孩却接受了合答送的财物。

当他们三人回去向成吉思汗禀报受降的情形时，成吉思汗问道："合答给你们送了什么好东西？"失吉忽秃忽说："送了锦缎，还有玉器。我对他说，以前城里的东西属于你们的皇帝，现在都属于大汗了，你怎么敢拿我们大汗的东西送人？我没有接受，只有他们两人接受了赠品。"成吉思汗闻言十分高兴，对失吉忽秃忽的忠诚大为赞赏，当着众人说："义弟做得对！不愧为我的兄弟，不愧为我的耳目！"他对私下接受赠品的汪古儿、阿儿孩则进行了严厉的指责和处罚。

随后，成吉思汗一面兵分几路继续攻城略地，一面派使者招降金主。其中，西路军由三木合拔都率领两万蒙古轻骑兵，先洗劫了西安城，然后经过西夏边境地区越过潼关，攻克京兆、汝州等地，之后直达开封地区，大掠河南，前锋到达开封附近的杏花营。东路军则重点蹂躏中都，致使中都遭到了空前洗劫。成吉思汗虽然喜欢财宝，但城市对马背民族来说似乎没有什么意义，因此，他对城市毫不重视和保护。蒙古军把中都抢空之后，又放火烧了城内的许多建筑，据说大火烧了一个月之久。

事已至此，金宣宗回天无力，只得将黄河以北的大好江山拱手相让。他又派出使者与成吉思汗议和，献上岐国公主表示臣服，并让自己的儿子腾格里带着一百人到蒙古做人质。成吉思汗十分高兴，于是下令撤军。

1214年10月，辽东张鲸反蒙，被成吉思汗诛杀，但他又允许张鲸之弟张致在锦州自立为王，国号兴龙。1215年，辽东脱离金国，宣布独立。

在短短一年多时间里，整个黄河以北之地都归成吉思汗所有，上百座城池被蒙古军掠夺一空，金国已危在旦夕。

四、追击乃蛮余孽

征伐了金国之后,成吉思汗对西辽起了兴伐之心,想要发兵剿之。他与西辽有何过节呢?如果一定要说出个理由,那就是乃蛮部太阳汗之子屈出律被成吉思汗打败后,逃到西辽,试图在西辽东山再起。

辽国是由契丹人建立的一个小国家,因其居于辽河流域上游,故称"辽"。辽太祖耶律阿保机于907年称汗,几十年后,辽太宗耶律德光在开封称帝,正式确定国号。辽国本来占据着华北和东北的大部分地区,后来金国崛起,被金国打败。契丹流亡贵族耶律大石于1132年在叶密立(今新疆额敏)称帝,年号延庆,号称菊儿汗,建立了哈剌契丹古儿罕帝国(即西辽帝国),统辖的范围包括新疆伊犁河、楚河、塔拉河流域及喀什噶尔地区和阿富汗的部分地区。西辽成立后,注重发展经济、军事,一度向四周扩张,占有中亚大片土地。不过,它与蒙古部落很少发生正面冲突,直到成吉思汗剿灭乃蛮部。

后来,成吉思汗征讨西夏,太阳汗之子屈出律及几个侍从得以逃脱。他们饥寒交迫,一路西奔,于1208年到达西辽。屈出律想投靠西辽王朝,但又不知辽人的态度,于是派一个侍从假扮他,而他自己则扮成侍从,想试探一下辽国皇帝的态度。他们来到辽宫门前,屈出律让侍从先进去,自己在外面观察动静,见机行事。侍从向守门的卫兵说明来意,西辽皇帝耶律直鲁古很快召见了他。西辽皇帝听说他国亡父丧,顿生怜悯之心,决定收留他。这时,西辽皇后刚走到宫门外,见有一个长相英俊的青年候在那里,便问卫兵他是什么人。卫兵说是乃蛮部首领的侍从,皇后责怪卫兵说:"他们远道而来不易,为什么不让侍从也进去呢?"

屈出律见皇后这样善待乃蛮人，便向皇后细说原委。皇后不仅没有责怪他，还认为他诚实可靠，并把自己的女儿介绍给他。小公主浑忽对屈出律一见钟情，几天后，西辽皇帝直鲁古决定将女儿嫁给屈出律。就这样，屈出律从流亡者变成了西辽的驸马。

婚后，屈出律在妻子的要求下，由原来信奉景教改信佛教，但这并没有改变他东山再起的野心。此时，西辽国危机四伏，西域的花剌子模国几次欲起兵攻占这个通往中国中原的通道，成吉思汗也想占据西辽进而打通前往西域的道路，辽国内部也有企图分裂和造反的臣民。西辽皇帝直鲁古本想找个可靠的助手帮自己光大家业，重振国威，没想到却引狼入室。

不久，花剌子模策划攻辽，屈出律见西辽的统治已摇摇欲坠，又获悉乃蛮残部散在辽境山中，于是以收集本部落部众为由，请求派他前去招揽，以扩充西辽兵力。

直鲁古为屈出律的甜言蜜语所骗，不仅接受了他的建议，赏赐给他许多财宝作为相关费用，还封他为可汗。屈出律到叶密立和海拉立一带收拢自己的族人，又与其他部落结成联盟，然后率领这支军队进入西辽直辖领地，大肆杀戮和抢劫。与此同时，他又向花剌子模苏丹（国王）穆罕默德派出使臣，密谋商定由花剌子模苏丹穆罕默德率兵从西面攻打西辽，屈出律则从东面进攻西辽，夹攻直鲁古，瓜分西辽土地。

直鲁古以为女婿是去招兵买马来帮助自己，心里非常高兴，万万没想到他等来的不是援兵，而是一场战争。

两年后，即1210年，花剌子模和西辽开战。花剌子模军队在怛逻斯附近打败西辽军队，并俘虏了其主帅塔阳古。

怛逻斯战役后，双方各自退兵。西辽军队纪律败坏，沿途烧杀抢掠，当他们抵达八剌沙衮时，百姓们紧闭城门，拒绝他们入城。西辽军队的将领告诉他们花剌子模已退兵，但百姓们不相信，坚持闭门，最后被西辽军队用大象把城门攻毁。西辽军队入城后，屠杀三天三夜，共有四万七千人被杀。他们还大肆抢劫，得到了大量财物。由于西辽皇帝直鲁古财政困难，国库亏空，宰相马赫穆德巴依担心直鲁古征收自己的财产，便建议把士兵抢劫的财物收缴国库。将士们听到这一消息后，都各自带兵煽动叛乱。葛逻禄部首领阿儿斯兰汗也投奔了成吉思汗。

面对这一局面，直鲁古不得不出兵镇压国内叛乱，并把喀喇汗王朝的国王俘虏，囚禁于巴拉沙衮，才得以稳住局势。此时，直鲁古急需得到女婿的帮助，但屈出律却趁机率部攻打西辽军队，劫掠乌兹干，又进攻八剌沙衮。不过，屈出律最后被直鲁古打败，士兵大半被俘。屈出律北逃，重新集结兵力，等待时机。

1211年秋天，屈出律趁直鲁古外出狩猎之际，带领八千人马进行突袭，将直鲁古软禁起来，攫取了辽国政权。他表面上很礼敬，"尊耶律直鲁古为太上皇，皇后为皇太后，朝夕问起居"，实际上是挟天子以令诸侯。

然而，出身游牧部落的屈出律，根本不懂得如何治理一个以定居民众为主的国家，相反，乃蛮部的景教背景使他推行残酷的宗教迫害，他强令当地民众改变宗教信仰，并极力镇压归附蒙古帝国的部落。士兵或放火烧掉庄稼，或以武力镇压，到处奸淫掳掠，无法无天，给当地百姓造成极大的灾难。在屈出律统治的近十年时间里，西辽国内民不聊生，并与迅速崛起的花剌子模国继续交恶，双方一度剑拔弩张。

此时，成吉思汗正接受一帮谋臣的建议，准备逐步向南向西扩张，使自己的疆土不局限于草原。成吉思汗目睹了中原的富庶，并接触到从西域来的商人，开始意识到发展经济的必要性。同时，他又听说屈出律篡夺了西辽政权，想继续与蒙古国争霸，这正好成为他西进的最好借口。

1218年，成吉思汗以追捕屈出律为由，派兵征伐西辽。西征的先锋是"四杰"之一的神箭手哲别，由皇长子术赤和速不台协助。成吉思汗叮嘱哲别说，利用西辽的民族矛盾和宗教矛盾，可抵十万铁骑。

得知蒙古出兵的消息后，正在喀什噶尔的屈出律匆忙纠集辽兵四万人马分别在喀什噶尔城、兀里嘎拉城迎敌。

喀什噶尔城位于一座高岗上，地势险要，前面是一片广阔的草原，另外三面是峻峭的高山，原始林木十分茂密，不利于骑兵作战。兵临城下时，术赤说："我们要一鼓作气灭掉西辽小国，活捉屈出律。"哲别观察地形后，提醒术赤道："喀什噶尔的城墙全用大条石垒砌而成，坚固异常，不易攻破，切不可轻敌！"

术赤是皇长子，优越感十足，闻言不屑地说："知道了，你还是领五千兵马去打喀什噶尔西南的兀里嘎拉城吧！"

哲别问道："那喀什噶尔城怎么办？"术赤不耐烦地说："这里由我和速不台来负责，你就不用操心了。"

哲别只得领着兵马往南而去，但他作为主帅，对这里很不放心。临走时，他再次嘱咐速不台："屈出律阴险狡猾，多次被我们打败，但都从我们的眼皮子底下逃跑，这次可不能大意啊，一定要活捉他！"速不台说："你的建议大王爷都不听，我能有什么办法？"哲别叹息一声，转身走了。

经过一天两夜的行军，哲别的人马终于赶到了兀里嘎拉城下。扎下营后，哲别心想："连续几天行军，城内的敌人若来夜袭，岂不糟糕！"他立即找来百户长商议对策，最后决定留下空营，把兵马悄悄埋伏起来，等待敌人出城来偷袭。

果然不出他所料，夜半时分，城内的辽军悄悄打开城门，派出千余精锐人马前来偷袭。他们发现军营里空无一人，方知上当，慌忙撤军，但已经来不及了，哲别指挥人马拦住了他们的去路，经过一阵拼杀，辽军头目葛里高里被乱刀砍死，千余人马无一逃脱。

第二天清晨，哲别让人装扮成辽兵骗开城门，蒙古军一拥而进。城内百姓争先恐后地跑到城下，欢迎蒙古军队进城。

哲别占领兀里嘎拉城之后，命令他的副将帖尔泰领一千人马守城，并叮嘱他："不得烧杀抢掠，并且要尊重城里百姓的宗教习俗。"随即带着其余人马去支援术赤。

此时，术赤、速不台的人马已被屈出律的骆驼队冲得七零八落，正无计可施，见哲别来了，术赤如同见到救星一般，之前的傲气荡然无存。

哲别问明这边的情形后，建议道："在我们蒙古铁骑面前，没有闯不过去的关口，那上千头的骆驼虽然具有很大的冲击力，但毕竟速度不够快，也不太灵活，用火攻也许能击退它。"

速不台也觉得这是个好办法，不过，一旦大火烧起来，恐怕难以控制，难免伤到自己人。最后，他们决定以红布代替火攻，只要能干扰骆驼就行。

次日，蒙古军又来到城下叫阵。不一会儿，只见城门大开，一群骆驼仰着头颅，四蹄扬起，对准哲别的军阵冲来，那碗口大小的蹄子带起来的尘土，随着风声呼啸着一齐卷过来。哲别大声叫道："勇士们，迎上去！"蒙古军阵前刹那间展开了一块偌大的红绸子，迎着旭日闪着刺眼的红光，红彤彤像一片燃烧的大火。奔驰中的骆驼一见眼前的红光，顿时遭到惊吓，上千只骆驼相互冲撞，乱作一团。

待骆驼队散去后，术赤、速不台、哲别三支队伍一起向城内杀去。

屈出律见势不妙，不敢回城，领着一支残兵从城下悄悄逃走了。哲别发现后，拍马追了上去，途中，他不停地向当地人喊道："每个人都可以有自己的信仰，保有自己祖先的宗教信仰。我们蒙古骑兵除搜寻屈出律外，绝不侵害当地百姓！"

屈出律知道这一带的老百姓都信奉伊斯兰教，对他恨之入骨，因此不敢躲到百姓中间，只得潜入穆斯塔山脉一侧的崇山峻岭中。逃跑对屈出律来说是家常便饭，他已几次从蒙古军眼皮底下逃脱。为了保住性命，屈出律拍马疾驰，把跟随他逃跑的部下远远地抛在后面，哲别也无法追上他。

屈出律之所以逃入穆斯塔群山之中，是想进入帕米尔高原避难。

哲别、术赤占领西辽的都城虎思斡耳朵后，继续向西辽民众宣传信教自由，开放被封的清真寺，反复申明：蒙古军只抓屈出律，不要任何东西。于是，教徒们纷纷起义，消灭逃散的西辽军。哲别遵照成吉思汗的嘱咐，一改旧习，宣布蒙古军不抢、不烧、不杀的"三不"政策，军纪严明。由于哲别施行的政策顺应民心，蒙古军得到了沿途老百姓的热烈拥护，他们提着食品，端着奶酱，真诚地迎接蒙古军队。许多白发老人拉着哲别的马缰绳，哭诉屈出律的暴虐与残忍，控诉屈出律部下烧杀奸淫的罪行。一些猎户听说蒙古军正在追捕逃入深山的屈出律，便自告奋勇地站出来，一位巴达哈吾的猎人对哲别说："活捉屈出律的任务，就让我们的猎犬去完成吧！"他们派出数十只猎犬进山，寻找屈出律。几天后，屈出律伤痕累累地走了出来。

抓到屈出律后，哲别向百姓宣布："此人坚持与我们的成吉思汗为敌，一贯仇视蒙古人；近两年又在西辽国犯下了新的罪行，不杀他不能惩恶扬善，不杀他不足以平西辽人民之恨。"说完，他下令将屈出律处死，并割下他的人头，让部下提到附近的可失哈尔（今新疆喀什）、忽炭（今新疆和田）等地示众。

在不到两个月的时间里，哲别、术赤率领的蒙古军就征服了整个西辽国及南疆，整个中亚地区为之震动。

成吉思汗攻击西辽国，占领大片疆域，掌握丝绸之路中段的贸易资源，此役可视作蒙古军第一次西征的前哨战。

五、"太师国王"木华黎

在派哲别进军喀什噶尔地区征服西辽的同时，成吉思汗也希望继续蚕食中原富庶之地，于是又派木华黎南征。不过，他对这两个方向扩张的政策和措施有很大不同。成吉思汗操控民众的才能及其作战思想，是他四十余年持续不断的战争经验和知识积累的结果，在这次处理西方和南方问题时得到了充分的体现。

在西面，哲别西征前，成吉思汗就已命契丹人耶律阿海、耶律不花兄弟带人在天山南麓屯垦，为西征储备物资。如果平定西辽，成吉思汗将在西辽都城虎思斡耳朵设立行营，将天山物资贮藏于此，等到蒙古军主力西征时，西辽就可以成为后勤基地。但他对哲别的赫赫战功没有夸奖鼓励，而是担心这名大将会因此而滋生叛离之心。他几次派人告诫哲别，不可像克烈部之王罕、乃蛮部之太阳汗以及屈出律那样骄傲自大，要小心为之。哲别自然是谨慎恭敬，不敢有违圣意，还专门在南疆挑选千匹良马献给成吉思汗。

而对南方，成吉思汗则表现得非常大度。1216年，木华黎率军在辽东攻城略地，与造反的张致作战并取得了胜利，又将蒲鲜万奴驱赶到海岛上。大军凯旋后，成吉思汗以迎接英雄的礼仪迎接木华黎。

1218年，成吉思汗在河北与木华黎等人清剿黄河以北的金军。一天，他对木华黎说："我打算回师了，之后由你来统率兵马，继续攻伐中原。"过了片刻，又说，"我现在封你为太师国王，你要继续向南推进，太行山以北由本汗攻伐，太行山以南就交给你了。"木华黎惊恐地说："'国王'这个称号木华黎受不起，哪有外姓人被封为王的。再说，木华黎是主儿乞的奴隶出身，请大汗收回成命。为大汗效劳是我的分内之事，不敢奢求什么。"但成吉思汗坚持道："奴隶又怎么样？只要你勇敢、正直、忠诚，那就是我的爱将，我会像爱护家人一样爱护你。你就不要推辞了，现在最重要的是巩固壮大我们这个新生的国家。"他之所以做出这样的决定，很可能是因为他通过以往的征伐经验意识到了过去在中原的征战缺乏条理和连贯性，每打下一个城镇后，不久又被金军夺回去，四处征战也没有什么结果。所以，他授予木华黎国王称号，赐给他金印。

此后，木华黎开始以"太师国王"的称号代行部分君权，率领他的十万大军在中原与金、宋展开持久战。他稳扎稳打，对打下来的地盘加以巩固。同时，他也懂得了一个道理：要进行中原式的攻坚战，就必须采用中原的战略，征召和组织一支步兵（主要由中原人组成），甚至组织一支炮兵部队。

不过，成吉思汗的中军主力撤走后，金国的压力小了很多，剩下的木华黎大军虽然人数众多，但精锐只有两万人左右。

因此，成吉思汗一撤走，表面上已经臣服的金宣宗便欣慰地说："我们现在终于可以认真图谋一番了。"户部尚书张行信马上谏言道："现在蒙古军在南方的兵力薄弱，我们可以趁机将失陷的城池夺回来，成吉思汗肯定不会轻易从西征的道路上返回的！"但金宣宗却不以为然地说："你还想公开与蒙古军作战吗？真是个不怕死的东西！我现在要举国进攻宋朝，把在辽东失去的土地从宋人那里要回来。"

事实证明，这一决定是非常愚蠢的。金国伐宋，使整个中原东南方几乎都投入了战争，金与蒙古、西夏、南宋均成为交战国，意味着金朝将处于三面临敌的状态。为此，金国的有识之士纷纷向金宣宗谏言："现在虽然没有侵略我国疆土的战报，但如果敌国听说我们要去南征，将是非常危险的。就算有潼关、大河之险，也无法有效抵挡敌军。如果三国同时向我们发起进攻，我们的安危将得不到任何保障，刚刚稳定下来的局面会遭到破坏，金国又将处在风雨飘摇之中。"但金宣宗却摇摇头道："尚书省的宰臣们已经议定了，不要再进行无谓的争吵了。"就这样，金与南宋之间的战争一打就是七年，直到金哀宗掌权时，这个错误才被纠正过来。但七年的战争，使金国的国力遭到了极大的消耗，再也无力抵御西面和北面的外敌入侵了。

在此期间，木华黎开始酝酿稳步吞食金国腹地的计划。河北的乡绅和地主武装也纷纷兴起，不过，他们是零散的武装力量，是为了保全自己的财产和土地而建立的民兵。每当蒙古军攻下城池、掠走财物而去，民兵就会出现，他们之间也相互争斗和抢夺。强大的外敌使地主势力难以抵抗，在这种情况下，地主武装便千方百计地寻找靠山。最后，一部分武装队伍带着乡亲父老投靠了蒙古人，其余则"聚众自保，未有定属"，实行"有奶便是娘"的策略，蒙古人来了就投靠蒙古人，金人来了就依靠金人，宋人来了就跟从宋人，有时甚至投靠农民军。

面对这一混乱局面，木华黎在治理新的占领区时，实行了一系列的新政策。他在占领地设立云、燕两个行省,逐步废弃以掠杀为战争意图的蒙古式战略,转变为以占领城池、安抚百姓的长久生计为根本的战略。这无疑是蒙古式战争的一个重大变革。

1218年年末,木华黎经过艰苦的战斗,攻下了辽东军事和经济重镇锦州。占领锦州后,木华黎没有对城池大肆抢掠,而是安定庶民,让他们继续耕作。正是木华黎这一战略性的转变,使蒙古人在以后的战争中不再只想着杀戮掠夺,而是认真经营这些富庶的城市。对此,金朝的晋阳公郭文振不安地上奏道:"蒙古军向来是秋来春去,但最近他们所占的城池却没有成为空城,而是带领农民耕作庄稼,蒙古人居心叵测啊!"金哀宗惊觉道:"难道蒙古人不放牧了,也要耕田吗?这样我们的处境更加艰难了。"

木华黎按照金人的管理方式安置百姓,让他们自由活动,安心生产,就像他自己讲的那样:"要想得天下,只有适应不同的生活方式和文化,才能保护好成功的果实,传统的烧杀抢掠政策已经不合时宜。"木华黎能有这样大的转变,与投诚过来的汉将不无关系。像史秉直父子和刘伯林都是功臣,他们的参政起到了十分重要的作用,为以后蒙古人接受中原文化、立足中原奠定了基础。

金国由于看到地主武装在战斗中的重要性,便大力封赏地主武装,让其名正言顺地为金国效劳,但蒙古人也在实行同样的策略。于是,两个派别的地主武装各为其主,在辽阔的河北大地上不停地发动战争,这样的局面持续了将近十年时间。其间,一支支起义军陆续登场:河北的苗道润领受几个官爵,在中都路安肃州一带十分活跃,配合金朝对蒙古军发起多次进攻,先后抚定五十多座城池;张柔也得到金朝爵位,从蒙古人手中夺回十三座城池;另有王福等人也各守自己的城池。这使蒙古军的扩张阻力变大。1218年8月,张柔、武仙两支起义军投降蒙古。同年秋天,木华黎进攻太原等城池,一路将郭文振等起义军打败之后,又攻陷太原,守将赵益自杀,太原落入蒙古人之手。1219年,胡天作与刚刚投降蒙古军的靳和展开大战,双方势均力敌,损失惨重。1220年,木华黎亲自南征,攻破胡天作死守的青龙堡,胡天作出降,不久被杀。整个河北地区的地主武装力量遭受了沉重的打击。

木华黎步步为营,一路高歌猛进,先后占领荣州和河中两城。在山东颇有势力的李全归附了南宋,在1220年遭到金国残酷镇压之后,李全招降了张林和严实,卷土重来,依然左右着山东局势。为了夺取山东,木华黎率军南下,与李全展开了争夺战。1220年9月,手握重权的严实觉得南宋不可靠,前途暗淡,于是打开城门,带着几十个州户的金印向木华黎投诚。木华黎不费吹灰之力便将山东大部拿下,他马上任命严实为紫金光禄大夫、行尚书省事。从此,严实所部成为木华黎在山东一带最重要的军事力量。1221年,张林与李全产生矛盾,张林离开益都后也投靠了蒙古。这样一来,整个山东几乎全被木华黎控制。

金国的地主武装被木华黎消灭了,成吉思汗此时正在西域征战。在此期间,金哀宗曾两次派使者前往西域向成吉思汗表示和解之意,并在国书中以小弟自称,但都遭到成吉思汗的严词拒绝,他觉得对于一个屡战屡败的国家来说,灭亡是最后的结局。

木华黎的军队已经占领了黄河以北的绝大部分地区。1222年秋冬之际,他开始部署进兵秦陇,并对凤翔发起进攻,但久攻不破,为此他对众将士说:"我奉命远征,几年时间便夺下辽东、辽西、山东、河北,但攻打天平、延安没有成功,今天站在凤翔城下也一筹莫展,难道我的威势已尽了吗?"众人面面相觑,半天说不出话来。

此时,成吉思汗的西征大军已经平定中亚各地,想到成吉思汗临行前的重托,木华黎不由得暗自着急,命大军加大攻势。

1223年3月,木华黎深感体力不支,他的儿子孛鲁向他请求撤军。木华黎也觉得拖下去于大军不利,便同意撤军。走到闻喜县的时候,木华黎不幸染上重病,卧床不起,他把儿子和亲信叫到面前说道:"我的性命只在旦夕了,我几十年来为成吉思汗征战,也没有什么可遗憾的了,唯一遗憾的是金国还没有灭亡,汴州还没有攻克,我们蒙古人的大业还没有完成,你们要继续战斗下去。"说完便溘然长逝。

成吉思汗惊悉木华黎病逝,万分悲痛,他对众将士说:"我痛失一臂啊!"后来,成吉思汗亲率大军进攻凤翔时,又对诸将发出感慨:"假如木华黎在世,也不用我亲自来这里了!"

就在木华黎辞世之时,金国庸臣术虎高琪也因罪被杀,金廷对蒙古的战略由消极防御变为攻守结合。同时,完颜伯嘉任参知政事,行尚书于河中府,金国政局趋于稳定。在国内,金廷对起义军采取软硬兼施的政策,于1223年4月先后降服武仙、史咏复;同年6月又招降了李全、严实、张林,使金国的军事实力得到了很大提高。金哀宗上台后,对政府实行了全方位的改革,起用了一批有识之士担任要职,使中央政权得到了极大的巩固。1224年6月,金国暂时停止对宋战争;10月,西夏遣使表示修好之意。同年,金国与西夏正式议和。这一系列动作表明金国渐渐摆脱了三面受敌的局面,准备集中力量在陕西、西河地区对付蒙古。这样的战略调整马上就有了效果,各地起义军纷纷行动起来,倒向金国一边。

然而,木华黎的儿子孛鲁继承父志,率领蒙古、契丹、女真联军及汉族武装,再次与金军及附金势力展开了激烈的斗争。

河北安定后,孛鲁很快率军进入山东地区。1225年9月,郡王带孙保卫益州,李全奔逃,被蒙古军俘虏。孛鲁采取宽大政策,任命李全为山东淮南楚州行省长官,郑衍德、田世荣为副官。山东全境再度为蒙古人所占领。

金国在攻克平阳、太原之时,西部传来了西夏被灭的消息,金廷上下大为震惊。此时降蒙的地主再没有人敢叛蒙靠金,附金地主也分崩离析,各个义军头目之间互相残杀。在这样的情况下,降蒙地主武装很快又攻占了太原、平阳等地。河中府在几年以后也被蒙古军攻克,河东全境最后均被蒙古军夺取。

第七章 蒙古的世界征战计划

一、谋求通商

"世界征服者"成吉思汗平定西辽,经营中亚,已为蒙古人打开了西面的大门。然而,这一便利通商贸易的和平之门却被一个利令智昏的君主改变了,成了中亚乃至西亚、中东、东欧等广大地区的屠杀之门,他就是不可一世的花剌子模国的苏丹摩诃末。

花剌子模国是一个信奉伊斯兰教的突厥家族所建立的庞大帝国。最初,这个突厥家族所占据的地盘并不大,仅限于阿富汗、伊朗的小部分地区,核心地带为中亚西部阿姆河下游、咸海南部的基瓦地区,称为花剌子模王国。到了君主穆罕默德苏丹这一代,古花剌子模王国扩张为花剌子模帝国,其疆土包括整个俄罗斯突厥斯坦、阿富汗和伊朗大部分地区,成为中西亚地区的一个大国。几十年后,摩诃末在数次争斗中脱颖而出,成为新的国王。

花剌子模国的壮大与其大力发展贸易是分不开的。成吉思汗一直想与花剌子模人建立良好的关系,并与其展开贸易活动。早在1206年,成吉思汗南伐金国的时候,就接见过花剌子模苏丹派来的一个使团。成吉思汗对使团人员很有诚意地表示,蒙古帝国和花剌子模帝国的疆域不同,文化不同,经济发展程度也不同,双方应该和平共处,共同促进彼此间的贸易往来。但是,一些从西亚来的商人非常瞧不起蒙古人,认为蒙古人文化落后、野蛮,蒙古国土地贫瘠,在商务往来中也常占蒙古人的小便宜。但由于蒙古草原缺乏衣物和生活用品,还得依赖花剌子模的商人,因此蒙古人还是很欢迎花剌子模的商人的。

1215年,就在成吉思汗与金国签订和平盟约,驻扎在克鲁伦河草原上休养时,花剌子模的使者又来到了蒙古草原上。成吉思汗正准备征伐西夏,但还是抽出时间会见了使者。这是他第二次接见花剌子模的使者。来使向成吉思汗详细介绍了花剌子模的国家情况,表明国王摩诃末愿意与东方的蒙古国建立友好通商的关系。成吉思汗听完高兴地说:"蒙古国国势蒸蒸日上,非常渴望这样的朋友,我们两国应互相通商,建立友好的关系。"于是,花剌子模与蒙古国作为两个不同种族和民族的国家,正式建立了通商关系。

花剌子模的使者刚刚离去,埃及国王哈里发纳昔儿也派遣使者来到草原,使者对成吉思汗说:"埃及哈里发国王听闻东方的仁义之君成吉思汗已经崛起,而在你的西方有个花剌子模,这个国家是叛逆的使者,是灾难的携带者,如果不好好处理这个国家,蒙古国将会后患无穷。"成吉思汗不以为然地说:"看来你们不了解花剌子模,判断太轻率了,这样会影响两国关系,你应当认真思考之后再进言。"由于成吉思汗立场坚定,埃及使者带着遗憾离开了草原。

不久,成吉思汗派遣以马合木·牙剌瓦赤为首,不花剌的阿里忽罗加、讹答剌的斯斯夫·康客为代表的三个使团,前往花剌子模呈献国书,表示友好。成吉思汗此举意在投石问路,探听虚实,以便决定自己的对外政策。他给摩诃末敬献了许多财物,有白花花的银子、珍贵的麝香、玉器和名贵的白毛毡袍等,国书也写得很谦卑。

当花剌子模苏丹(1217年正式得到宗教承认)摩诃末让马合木·牙剌瓦赤宣读国书的时候,马合木·牙剌瓦赤高兴地说:"花剌子模实力强大,国土辽阔,我深深希望能够与您建立良好的关系。我会像对待自己的亲生儿子一样来对待您。您对我征服中原之事应该有所耳闻吧？北方各突厥民族也被我所征服。您应当知道我国将士如蚁之众，财富如银矿一样丰富，用不着觊觎他人的国土。我所希望的是两国臣民之间友好往来，互通有无，相互通商。"摩诃末听到这里，勃然大怒道："成吉思汗口出狂言！他既然知道我们也是一个大国，怎敢称我为儿子，你们的国家到底有多大，荒凉草原的军队能有多少？"马合木·牙剌瓦赤心中委屈，不敢正面与摩诃末抗辩，便说："我们的军队不多，在装备上也不能与花剌子模相比，但称呼儿子只是表示关系亲密。"摩诃末听到这里才稍稍平息了怒气，但他对蒙古国的歧视又明显地表露了出来，他说："如果你们三人能做我的间谍，在蒙古国中活动，我将给你们丰厚的待遇，你们就不必奔波做生意了。"马合木·牙剌瓦赤等人沉吟片刻，回答道："既然苏丹（国王）提携，我们还有什么可说的呢？不过，你给的待遇我们是无福领受的。"

就这样，成吉思汗的一片诚意遭到了摩诃末的误解，这也成为花剌子模与蒙古之间矛盾的导火索。

不过，在大臣们的劝告下，摩诃末还是与蒙古使者缔结了通商和约。两国使者开始往来，百姓也开始了商品贸易，双方都尽量做到礼貌而克制。互相通商不仅对花剌子模国有利，也给蒙古国带来了巨大的利益。草原虽然已经统一，但商贸能力薄弱，交易渠道十分有限，蒙古人长期过着游牧、狩猎的生活，吃兽肉、穿兽皮，生活用品极为匮乏，但他们拥有大批金银财宝，所以迫切需要花剌子模的商品来充实生活。

为了让西方商人常来蒙古草原走商，保护两国的贸易，成吉思汗还特意下达了一道圣旨："在商人来往的通道上设置守卫，商人进入蒙古国地界时，每个商人发一个通商凭照。"这一措施让蒙古草原上的商业渐渐发展起来。

有一次，三个花剌子模商人带着织金料子、棉织品等进入蒙古国，边将觉得这些货物非常罕见，于是将他们带到成吉思汗的营帐，欲让成吉思汗先睹为快。其中一个叫巴勒乞黑的商人见到成吉思汗后，竟然漫天要价："三个金巴里失一片织品。"成吉思汗闻言十分生气，问："你们是欺负我没有见过世面吗？竟然高出市价二十倍，你们就不怕犯欺君之罪吗？"巴勒乞黑惊恐得半天说不出话来。于是，成吉思汗又问旁边的商人价格是多少，那个商人受了惊吓，回道："大汗想出多少就算多少。"成吉思汗心中早已想好了价格，但他沉默着，又问第三个商人，那人眼珠一转说："我们是奉国王之命送这些织物来的。"成吉思汗这才高兴起来，吩咐手下以一个金巴里失的价格将所有货物买了下来，这个价格仍高于实价的六倍有余。同时，他还赦免了贪心的巴勒乞黑，将他的货物也以同样的价格收购下来，并给予高规格的礼遇，以此鼓励商人往来。从此，两国之间的经济交往更加频繁。

成吉思汗觉得花剌子模生产力先进，物品丰富。过了一段时间，在给花剌子模的商队送行的时候，他决定让自己的亲族组织一支五百人的商队，前往花剌子模进行交易。这支商队带着大量的金巴里失、兽皮、驼毛织品等前往花剌子模，希望能购买花剌子模的珍品。

1218年秋，这支商队经过长途跋涉，终于来到了锡尔河畔的讹答剌城。讹答剌城是花剌子模国的东部重镇。城中的守将是花剌子模苏丹同母异父的弟弟亦纳勒术，人称"海儿汗"（即"强大的汗"）。海儿汗受过秃儿罕哈敦的庇护，十分骄横。蒙古商队入城后，海儿汗坐在骆驼上，在众人的簇拥下慢慢地向前走。蒙古商队从他身边经过时，一个熟悉海儿汗的印度人大声直呼其名道："海儿汗，我的旧友，你一向可好？"海儿汗一听此人不称呼他的官名而直呼其名，心中很不爽，他的侍从马上将这个印度人叫到面前，询问那支蒙古商队是怎么回事。之后，海儿汗吩咐让蒙古商队全到府门去。晚上，印度人坐在海儿汗殿堂上，不停地为成吉思汗吹嘘，海儿汗心中更加愤愤不平，于是大声问道："既然成吉思汗所向无敌，他敢与我花剌子模交战吗？"印度人马上笑道："我们宁愿徒手去抓老虎，也不能发动战争。"海儿汗站起身来，双手抚摸着蒙古人带来的金银财宝，起了夺财杀人之心。他故作愤恨地说:"我本想与你们做生意,没想到你们都是蒙古国的奸细,你们会给花剌子模带来危险,现在我要将你们的商队的人抓起来,全部斩首。"印度人惊慌失措,马上跪地求饶。但海儿汗的卫队已经捉拿了蒙古商队的人员,夺走了他们的钱财和货物,并报告摩诃末。摩诃末不假思索便承认了海儿汗夺财之举的合法性,并让海儿汗严加监视被捉拿的蒙古商人。海儿汗得到摩诃末的支持后,更加无法无天。天黑之前,海儿汗将商队成员中的四百九十九人斩首,只有一个名叫朵歹的人因为负责牵骆驼,躲在骆驼中没有被人发现,躲过一劫。朵歹连夜出城,马不停蹄地跑回蒙古,向成吉思汗禀报花剌子模人的残暴行径。这就是著名的"讹答剌的罪恶"。

成吉思汗得知这一噩耗,眼泪夺眶而出,捶胸顿足地喊道:"长生天啊!如果你的双眼能看到这些无辜的商人,就请你惩罚肇事者吧!我将以同样的方式来处理这件事,捉拿凶手。"他登上山头,摘下帽子,将衣袋解开放在脑后,跪地为死者祈祷了整整三天三夜。众臣子都忧心忡忡地劝慰他。第四天,成吉思汗走下山来,对众臣说道:"我一定要问个明白,为什么花剌子模的摩诃末要对手无寸铁的商人下毒手。"

其时,哲别、速不台等人的兵马刚刚剿灭西辽,仍驻守在东突厥斯坦一带。为了争取时间,成吉思汗派人飞马驰报,让他们做好紧急应变的准备。同时,他又派遣以镇海为正代表及另外两个塔塔族人为副代表的使团去与摩诃末交涉,让他将肇事者海儿汗交给蒙古国处理。镇海一行人不远万里,将成吉思汗的意图告知摩诃末国王,并严厉谴责了摩诃末违约杀人的行为。蒙古使者说:"你们与我大蒙古汗国事先有约,保证不虐杀对方国家的商人。现在你却违约屠杀了我们的商队,枉为一国之主!如果讹答剌虐杀商人之事不是君王你的命令,就请将主谋和肇事者交出来,由我们处罚,否则请即刻备战!"

摩诃末见成吉思汗的使者以武力相威胁,心想:"我正想见识见识蒙古军队攻城的实力。这件事我虽然有不可推卸的责任,但作为一个大国君主，我当维护上国的威严。"他自以为力量强大，根本不把蒙古使者放在眼里，不但拒绝接受蒙古使者的要求，而且立马翻脸不认人，竟将蒙古正使镇海斩首，然后剃掉了两位副使的胡须，放他们回去报信。两个副使泪流满面地回到成吉思汗的大营。

成吉思汗听到这个消息后，犹如万箭穿心，暴跳如雷，恨不能马上将摩诃末斩成肉饼。他与众臣子商议出兵之事，并含泪发誓要将花剌子模国踏平，用摩诃末的鲜血来洗刷蒙古人的奇耻大辱。

蒙古国的两个副使离开后，摩诃末自知成吉思汗不会善罢甘休，他想，与其让成吉思汗打上门来，不如先下手为强。他马上整军备战，将伊拉克交给他的儿子鲁克纳丁，然后亲率大军从哈马丹（今伊朗西部哈马丹）向呼罗珊进军，经过你沙不儿、不花剌，再到撒马尔干，大军马不停蹄，又转道毡的，从毡的到突厥斯坦，布阵于其国境线上。很快，摩诃末大军与哲别、速不台的兵马相遇了。摩诃末派了一个使者过来，以保护西辽为名，强词夺理，向术赤、哲别问罪。

为了给成吉思汗争取调兵遣将的时间，术赤不想与他们马上开战，便对摩诃末的使者说："我们是来追击仇人屈出律的，对贵国并无侵犯之意，不知苏丹为何要大兵压境？再说，花剌子模国与蒙古国有协议，和平往来才刚刚开始。"

摩诃末的使者说："辽国是我邻邦，你们蒙古人为什么无故兴兵消灭它？这是我花剌子模国无法容忍的。"双方都故意不提蒙古商人被杀之事，似乎都只想从辽国这里分杯羹。为了表示对花剌子模国的友好，术赤还提出把战斗中缴获的财物送一些给摩诃末，算是对其犒军。

但使者回去后，半天没有回音。哲别预感到花剌子模军要动手了，他等不及成吉思汗的命令，决定立马开战。速不台早已怒火中烧，带领轻骑兵率先杀出。摩诃末也率左右两队骑兵迎上来，他大喊一声："消灭这些野蛮的蒙古人！"双方混战在一起，蒙古骑兵驰马往来冲杀，眨眼间，花剌子模军便倒下一片。哲别与术赤交换了一下眼色，也各带一支队伍冲杀过来。望着这两股旋风,花剌子模军避之不及,哪里还有还手之力。摩诃末见即将陷入三路蒙古军的包围,慌忙喊道:"快撤,快撤!"他让儿子札兰丁率一队人马殿后,自率大军撤走。

经此一战,摩诃末对蒙古军有了新的认识,没想到他近十万大军居然无法抵挡两万蒙古军的冲杀。他对身边的人说:"蒙古骑兵太凶悍了,都怪我太轻敌,幸亏没进入蒙古腹地,否则后果不堪设想。"成吉思汗得到哲别胜利的消息后,快慰地对众臣子说道:"我们已经了解花剌子模军队的实力了,如果我们谨慎地做出决策,必能一雪此耻。"

成吉思汗对花剌子模国肥沃的土地早已垂涎三尺,只是对这个突然崛起的国家不甚了解,所以才迟迟没有动手。他就像一只狼,在攻击猎物的时候往往要找突破口,弄清对手实力,即使没有发生"讹答剌的罪恶",成吉思汗也迟早会对花剌子模国动手。

二、攻克讹答剌城

1219年春天,成吉思汗召集诸王众将,在克鲁伦河畔举行了一次规模浩大的集会,史书形容此次集会"车帐如云,将士如雨,马牛被野,兵甲赫天,烟火相望,连营万里"。据说成吉思汗集结了五六十万人的军队,打算攻打花剌子模。

尽管规模空前,但成吉思汗心中并无决胜的把握。出征前,他立下了遗嘱,并对后事进行了一些安排。当时,他的皇后之一——第三斡耳朵的也遂对他说:"大汗此次征战不似以往,你年岁已高,此去又山险水恶,万一你伟岸如山的身躯倒下了,谁来接管蒙古大国呢?"

也遂皇后的这番话可以说是胆大妄言,也只有得宠的女人才敢冒这个风险,但她的话点醒了成吉思汗。他沉吟片刻后说道:"也遂的话虽然不中听，但却是事实，我的头发都白了，也不再年轻了，应该选个继承人才是！"

成吉思汗此前并没有认真思考过继承人的问题，匆忙之中该做怎样的抉择呢？于是，他把宗室中与此相关的人找来合议。

成吉思汗共有皇后妃子四十多人，分居在四个斡耳朵（原意为毡帐，后来指宫室）中，生有六个儿子。孛儿帖是成吉思汗第一斡耳朵的皇后，也是第一夫人，生有四子，分别是长子术赤，二子察合台，三子窝阔台，四子拖雷。另外还有第五子兀鲁赤（无后嗣）、六子阔列坚（第二斡耳朵忽兰皇后所生）。据《元史》宗室世系表记载，成吉思汗的儿子还有两人：察兀儿，也速干皇后所生；术儿彻，古儿别速所生。

术赤身为长子，立过不少战功，是一名真正的蒙古勇士，人生阅历丰富，是不错的储君人选。孛儿帖皇后也觉得术赤有能力管理国家，并把他当作第一人选提了出来。但成吉思汗对长子的血脉一直心存疑虑，父子之间的关系很微妙。所以，他听了孛儿帖的话后一直沉默不语，这又勾起了孛儿帖的辛酸往事，她也以沉默相对。最后，成吉思汗妥协了，他问术赤："你是长子，有什么想法可以说说。"

次子察合台性格近似成吉思汗，但性子比较急躁，他听说术赤有可能被立为储君，立即粗鲁地说："难道母后和父汗真的要让他做太子吗？你们不要忘了他是篾儿乞惕人的野种，蒙古国怎么能交到他的手中？要我们兄弟受他的管制？我察合台第一个不服！"

察合台一语道破了成吉思汗不愿公开的隐情，这让术赤感到羞愤难当，他上前揪住察合台的衣服，两人撕扯在一起。术赤嚷道："你有什么根据说我是异族血统，父汗和母后从来没有这样说过，你凭什么捏造，让父母感到悲伤呢？你今天得给我一个说法。"

察合台分辩道："你有什么能力，你能战胜我吗？只不过是性情暴烈、行为专横略胜我一筹罢了。假如我们比射箭，你胜了我，我就把拇指砍下来；如果我们决斗，我输了，我就永远躺在地上不起来。"术赤被激怒了，一把抱住察合台的大腿，察合台虽是个大力士，但还是被术赤重重摔倒在地。"你再敢胡说，当心我宰了你！"术赤警告道。

成吉思汗见状，觉得他俩都不适合做储君。他严厉斥责了察合台，要他尊敬兄长，安分守己，不得放肆。察合台感到很惭愧，哭着对成吉思汗说："术赤和我都是父汗的儿子，我二人愿意齐心协力效命于父汗马前，如果我二人中有不履行诺言者，另一人当以刀斧劈杀之！我二人中若有退后躲避者，另一人当砍断他的脚跟！"

为了摆脱眼前的僵持局面，察合台表示愿意拥戴弟弟窝阔台为储君，术赤也表示同意。成吉思汗说："你们不必在我身边效劳，蒙古国地域广阔，你们都有各自的封地，各守封国也未必能守好。我要告诫你们的是，现在说的话一定不能反悔，像阿勒坛、忽察儿那样，让世人耻笑就不好了。"术赤与察合台异口同声地说："我们的誓言由各位蒙古忠臣做证，如果我们违背誓言，将流尽鲜血而死！"

于是，成吉思汗问窝阔台："窝阔台，你有什么想法？"窝阔台不但英勇善战，而且心思缜密，稳重沉着，可以说文武兼备。但他知道，正是两位兄长的不慎行为给自己带来了机会，所以自己必须谨言慎行。因此，他恭谨地说："父汗倘若抬举我，我又怎么能说不呢？自当尽全力而为之。不过，儿臣担心今后我的后代中会出现'用饲料包裹但是牛不吃，用油脂包裹但狗不吃'的不肖子孙。"

窝阔台谦逊的表现令成吉思汗很满意，他点点头表示赞赏。孛儿帖皇后也觉得这个儿子内敛不爱张扬，但胸怀博大，很有远见，其雄才大略和聪明睿智不逊于成吉思汗。

最后，成吉思汗又问拖雷的看法。托雷说："我愿意听从三位兄长吩咐，也愿意替他们出征，为蒙古征战厮杀！"

至此，成吉思汗心里大致有了底，只是还不便于公开宣布储君人选，以免引起兄弟失和，甚至内斗。"欲以彼为继承人，此希望曾存于合汗之心。"成吉思汗没有明说，但给了窝阔台不少暗示。再说，即使是凭借成吉思汗的权威，窝阔台也只有在宗亲勋贵参加的忽里台大会上经过推举，才能成为合法的大汗。

这次议储之事看似不了了之，实际上所有宗室人都已经看到了合适的人选。

处理完这件大事之后，成吉思汗站在克鲁伦河畔，抬头注视着绵延几十里的蒙古大军，深深地吸了一口带有青草气味的空气，然后走上山顶，摘下帽子，把腰带挂在脖颈上，再次虔诚地向长生天祈祷。

1219年4月下旬，成吉思汗从近六十万待命的士兵中挑出二十万精兵，配备新造的火器、投掷器、云梯等，亲率出征。临行前，他站在用十六匹赤、黄、白、黑色的骏马拉着的行军宝帐车上，郑重地宣布了作战军纪和自己的领导规则、行军路线、各路指挥者名单等，最后说道："西征路上，忽兰皇后将与我同行，照顾本汗的起居，慰劳全军将士。"

随后，成吉思汗将手中的宝剑一指，蒙古大军浩浩荡荡向西方进发。大军到达金山下的也儿的石河，成吉思汗让使者向花剌子模国通报：蒙古大军已经出征，要向犯下罪孽的海儿汗和不知死活的花剌子模苏丹摩诃末进行报复。蒙古军经过地界的异族们，纷纷以奴隶朝见主人的礼仪接待成吉思汗。

一个多月后，蒙古大军抵达天山脚下，只见清澈的河水穿过碧绿的森林和草地汇入山涧，树林和草地青翠欲滴。峡谷里流水声轰鸣作响，山腰间瀑布飞溅，山峰高处还有未融化的冰雪，远远望去，蔚为壮观。成吉思汗正看着，忽然狂风骤起，乌云密布，转眼间大雪飘落。他十分诧异，问谋士耶律楚材道："六月天竟然下雪，这会不会是长生天在警告我们啊？"耶律楚材答道："大汗，玄冥之气之所以见于盛夏，是上天对花剌子模国的无耻行径感到愤怒的表现。人同此性，天同此理，上天也有喜怒哀乐，长生天为大汗的言行所感，愤极而泣，此乃我大军克敌之征兆，请大汗勿疑！"成吉思汗闻言终于释怀，下令大军继续前进。

蒙古军途经乃蛮故地时，一个叫刘仲禄的汉人向成吉思汗进献灵丹妙药。成吉思汗感叹道："我已经老了，体力不支，经常腰酸背痛腿抽筋，即使有灵丹妙药，也要服老啊！"刘仲禄连忙讨好地说："大汗，您是老当益壮，是长生天保佑的真命天子，哪会跟我们这些凡夫俗子一样呢，命中注定会长生不老的！"成吉思汗摇头笑道："世上哪有长生不老的人？"刘仲禄见成吉思汗心存疑虑，又举例说："金国境内有个得道神仙叫长春真人，现在都活了三百多岁了，您可曾听说过？"

成吉思汗眼睛一亮，几年前他就听说过有这么个奇人，只是一直未能谋面，若能得此人相助，也许……他沉思良久，竟在行军途中下了一道圣旨，让长春真人赶来，随军西行。

此时大军行进的前方就是天山。成吉思汗传令各军翻越不剌城南部的阴山，为了行军需要，他命令先头部队凿冰开道。他随大军爬上顶峰，一个大湖挡住了他们的去路，湖水碧波荡漾，四周景色宜人。因爬山行军极为疲乏的蒙古将士临湖伫立，精神为之一振。这时，探路先锋回来报告说前方道路不通，成吉思汗索性让大队人马在湖边驻扎，休息几日，同时派人架桥修路。察合台领着数千蒙古勇士，日夜采石伐木，很快，四十八座桥梁奇迹般地出现在人们面前。成吉思汗率千军万马通行于桥上，恍如天兵天将一般。

经过艰苦的跋涉，蒙古大军走出天山，经伊犁河谷，来到一个地势平坦的地区，河岸边的草地上生长着合抱粗的杨树、柳木和桦树，再往前走，又见一座突兀而立的土山。成吉思汗来了兴致，他对耶律楚材说："以前我征讨乃蛮时曾到过此地，但不知叫什么名字。"耶律楚材告诉他："此地在阿尔泰山南，也儿的石河上游，原为匈奴右地，现在有一部分属于蒙古汗国。"成吉思汗说："既是我大蒙古汗国的疆土，我就给它取个名字，叫多尔布尔津吧。"成吉思汗跑马丈量这块宝地，决定把它作为军队休整训练之地。

翻过土山（即得仁山），大军就到了西域名城阿力麻里，国王斡匝儿之子昔格纳黑的斤以臣子之礼相迎，他的人马也成为成吉思汗西征的一支力量。另外，畏兀儿人也派来一支军队加入西征行列。

大军经过西夏边界时，成吉思汗派使者向西夏国王传达他的旨意说:"你曾经答应做我的右手,现在我要征讨花剌子模国,即将从你的辖境边界出征,你和我一同出发,做我的右手吧!"西夏国王以沉默表示拒绝。他的一位大臣阿沙敢不对使者说:"你们蒙古力量不够,又何必立国称汗呢?"他们对蒙古国表面臣服,内心却是轻视的,而且他们断定成吉思汗此次出征必败无疑,所以才敢出言不敬。

成吉思汗听到禀报后非常气愤,但他还是忍下了这口气,现在打花剌子模国要紧,遂暂时放过西夏。此时,除西夏之外,西部的国家、部落、城堡纷纷加入西征的队伍中,使成吉思汗的西征大军猛然增加了三十多万。花剌子模国苏丹摩诃末得知蒙古六十万大军已入境,在殿堂上惊呼道:"东方的蒙古人来者不善啊!我们该重新考虑作战计划了。"摩诃末拥有四十多万人马,基于此前与蒙古军野外交战的失败经历,摩诃末决定分兵把守各个重要城镇,尤其是对讹答剌以重兵把守。因此,蒙古大军进入花剌子模境内后,在野外基本没有遇到激烈抵抗,于1219年9月进抵讹答剌城。成吉思汗下令道:"在城外开阔地带安营扎寨,将讹答剌城团团包围起来。"讹答剌城下顿时"变成了一片无数雄师劲旅的汹涌海洋,甲马的嘶叫,披铠雄狮的怒吼,鼎沸骚嚷,充塞空间"。此情此景让海儿汗不寒而栗。一时的贪财竟招致如此大祸,海儿汗后悔不已,越发恐惧。

讹答剌城中有两万兵力把守,还有一万哈剌察的增援部队在附近随时听候海儿汗调遣。

成吉思汗复仇心切,立即命令大军攻城。望着讹答剌城那灰色的城墙,几十万蒙古将士发出了愤怒的呐喊,风驰电掣般直冲过去,一场恶战开始了!

蒙古将士攻势凶猛,花剌子模士兵亦誓死守城,讹答剌城下堆积的双方士兵的尸体越来越多,但讹答剌城依然屹立,接受着血与火的洗礼。

城池久攻不下,成吉思汗焦急地说:"这个讹答剌城不是一块好啃的骨头啊!"耶律楚材笑道:"大汗切莫心急,从前金国也是如此,蒙古勇士不是轻松拿下了吗？这个花剌子模并不如想象的那样强大，只要我们战术得当，一定能将这块骨头啃掉。"在对金国的数年征战中，成吉思汗已经得到不少攻城破坚的经验，他与耶律楚材等人一起商讨具体的作战部署。耶律楚材说："小小讹答剌城不需要用二十几万大军来打，我们应该分兵进攻花剌子模边城，然后占领不花剌城，切断新都撒马尔干与旧都玉龙杰赤的联系，打下小城，孤立大城，这样摩诃末就成了瓮中之鳖。"成吉思汗欣然接纳了耶律楚材的建议，决定分兵四路：察合台攻打讹答剌，术赤攻打毡的和养吉干，阿剌黑、速客秃和塔海三员战将攻打忽毡和别纳客忒，最后一路由成吉思汗亲自率领，攻打不花剌城。

讹答剌城下只剩下察合台和窝阔台的三万兵马。用这三万兵力攻打讹答剌城并非易事，但成吉思汗却胸有成竹。讹答剌城外强中干，海儿汗不得人心，又与援军首领哈剌察意见不合，很容易在军事上陷于孤立，将士的斗志也会大受影响。蒙古军已经包围了讹答剌城，只要封锁它向外的通道，城内守军坐吃山空，总会有粮尽援绝之日。同时，因蒙古军已兵分几路去攻打其他城镇，这些城镇也需要增援，摩诃末很难调出更多兵力支援讹答剌城。

蒙古军的攻城战术已很娴熟，对讹答剌城围而不打，只是不停地进行骚扰。察合台、窝阔台与海儿汗展开了持久战。蒙古大军一路掠夺了不少牲畜，食物很充足。海儿汗几万人马困守城内，粮食越来越少，人心惶惶，士气低落，只得把一些百姓驱赶出城。蒙古军用抛石器，把石块、蒺藜火球、毒药烟球等抛进城去，城内一时浓烟四起，大火熊熊，弹丸横飞。

哈剌察无力抵抗，劝海儿汗投降，但海儿汗想到成吉思汗跋涉数千里就是冲着自己来的，即使投降也性命难保，唯有拼死抵抗一条路，别无选择。他义正词严地指责哈剌察："我要是不忠于我们的苏丹，又如何能为自己变节的行为辩解呢？我又拿什么理由来面对百姓的谴责呢？"表现出一副道貌岸然的正人君子模样。哈剌察见劝说无效，便于黑夜偷偷弃城而逃，但他刚出城门就被蒙古士兵逮住了。他想投靠蒙古，察合台得知他是个逃兵和叛徒，问他："你不忠于自己的主人，我们又怎么能够指望你忠于我们的大汗呢？"哈剌察无言以对，最后被窝阔台一刀斩为两截。

讹答剌城失去了一位守城大将，海儿汗更加难以控制城中的局面。不久，蒙古将士便攻破了讹答剌城的城门。

按照蒙古军的习惯，对于拼死抵抗的城镇，占领后一般要进行抢掠和屠城。但该城的百姓却没有遭到屠杀，因为成吉思汗要的只是海儿汗本人和满城的财物。数万讹答剌城的百姓被赶到城外，接着，一场大劫掠开始了，讹答剌城到处回响着蒙古将士兴奋的叫声。眼见自己的家园遭到践踏，讹答剌城的百姓恨透了这场战争的罪魁祸首——海儿汗。

蒙古军在城内清剿一天后，仍未发现海儿汗。原来，城破之后，海儿汗退守内堡，领着一万多敢死队员做最后的挣扎。对于自己的处境，他比任何人都清楚，成吉思汗绝不会放过他这个屠杀蒙古商队的主谋，而他也不抱任何投降求生的希望。

困兽犹斗，蒙古军又花了近一个月时间才攻下内堡。海儿汗退到堡顶，与他的两名护卫殊死反抗。察合台、窝阔台对他十分"优待"，命令将士不许射杀他，只要活的。海儿汗因此战斗到最后一刻，直到用光了所有可以反抗的武器，最终被活捉。

被五花大绑的海儿汗身上牢牢拴着铁链，被送到成吉思汗的军帐前。成吉思汗恨透了这个花剌子模人，对他处以极其残忍的刑罚——将熔化的银水灌入海儿汗的两耳中，让他在痛苦中慢慢死去。这个屠杀了四百九十九名蒙古商人的凶手得到了应有的下场。

被成吉思汗认为是罪恶之城的讹答剌城也遭到了与其他被占城镇同样的命运。内堡被洗劫一空，又被付诸一炬，一座历史古城变成了锡尔河畔的废墟。

三、剑指不花剌城

在察合台和窝阔台围攻讹答剌城时，成吉思汗和小儿子拖雷带领第四路大军，径直向不花剌城杀去。

不花剌城位于花剌子模国首都撒马尔干与文化古都玉龙杰赤之间，是连接这两个最大城市的纽带。它在花剌子模国具有重要的军事地位，仅次于撒马尔干；从文化的角度来说，不花剌城的地位也极为重要，是当时中亚文明的汇集地，仅次于玉龙杰赤。摩诃末对它不敢掉以轻心，派了亲信重兵把守。

不花剌城在花剌子模的腹地，要想到达不花剌城，就得攻克沿途的城镇。成吉思汗经过匝儿讷黑小城时，匝儿讷黑的百姓早就听说成吉思汗有屠城的嗜好，一个个惊恐万分，纷纷躲进城堡，紧闭城门不出。成吉思汗派伊斯兰教的长老答失蛮哈只卜为使者去劝降，若城中百姓爽快答应投降，他也会以笑脸相迎；如果拒绝投降，那就只能兵戎相见。答失蛮哈只卜进城之后，向百姓们宣告了蒙古大军的到来，并向他们保证，只要投降，蒙古军队便不会伤害他们的性命。

这个小城的守军仅千余人，根本不是蒙古军的对手，只要能保住性命，谁来统治管理这个城镇并不重要。当然，也有一些不怕死的人，他们以爱国和保卫家园为口号，使一些原本打算投降的人又动摇了，准备杀掉使者答失蛮哈只卜。答失蛮哈只卜是个有胆有识、能言善辩之人，他对众人说："我不是蒙古人，有着和你们一样的宗教信仰。我之所以来劝说你们，完全是为本族着想，是受命于真主来救苦救难的。你们都曾听说成吉思汗每破一城，都要将它掠杀洗劫殆尽，现在他们为报仇而来，这个小城是挡不住蒙古人的。但我们与成吉思汗并无仇怨，为什么要为那些贵族老爷卖命流血呢？蒙古人不会在此地长久待下去，不如暂时顺服于成吉思汗，只要性命还在，还怕没有东山再起的时候吗？"

众人都觉得他言之有理，都说愿意归顺成吉思汗，但还是有些担忧。答失蛮哈只卜又向真主发誓，如果匝儿讷黑人有一个顺民遭到杀害，他就以性命相抵。族人得到了这样的承诺，再无他话，纷纷献出礼物，迎接蒙古军，只有少数贵族因舍不得自己的财产而躲了起来。成吉思汗没有食言，他把城里的百姓赶到城外，把贵族的房屋夷为平地，财宝收罗一空，再放老百姓回城。由于该城的百姓未受杀戮，人们将匝儿讷黑城称为"忽都鲁－八里"（幸福城）。

随后，成吉思汗从顺民中挑出部分青壮年，加入蒙古军队伍中做签军。有一个突厥人曾经当过向导，对这一带的地形和道路十分熟悉，自愿出来带路。一路上，蒙古大军几乎没有遇到激烈的抵抗，除了与几个小城有过短暂交战外，其他城堡都顺利招降了。

1220年春，成吉思汗兵临不花剌城，很快将城池包围起来。

不花剌城是花剌子模国的宗教中心，分为核心城堡、内城和外城。内城分布着大小城堡，是该城的核心，居住着官员、贵族、教主、富绅等；外城很大，四面有十二个城门。不花剌城的东面是新都撒马尔干，西面是故都玉龙杰赤，是沟通东西两城的桥梁。当时城内有两万多守军。在蒙古军围城前几天，摩诃末又增派了援军一万，守将为怯失力罕、哈迷的布尔等人。据说哈迷的布尔也是蒙古人，但他是摩诃末的亲信，摩诃末对他们寄予了厚望。城内守军多数是突厥雇佣军，斗志并不顽强。蒙古大军汹涌的气势，震天的呐喊声，以及一望无际的军营、密密麻麻的帐篷，使哈迷的布尔和他的士兵"被骑兵和骑兵带来的暗如黑夜的灰尘窒息了，惊吓和恐慌压倒了他们，而且担忧和恐惧盛行"。摩诃末的厚望顷刻间就化为泡影。

成吉思汗分析了一下敌情，决定采取"三面围截、网开一面"的战术破城。他的意图很明显，让那些不愿为摩诃末卖命的将士溜走，同时也把那些愿意死战的人引诱出城。

一切准备就绪,次日,蒙古军开始攻城。

哈迷的布尔有心死战,但士兵们都纷纷逃走,他只勉强支撑了两天,便撤到了内城。另一守将怯失力罕则趁着自己的人马还没打光,也打算弃城逃走。

怯失力罕领着大队人马,于拂晓时分从成吉思汗留下的缺口中冲了出去。蒙古军没想到他们这么多人一起深夜出逃,猝不及防,连连后退。幸好拖雷反应够快,迅速组织起一万骑兵进行反击。怯失力罕无心恋战,朝阿姆河方向逃跑。拖雷率部穷追不舍。突厥士兵只顾逃命,毫无抵抗力,但蒙古军毫不留情,一路砍杀,把近两万敌军消灭殆尽,只有极少数人保住了性命。蒙古将士一直杀到阿姆河畔,沿途尸横遍野,血流成河。

就这样,成吉思汗没有用火器、云梯就占领了摩诃末苦心经营多年的不花剌城的外城。

攻破外城后的次日凌晨,各处城门大开,不花剌人自愿请降,众人列队出迎成吉思汗的大军。成吉思汗骑着一匹高大的栗色战马雄赳赳气昂昂地进城。在不花剌人看来,他"身形高大、体格健壮、精力充沛……头发稀疏发白,长着一双猫儿眼,有着专注的活力、洞察力和惊人的天赋,以及理解力和令人生畏的攻击力"。当地的学者和能人都表示了对成吉思汗的臣服,他们派代表来觐见成吉思汗,恭迎蒙古大军入城。

不花剌城既不是首都,也不是主要的商业城市,但在整个伊斯兰教徒眼中,它具有崇高的宗教地位,被视为"高贵布哈拉",因具有"为所有伊斯兰教徒带来荣耀与欢愉"的称号而闻名于世,是伊斯兰教的圣地。成吉思汗非常清楚,他第一次以征服者的姿态进入这里,具有重要的宣示意义。因此,他耀武扬威地骑马穿过城门,径直来到外城中心,进驻了一栋最高大的砖石建筑。成吉思汗在这座建筑的正堂里,接见了城中的一些重要人物。他问道:"这座宫殿是不是你们苏丹摩诃末的宫殿？"众人回答说："国王的宫殿没有这座宫殿高，但比这更加富丽堂皇，这里只是朴素的真主的宅邸，是清真寺。"成吉思汗若有所思地应了一声。他想："为什么我以前一见城内的建筑就要将其毁尽呢？住在宫殿里比住营帐好多了。"他开始审视起这座古城来。

成吉思汗并不信奉伊斯兰教，这里成了蒙古将士饮酒作乐的场所，当地的宗教首领对此也默然接受了。在他们看来，不花剌城被灭是天意，神圣的清真寺遭到践踏也是天意，所以他们只能默默忍受。成吉思汗对当地的富绅说："我们的马没有粮草，把城里的仓库都打开，把粮食全部拿出来喂马。"接着，他又让人把伊斯兰教经典从木箱里倒出来，把那些箱子当喂马槽。

成吉思汗虽然信萨满教，但他没有歧视和故意践踏伊斯兰教的意思。实际上，他非常重视有文化、有信仰的民族，他尊敬各教中有学问的虔诚之人，他以礼相待伊斯兰教徒。

这时，成吉思汗还没有完全占领内城，哈迷的布尔还领着几千名顽固分子在内堡顽强抵抗。这让成吉思汗很恼火，他一怒之下，让花剌子模国的降军打头阵去攻内城。蒙古军展示了他们新造的攻城武器——弩炮、投石机。它们不仅能投掷石头，还能射出燃烧的液体、爆炸装置和燃烧物质。内堡中的顽固分子又抵抗了数日，成吉思汗让拖雷和速不台带大军把内城夷为平地，放纵士兵奸淫掳掠。据史书记载：内城中比鞭子稍高的花剌子模男子，一个都没有剩下，遇害者人数有两万多，而他们幼小的子女则全都沦为奴婢。

攻克内城后，成吉思汗把外城剩下的居民召集到城外举行公共集会的广场上，然后与儿子拖雷一同登上祭坛，向百姓们训话。成吉思汗大声谴责了摩诃末背信弃义、杀人越货的行为，接着向上天祭拜（拜长生天），最后说道："不花剌的子民应该知道，你们犯下了大罪，你们的教长、大臣和贵族老爷都是罪魁祸首，你们的摩诃末苏丹更是罪大恶极！因此，你们在我面前祈求吧，我是代表上天来惩罚你们的。如果你们没有犯下大罪，伟大的上天决不会让我来惩罚你们的！我是上天的代表，你们要服服帖帖地接受我的惩罚。"

成吉思汗在攻城过程中，从给予民众两种选择开始，就对这座城市的百姓展开了心理攻势。对内城和外城，他采取了截然不同的政策，给外城的民众提供宽待的投诚条款，若他们接受条款就可加入到伟大仁慈的蒙古人之中；无论是百姓还是贵族富绅，只要献出财宝，一律免死回家。不花剌城百姓不敢违抗他的旨意，清真寺大厅内堆积的财宝越来越多。成吉思汗十分得意，但他仍不太喜欢住在城堡里，于是让侍从带上财物，回到自己的营帐里，准备和忽兰皇后畅饮庆祝一番。

当蒙古军离去时，百姓们扔在地上的《古兰经》书页被蒙古人的马蹄踩烂。一位著名学者看到《古兰经》被蒙古兵践踏，对一位富绅愤恨地说："这简直是一群强盗！"富绅急忙向他使眼色，轻轻地提醒他说："别出声！这是真主吹动的愤怒之风，我们这些被风吹散的稻草，无权发言！"

为了治理战后的不花剌城，成吉思汗任命塔兀沙为不花剌城的守将和总督，负责统治这座古城。历经战火的不花剌城经过几年的治理和修缮，才渐渐恢复了往日的繁荣。

四、忽毡城围岛战

攻克不花剌城后，成吉思汗把下一个目标对准了新旧二都。摩诃末终于意识到成吉思汗是不好惹的，他开始产生了些许不安和担心，但自己种下的苦果只能自己去品尝。他现在能做的事就是紧急收拢各处精兵，死守新旧都城。

回营两天后，成吉思汗带领蒙古军主力，离开仍冒着滚滚浓烟的不花剌废墟，向花剌子模国的首都——撒马尔干进发。

与此同时，其他几路大军的捷报也不断传来：术赤率领的军队攻下了毡的州内位于锡尔河畔的速格纳黑城，又占领了讹迹邗城（今吉尔吉斯斯坦乌支根）、巴耳赤邗城和额失纳思城（今哈萨克斯坦孜勒奥尔达市），眼看就要到达忽毡城了。

第三路大军一万五千人由阿剌黑、速客秃和塔海三员战将率领，正在进攻费纳客忒（今乌孜别克西南锡尔河北）。花剌子模的守将亦列惕古灭里带着一支突厥、康里军在忽毡与蒙古军激战了三天。第四天，城里百姓怕战争祸及自身，遂打开城门放蒙古军进来。抵抗者都被强行分配到哈沙儿队，替蒙古军作战，费纳客忒被攻下来了。

随后，阿剌黑、速客秃、塔海率军沿拔汗那河谷，顺锡尔河而下，进攻忽毡。

忽毡的老百姓对蒙古人非常害怕，当蒙古大军兵临城下时，他们纷纷躲进城堡或是逃之夭夭。忽毡的守城将领帖木儿蔑里是一员少有的虎将，也是花剌子模的民族英雄。民间传说，即使鲁斯坦（当地有名的英雄）再世，也只配给他当马夫。

忽毡城也分为内外两城，外城沿河两岸而建，内城核心城堡则修在锡尔河中央、河水分流的洲岛上。洲岛岩石扎入河中，高大坚固，下面还有一片沙滩延伸，因此，内城堡距河岸还有很远的距离。洲岛城堡内有近万名勇士驻守。帖木儿蔑里把指挥部设在这个半岛形的岩石洲上。锡尔河护着这个洲，地势险要，蒙古军的弓箭射不到那个地方，攻城的火器也没有那么远的射程，骑兵更是难以渡锡尔河，围城大军只能望洋兴叹。

阿剌黑一时也无良策，只得先扫清外围之敌。外围守军仅几千人，蒙古军一到，便逃走了一部分，剩下的也不是蒙古军的对手，仅战守一天就溃败了。速客秃见敌军将领中有一人勇猛异常，便追杀过去。双方都使刀，砍杀了一阵，不分胜负。塔海见状忙过来助战。速客秃与塔海二人联手对敌，又战了二十多回合，还是没有将对方拿下。这时，那敌将喊道："听说蒙古蛮人个个神勇善战，我看不过是徒有虚名。倘若你等真有本事，就到我洲堡去战。"说完大笑离去。速客秃这才知道，此人就是守城主将帖木儿蔑里。他正想去追，但帖木儿蔑里已弃马上船，飞渡上岛了。

蒙古军在外城再没遇到强烈的抵抗，但下一步怎么办？三位将军凑在一起商量对策。速客秃、阿剌黑、塔海都不是平庸之辈，立下过赫赫战功，可眼下连小小一个城堡也攻不下，如何向大汗交代？望着锡尔河，速客秃灵机一动，计上心来：忽毡城不就是凭着它的有利地形顽抗吗？把河填满不就行了吗？他们从其他城镇调来哈沙儿队约三万人，把他们编成十人一小组、百人一大组，运石头来填河。

填河大军昼夜不停地往锡尔河中堆石头，这项艰苦的工程持续了半个月。

帖木儿蔑里不愧为花剌子模名将，他骁勇无双，才智过人，已经想好了应对之策。他在内城集中了一批工匠，让他们制造了几十艘船，船身狭长坚固，蒙上湿毯，以防撞、防火，船体上部开有窥视孔，既可以观察敌情，又可以从里面射箭攻击。帖木儿蔑里每天派出十几艘船在河中巡查，清除填河的石头，并攻击填河的人。

蒙古军见状，命弓弩手射箭，但箭镞大部分都射在船体上，没有杀伤对方人员。帖木儿蔑里充分利用自身优势，采取死守九日、猛攻一日的策略，与蒙古军僵持。

为了打破僵局，蒙古军又调来了石炮，但城堡在石炮的射程之外，奈何不了帖木儿蔑里。

不久，完成了攻打毡的等城任务的术赤接到成吉思汗的命令，前来援助，他们把忽毡城围得水泄不通，帖木儿蔑里插翅难逃。

帖木儿蔑里低估了蒙古人的耐性，没想到他们几个月也不退去。忽毡内城虽然备有大量物资，但毕竟是一座孤城，既无援军，又无粮草补充，守下去必是死路一条。

一天夜里，帖木儿蔑里正在苦思退路，突然一道闪电照亮了河水，大雨倾盆而下。他想，大雨之后，河水必然猛涨，那样就有机会乘快船逃离。第二天三更，大雨下个不停，帖木儿蔑里组织了七十艘船冒雨突围。他把剩下的辎重及伤员转移到船上，自己则率领一队勇士登上一条大船，点起火把，顺着湍急的河水而下。

蒙古军发现帖木儿蔑里想要逃走，迅速派轻骑沿河岸追赶。术赤又传令沿岸的蒙古军阻截，但为时已晚，帖木儿蔑里早已跑远。

术赤又命快骑赶到下游以铁链为索、结舟为梁，并配以石炮拦住帖木儿蔑里的去路。经过几天的围追堵截，水路已经无法前行了，帖木儿蔑里只得带一队人马弃船而逃。

术赤率众穷追不舍。面对如蜂蚁般拥来的蒙古士兵，帖木儿蔑里毫无惧色。他骁勇无比，左躲右闪，左刺右砍，蒙古士兵一时接近不了他。但毕竟寡不敌众，帖木儿蔑里的人马大部分被掳杀，跟随他的仅剩几个忠实的随从。帖木儿蔑里把大刀舞得如风车一般，左砍右劈，一边殊死搏斗，一边向玉龙杰赤退去。他只剩下三支箭，其中一支还是没有箭镞的断箭。他用这三支箭射向身后的蒙古骑兵，箭无虚发，连中三人之目，蒙古骑兵惊骇不已。这时，他立马于大道上，虚张声势地说："我仅剩下两支最好的箭了，但我舍不得用。识相的就退回去吧，免得浪费我的好箭！"几个蒙古兵一听，踌躇不前，帖木儿蔑里便乘机逃走了。

帖木儿蔑里这一走，如放虎归山，他逃到玉龙杰赤后，重整旗鼓，继续对抗蒙古人。他的顽强抵抗，使攻打小小的忽毡城变成了一场苦战，对攻克过无数城堡的蒙古大军来说，这是极少遇到的情况。

五、首都保卫战

到1220年,蒙古大军已在花剌子模国内横行霸道、烧杀掳掠达一年之久。按理说大仇已报,但成吉思汗丝毫没有退兵的意思。他让忽兰皇后带着一部分人回到兴都库什山北麓,为大军准备一个休整之地,自己则集结三路大军围攻花剌子模国的新都撒马尔干。

撒马尔干位于阿姆河上,是花剌子模的新国都,也是花剌子模的政治、经济中心。"撒马尔干"意为肥沃的都市,这个富饶美丽的城市从8世纪以来就以造纸业闻名。河岸地区土地肥沃,又是东西南北的交通要冲,战略地位十分重要。摩诃末自然不敢大意,他宁可放弃其他任何一城,也要确保首都万无一失。

不花剌城被攻占后,摩诃末下达紧急命令:"将六万突厥军和五万大食军调来防守撒马尔干。"这使撒马尔干的守军达到十一万之众。摩诃末还不放心,又在都城周围建筑了许多条外垒防线,加高了城墙,墙下挖壕蓄水,并别出心裁地组建了一支大象军。二十几头大象身披铁甲,充当前锋,阻挡蒙古人的铁骑。

花剌子模首都保卫战就这样开始了,成吉思汗志在必得,他对众臣子说:"看来我西征的决定是得到长生天认同的,现在我们就要攻打撒马尔干了,这个不知死活的摩诃末现在应该感到后悔了吧。打下他的国都后,让他自己向世人宣布花剌子模灭亡吧!"纳牙阿说:"那个可恨的摩诃末恐怕早就寝食难安了。"众臣子士气高昂,术赤异常激动地说:"撒马尔干虽然城大,但我们一定要将摩诃末活捉回来。"

撒马尔干的布防还在紧张进行之中。摩诃末对众臣子说:"现在我们的防守应该是固若金汤了，蒙古军没有几年的工夫，根本无法动摇我的都城，但我们切不可掉以轻心。"相国上前道："我们的军队都是各自为战，给了成吉思汗可乘之机，他的大军正是利用这一点才将我们的国家搅得不得安宁。现在我们应该集中全国精锐，在城外与成吉思汗决一死战。"摩诃末皱起眉头，轻轻地挥着手说："你是不是老糊涂了，蒙古蛮人最擅长的就是野战，我军在边境与蒙古的哲别、速不台等人交过手，他们的军队像旋风一般，让你搞不清楚这股风是怎么吹过来的，谁敢跟他们在野外一拼？唯据城死守，才是万全之计。"廷下的臣子们也议论纷纷，说道："摩诃末犯下的罪，安拉是不会保佑的，我们作为臣子又能怎么样呢？"

1220年3月，成吉思汗的前锋两万人封锁了撒马尔干通往外界的道路。察合台和窝阔台已经攻占了讹答剌，率兵前来；术赤、阿剌黑、海都也打下了忽毡城，除一部分人追往玉龙杰赤外，其余人马也正向撒马尔干赶来；成吉思汗率中军主力有七八万人正兵分两路赶往这里。几天后，在撒马尔干城下，蒙古人"超过了沙粒和雨滴"。

摩诃末陆续接到前线的战败消息后，信心进一步遭到打击，心想："难道安拉没有保佑我吗？难道我的决定真的是个天大的错误吗？在厄运星没有离开之前，为谨慎起见，不宜对敌人采取任何行动。"晚上，他爬上城楼观望，只见城楼下蒙古人营帐的灯火比天上的星星还要密集。第二天，摩诃末视察撒马尔干城防，看到护城河与河水相接，很不高兴地说："蒙古军如果兵临城下，相信他们一人扔一条鞭子就能将壕沟填平，哪里还要出大气力填壕啊！"众士兵闻言，士气马上一落千丈，纷纷议论道："国王竟然如此畏惧蒙古军，即使我们再英勇拼杀，也是难以取胜的。"

但成吉思汗并没有立即攻城，而是采取谋士耶律楚材的计策，继续虚张声势，动摇敌人坚守的决心，并设立了许多虚营（只有灯火没有人），这是为了防备敌人夜间偷袭。在容易遭到偷袭的地方，士兵们都隐蔽起来，随时准备围歼来袭之敌。这使得花剌子模人的几次夜间偷袭都收效甚微。

摩诃末偷袭不成，又不敢出城迎战，只能死守在城里。守军中的一部分突厥人坚决要求出城作战。突厥人的强悍丝毫不逊于蒙古人，他们也擅长野外作战，在城中待不住，便主动请战出击。摩诃末不表态，他手下的将官就默许士兵们进行小规模行动，但每次出击的队伍都在蒙古军如雨的弓矢中伤亡惨重。

成吉思汗当然不会让摩诃末这么安逸。他的大军以哈沙儿为先锋，不停地向城内发起攻击。成吉思汗亲自来到城下巡视，查验效果。蒙古军攻城后的第七天清晨，撒马尔干守将阿勒巴儿汗领一支突厥军在野外与蒙古军展开了一场激烈的战斗。双方往来厮杀多次，互相都有不小的伤亡，直到天黑之前才各自收兵。

交手几次后，成吉思汗心里已经有了底，他决定发动一次更大规模的攻势。这天早晨，成吉思汗让术赤督战，不一会儿工夫，蒙古军便堵住了撒马尔干的四个城门，准备用火器先破中门。这时，城门突然大开，二十几头全副武装的大象冲了出来。哈沙儿掉头就跑，蒙古军没有防备，队伍很快被大象冲散了，乱成一团，不少步卒被踩死，骑兵也人慌马惊，不战而退。

术赤本想抢个头功，没想到首战失利，心里烦闷，回营后便苦想对策。他突然想起过去曾用红绸代替火焰惊扰骆驼的计谋。第二天，他命人在城外堆积木材，上面浇上桐油，然后准备数十个火把。战斗开始后，当花剌子模人放出大象助战时，术赤就用火攻。大象遇火后掉头就跑，蒙古军用箭猛射大象的尾部，大象的这个部位没有铁甲保护。大象受了伤，只顾横冲直撞，奔进城里。城内守军的阵势被破坏，一时手足无措，蒙古军趁机杀入外城。

守城的将士见外城已破，连忙撤入内城。城内的权贵和教长们担心蒙古军大开杀戒，干脆打开城门，将蒙古军两万多人迎入城里。城里的头面人物哈迪和沙伊黑等人出城去见成吉思汗，请求投降。

当成吉思汗的大军准备对内城发起进攻的时候，摩诃末再也坐不住了，他惊慌失措地说："看来撒马尔干也不是安全的地方，我的将士们，你们在这里坚守，我先行去调集援军，我会记着你们的。"随后，他率领一支军队和几名大臣慌慌张张地从隐蔽通道逃跑了。奔逃中摩诃末还对沿途守将说："你们快快想个保全之策吧！蒙古军是不可抵抗的。"这使花剌子模国的军队对蒙古军产生了巨大的恐惧感。摩诃末逃到玉龙杰赤附近时，问身边的臣子："我们有什么办法能让这场灾难过去呢？"臣子们都一筹莫展。摩诃末的表现让他们十分失望。

与此同时，撒马尔干城退守内堡的阿勒巴儿汗手下将领个个畏缩不前，只有阿勒巴儿汗亲率三千人马与蒙古军死战，最后杀出一条血路逃了出去。

成吉思汗很快占领了撒马尔干，从第一次发起进攻到撒马尔干城陷落，只用了十天时间。他留下归顺的五万多人，把不愿归降的人全部杀掉，其中有六万土耳其兵士被杀得一个不剩。部分妇女儿童被送往蒙古，三万名各类工匠，包括投降的大象战斗队的驯象员，则被分配给几个皇子、后妃和一众将军谋臣。

第十一天，蒙古军将城中的清真寺烧毁，拆毁了部分城堡，清理出花剌子模的重要官员，全部杀掉。据史料记载：城中有十余万户（约四十万人），国破以来，存者四分之一。也就是说，此战中有三十万人被杀。

将战后事宜安排妥当之后，成吉思汗回到兴都库什山北麓，在这个风景胜地与忽兰皇后度过了夏天和秋天。

六、亡国之主摩诃末

话说花剌子模国王摩诃末一路逃亡,但他觉得哪里都不安全。他的一个宿将建议:河中地区已无法挽救,应全力防守呼罗珊、伊拉克,召集各处之兵合成一军,并招教徒入伍,共同据守阿姆河一线。但摩诃末无心恋战,不以为然地否决了。又有人建议:"我们可以将军队撤到哥疾宁(喀兹尼)抵抗蒙古人,如形势不利,还可以渡河退到印度。"摩诃末马上采纳了这个消极防御、积极逃跑的建议。

不过,摩诃末的儿子札兰丁对这两个建议都不满意,他主张立即回师与蒙古军展开正面战斗。然而,此时的摩诃末头脑中只有逃跑的念头,他再也不想采取作战行动,因此,他对札兰丁怒斥道:"你知道什么!吉凶之势是天注定的,岂是你能改变得了的?小小年纪,不知天高地厚,狂妄自大!"札兰丁苦苦哀求他以国民为重,据守阿姆河,争取时间,等待转机。摩诃末被他说得不耐烦,干脆打发他去增援旧都玉龙杰赤。

就在摩诃末苟延残喘的时候,成吉思汗派出大将哲别、速不台率领精骑昼夜追击摩诃末。他命令大军要穷追不舍,沿途屠城,降者安抚之,抗者摧破之,就是追到天涯海角,也不能放过摩诃末。哲别、速不台受命后,不敢稍有迟缓,日夜兼程地朝摩诃末逃跑的方向追击。

不久,哲别率领的大军已从般扎卜渡过阿姆河,进入摩诃末的驻地。摩诃末的诸臣子、王子为了保护国王的安全,与哲别展开了激烈的战斗,哲别初战不利。就在此时,速不台的后卫军也赶到阿姆河岸边。此时天色已晚,速不台命令士兵每人点三支火把,摩诃末惊呼道:"蒙古大军将至,我们还是快快撤退吧!"于是,摩诃末率领军队又匆忙进入巴里黑地区。

哲别、速不台不敢有丝毫延误，继续紧追不舍。

摩诃末进入巴里黑后，他的部下没有与他同仇敌忾，而是想将这个祸首杀死。当天晚上，摩诃末得到消息，于是换了个地方睡觉，躲过一劫。此后，他更加提心吊胆，重新组织一批护卫人员和三万军队，径直向呼罗珊撤退。

哲别、速不台大军站在阿姆河畔，准备用蒙古人的皮筏顺阿姆河而下，进攻呼罗珊。花剌子模士兵见到他们如同见了天兵天将，纷纷抱头鼠窜，营帐和兵器都丢弃不顾，几万主力军一下子作鸟兽散。摩诃末身边的人马越来越少，诸城失陷的消息又接连传来，使得军心动摇，众王公贵族都各自领兵弃摩诃末而去。

坐皮筏渡河的蒙古军很快就突破了阿姆河上的防线。哲别、速不台到达巴里黑后，不费一兵一卒就降服了这座城市。安排好守城事宜后，哲别找了一个当地的向导带路，他们沿途抢掠，屠杀了一大批不甘投降的平民。

蒙古军渐渐逼近你沙不儿，摩诃末借口出城打猎欲逃离此地，前往伊拉克避难。就在这时，探马飞报说蒙古军到来了。摩诃末回到哥疾宁，将自己的嫔妃、子女和母亲送到哈伦堡安身，以得到伊拉克守将的保护。

哲别、速不台大军在西进途中并没有遇到激烈的抵抗，他们每到一城，都会得到许多财物和粮草，因此，也没有对城中居民进行屠杀。只有经过徒思城（今伊朗马什哈德北）时，该城的守军和贵族对蒙古军表示了敌意，哲别下令对居民进行了无情的屠杀。

在哲别与速不台分兵追击时，摩诃末身边的王公大臣在哥疾宁聚集了一支三万人的军队，摩诃末打算据此与蒙古军对抗。不久，哲别等人一举攻下剌夷城。摩诃末得知后震惊地说："难道安拉就不爱护他的孩子了吗？为什么蒙古人在你保护的土地上会所向无敌呢？"剌夷城陷落的消息使摩诃末军队的士气跌到了谷底，将士们纷纷逃跑，刚刚聚集起来的军队溃散了一半。摩诃末忙带着亲信跑到哈伦堡。哲别听说摩诃末躲在哈伦堡中，率兵赶往那里与摩诃末剩下的一万多人激战。双方还未分出胜负，哲别又得到消息说摩诃末已经逃走了，于是弃城不顾，马不停蹄地追赶。

摩诃末怎么也摆脱不了蒙古军的追杀。后来，他逃到里海的一个小岛上，在当地的清真寺里虔诚地祷告了几天，然后在随行教长诵读《古兰经》中向另一个岛出发。跟随他的将士死的死、逃的逃，只剩下他的几个儿子和一些贴身侍卫。他们一路逃命，岛上缺衣少食，全靠居民接济，整天提心吊胆。

不久，在叛徒的带领下，哲别、速不台大军来到海边搜寻摩诃末的下落，但还是没有找到，于是回师攻克哈伦堡，将摩诃末的亲族全部抓起来。摩诃末得到消息后，垂泪喊道："待我复兴之日，定要遵照正义之礼，报仇雪恨。"他忧愤交加，神志错乱，言语含糊不清。不久，摩诃末患病，但没有药品，环境又差，病情一天天加重。后来，他听说自己心爱的嫔妃被送进了成吉思汗的军帐，母亲秃儿罕哈敦也成了成吉思汗的俘虏，昔日饮酒作乐的皇宫成了一片废墟，他的精神彻底崩溃了。弥留之际，摩诃末将几个儿子召到身边说："非札兰丁不足以光复故国。"他亲自给札兰丁挂上配刀，命诸子发誓今后忠贞不贰。

几天后，即1220年12月初，摩诃末病逝于岛上。他死后，"诸子仓皇无敛衣"，还是一个侍卫拿出自己收藏的衣衫才装殓了这位泱泱大国的国王。

七、玉龙杰赤持久战

摩诃末死在了小岛上，花剌子模的贵族认为新苏丹札兰丁将带领他们收复河山。而札兰丁的确在伊拉克境内积蓄力量，等待有利时机对付成吉思汗的大军。此时在花剌子模腹地，蒙古军仍在攻城略地。

1220年冬，就在成吉思汗从兴都库什山返回不久，他把进攻的目标锁定为玉龙杰赤。

玉龙杰赤是花剌子模国的故都，有收藏该国无数珍宝的府库，也是花剌子模国最文明、最富庶的宝地。有"你期望的一切，物质的和精神的都在其中"之美誉。

继撒马尔干失守后，花剌子模国诸州和边疆诸城接连被蒙古军侵占，玉龙杰赤已经成为一座孤城，蒙古军将它围得水泄不通。玉龙杰赤就像"绳子被割断后倒塌下来的帐幕"，在狂风中飘摇。

这一次，成吉思汗的三个儿子率先向玉龙杰赤进发。当时，札兰丁带着几个兄弟离开小岛，回到玉龙杰赤。众人见到新国王后，都欢欣鼓舞。其时玉龙杰赤已经聚集了九万突厥、康里军队，但这支军队掌握在前王储斡思剌黑等突厥、康里将领手中。大权旁落，札兰丁心中自然不快，一心想要夺回兵权。皇太后秃儿罕哈敦一派的王子也坐立不安，他们都畏惧札兰丁，于是密谋杀死札兰丁。消息被札兰丁得知，他权衡利弊，决定逃往呼罗珊地区避难。札兰丁离开后，帖木儿蔑里对突厥、康里人的行为非常不满，于是带上自己的三百名骑兵追随札兰丁去了。他们用十六天时间横穿花剌子模、呼罗珊两地的沙漠，到达奈撒地区（今土库曼斯坦阿什哈巴德东）。

新苏丹一走，花剌子模的旧都玉龙杰赤又陷入了混乱之中。

1221年年初，术赤、察合台受命进攻玉龙杰赤。城中守军没有得力的大将，土耳其人库马鲁的斤作为皇太后秃儿罕哈敦的亲戚在此守卫，他力主抵抗。最后主战派得胜，他们在库马鲁的斤的号令下，立即部署兵力加强防御。

蒙古军包围玉龙杰赤长达六个月之久，也没有攻下这座古城，这并非因为敌人的抵抗有多么顽强，而主要在于术赤与察合台不和。术赤为了避免破坏这个富裕的城市做了一切努力（此地后来成为他的封地）。城内的许多名人贤者也主张劝降，和平进占该城，但是等了很久，库马鲁的斤仍没有投降的表示。察合台对术赤的"软攻"策略很不满，一怒之下派遣自己的部队强攻，使术赤之前的努力付诸东流。察合台率部花十多天填塞城外沟堑后，发动总攻。玉龙杰赤横跨阿姆河，中间有桥梁相连，城内饮水全取自该河。察合台一改惯用的火攻，派三千勇士首先占领大桥。这座桥是城内居民生命所系，因此战斗异常激烈。蒙古军一度占领桥梁，但又被团团包围，经残酷的白刃厮杀，三千人无一生还。这一仗鼓舞了花剌子模守城军民的士气，他们一直坚守七个月之久，城外堆满了蒙古士兵的尸体。

时日拖久了，远在阿富汗境内的成吉思汗大为恼怒，立即派窝阔台为总指挥，令他不惜代价迅速拿下玉龙杰赤。

窝阔台到达玉龙杰赤时已是秋末，他调解了术赤和察合台之间的矛盾，并严整军纪，然后向玉龙杰赤发起总攻。经过蒙古军几番密集的箭阵冲击，玉龙杰赤的守军败下阵来，被迫退入内城。但城里的巷战仍在继续，异常激烈。蒙古军不管是人还是牲畜，见到活物便杀。城里的人也以各种方式进行抵抗，从一条街到另一条街，从一家到另一家，寸土必争、尺地必夺，连妇女儿童也参加了战斗，蒙古军只得暂时撤到城外。

玉龙杰赤的抵抗虽然声势浩大，但群龙无首，因而人心惶惶。城民一致同意在诺鲁思大会上推举一位诺鲁思王，由他暂任国主，掌管战时事务。但因主战派和主降派的意见不统一，最后推举了秃儿罕哈敦的亲族忽马儿异密作为临时的苏丹，掌管城中事务。

为了攻城，窝阔台派一小队蒙古军跑到玉龙杰赤城下抢掠牲畜，引玉龙杰赤守军出城。花剌子模人不知是计，守将打开一扇城门，数千守军和百姓一窝蜂地奔了出来，企图将这些蒙古人杀死。蒙古人忙翻身上马，飞一般地"逃走"。花剌子模人紧追不舍，一直追到几十里之外的城郊宴游花园附近，蒙古大军从埋伏之地杀出。经过半天的厮杀，花剌子模人死伤无数，剩余的人拼命奔跑回城，蒙古军紧随其后，再次杀入城中。

蒙古军冲进城后，逐个院落进行清剿，而城中百姓也丝毫没有妥协的意思，他们拿着木棍、砍刀与蒙古军战斗。术赤大发雷霆，下令将城中居民全部杀光。

双方的激战持续了九天。1222年4月，蒙古军终于攻克了玉龙杰赤。这是历史上罕见的一次攻防战。据说，战后每个参战的蒙古士兵都分到二十四个战俘，由他们去处死。如果攻城的蒙古军以三万人计，则被杀的玉龙杰赤守军与百姓约有七十余万人，还有十万工匠被遣送到大草原。玉龙杰赤陷落后，蒙古军破坏了阿姆河堤，放水灌城，溺水者甚多，死尸累累，白骨成堆。

这一战，三个蒙古王爷都抢掠了大量金银财宝，但他们都没有拿出来上交给成吉思汗，也没有平均分配给众军将。成吉思汗非常愤怒，三天不见众子，后来在博尔术和众臣子的劝说下才原谅了他们，要他们戴罪立功，引以为戒。

八、横扫欧亚大陆

在术赤、察合台攻打玉龙杰赤之初,也就是成吉思汗刚从度夏之地回来之时,速不台就主动请命道:"今日我与哲别已将摩诃末逼死,但我得到情报,篾儿乞惕的忽都和赤老温藏身于钦察,对大蒙古国新的疆土有可能产生威胁,我请命进攻钦察,让大汗高枕无忧。"成吉思汗非常高兴,回头问耶律楚材:"征伐大计,尚在运筹,卿有何卓见,不妨奏陈于朕,可直言之,不必有所忌惮。"这是他对一个契丹臣子讲的最文雅的话。

耶律楚材深知成吉思汗正在酝酿下一步的战略,所以也在反复考虑此事,他说:"当今天下大势,阿尔泰山以西直至欧罗巴洲,各国互相攻杀,兵力大耗;兼之中亚地区久旱不雨,牲畜大量死亡,百姓惶惶不可终日,此乃天赐大汗一统天下之良机。当前西征花剌子模国虽然首当其冲,但周边地区也不可放过。臣以为我军宜集中精锐兵力,分三路长驱而进,一路向西北取钦察及斡罗思(即俄罗斯),一路征西取里海和黑海,一路向西南取申河(即印度河)波斯。以我常胜勇武之军,对彼分崩离析之众,必将势如破竹,迅如卷席,欧亚大陆指日可下。"

于是,从1220年冬开始,一场横扫欧亚大陆的血腥战争,以哲别、速不台的远征而拉开了帷幕。

速不台、哲别率约六万蒙古大军在1220年年底扫荡了伊拉克,击溃了谷儿只(今格鲁吉亚)的一万军队,将其歼灭过半。1221年春夏间，速不台三次兵临阿塞拜疆首府，并迫使谷儿只归降，解除了进攻钦察草原的后顾之忧。不过，蒙古军前脚刚走，谷儿只就毁约了。同年10月，速不台率蒙古军一路攻城略地，先后攻克阿尔兰重镇拜勒塞城，再次大败谷儿只，歼灭了他的三万兵马和阿速部等地方势力。

1221年，成吉思汗与拖雷离开撒马尔干，到达那黑沙不的草地和矮树林之后，成吉思汗下令拖雷向呼罗珊进发。一路进军十分顺利的成吉思汗大军在来到忒耳迷时却遭到了顽强抵抗，成吉思汗一怒之下，命令近十万大军一鼓作气，占领了这座城，并对当地人进行了大屠杀。

同年夏，呼罗珊城的军民对成吉思汗表示臣服。在攻打哥疾宁之前，成吉思汗又对巴里黑进行了彻底的清剿，整个城市被毁，百姓全部被杀。之后，蒙古军在呼罗珊地区一路攻杀，经过马鲁城时，拖雷大军将马鲁城团团围住，守城的一支部队企图出城奔逃，但被蒙古军打了回去。面对蒙古军的强攻，马鲁人一筹莫展，城中教长和贵族只得带着金银财宝出城向拖雷投降。拖雷安排好战后事宜后，离开了马鲁城。但他刚走，城中百姓又起来造反，拖雷返回力战，率军在城中大肆烧杀，整个城池几乎被毁灭。

1221年4月，拖雷围攻你沙不儿城，城中教长担心遭到与马鲁城一样的命运，便主动打开城门表示臣服，但拖雷为了给脱忽察儿报仇，严词拒绝了对方的投诚。在一个晚上，拖雷大军攻进你沙不儿城中，照例对其进行大规模屠杀。离开你沙不儿城后，拖雷来到也里城，两次遣使者招降，最后也里城守将投降。拖雷赦免了城中百姓，并留下一个守将。与此同时，成吉思汗攻克讷思来忒忽城堡。

1221年春夏之际，蒙古军几乎荡平了呼罗珊地区。这时，成吉思汗的义弟失吉忽秃忽仍在监视札兰丁的行动。成吉思汗命他率三万骑兵攻打呼罗珊地区剩下的顽抗者,他自己则率大军去攻打塔里寒城堡。失吉忽秃忽很快便与刚刚纠集于恰里的札兰丁的十几万大军相遇,在八鲁弯展开了激烈的战斗。蒙古军寡不敌众,惨遭失败,这是蒙古军西征以来最大的一次失败。成吉思汗得到消息后,镇定地说:"失吉忽秃忽惯于常胜,从来没有受到失败的考验。此后他应该会更加谨慎。"他马上率大军追赶札兰丁,攻克了范延堡,进城后将整个城池毁灭,使范延堡成为一座死城,之后数年都无人敢在城内居住。

几天后,成吉思汗大军与攻克了玉龙杰赤城的察合台、窝阔台军会师。蒙古大部分军队集中在一起,对逃亡的札兰丁形成了巨大的威胁。

刚刚取得一次胜利的札兰丁军中却发生了内讧,许多军将因抢夺战利品而争斗不止。最后,古儿部和赛甫丁军队自寻出路去了。队伍分崩离析,札兰丁又陷入了孤军奋战的危险境地。面对虎视眈眈的蒙古军,他计划返回哥疾宁,越过申河,逃到印度去。成吉思汗得到消息后,率军直奔申河而来。蒙古军以迅雷不及掩耳之势蜂拥到申河两岸,那天早晨札兰丁刚睁开双眼,发现自己已经陷于蒙古大军的包围之中。成吉思汗下令:"活捉札兰丁!"札兰丁在战场上左右拼杀,最后骑着战马跳进申河,向对岸游去。

1221年夏季,成吉思汗把捉拿札兰丁的任务交给几个儿子,自己则到塔列干凉爽的山中避暑。没两天,他便接到报告,得知札兰丁在继续集结兵力。于是,他下令再次向哥疾宁进军,途中攻占了克鲁多安城,费时一个月。拔除这个据点后,他又率军越过兴都库什山脉,进攻帕米扬。在作战中,他的爱孙——察合台的儿子木秃坚不幸中流矢阵亡。成吉思汗燃起了仇恨的怒火,他不戴头盔,亲征帕米扬,不论男女老幼,一律杀绝,将帕米扬化为无人之境。该城因而被称为毛乌-巴力克("毛乌"是蒙古语"恶""被诅咒","巴力克"是土耳其语"街")。

当时，察合台不在这个地方，等他征伐八鲁弯回来后，成吉思汗不许人将木秃坚的死讯告诉他。当天晚上，成吉思汗和三个儿子一起吃饭时，故意对他们生气，责备他们不服从他的命令，说话的时候，他特意看着察合台。察合台心生恐惧，连忙下跪申辩，说自己从来没有违抗过父命。成吉思汗又严厉地问他："这是实情吗？你真能不违背你所说的话吗？"

察合台扪胸喊道："如果违背，我宁愿死去。"成吉思汗继续说："那好吧！我有个不幸的消息要告诉你，你的好儿子木秃坚战死了，我不许你哭泣。"察合台闻此噩耗，顿觉天昏地暗，但他极力控制自己，像没事一样继续吃饭。吃完饭后，察合台悄悄溜出去，躲到一片林子里，一口气砍断十多棵树，痛哭了一场。

与此同时，札兰丁又回到哥疾宁。听说成吉思汗的追兵来了，他立即择路而逃。在成吉思汗的主力部队到来之前，他已经退却到印度河边，准备在此防守。

1221年11月24日，双方展开了最后的决战。在对阵的天日山，双方都各自抢占有利地势。蒙古军的神射手远射击毙了帖木儿蔑里。札兰丁坚持战斗半日，杀得眼红，连马都跑不动了。他见始终无法攻破蒙古军阵势，就跨上另一匹战马，佯装最后突击，趁蒙古军还没有弄清他的真正意图时突然掉转马头，脱掉盔甲，驰向河边，连人带马跳入滔滔河水中。蒙古军将士还想追击，成吉思汗制止了他们。他召集随军而来的诸皇子说："生儿子要生札兰丁这样的。真正的勇士就应该这样战斗！"他对这位逃亡者称赞不已。这时，蒙古军向跟随札兰丁投河的士兵疯狂地攻击，箭如雨下，河水为之变红。此役，札兰丁的家族成员绝大部分成为俘虏，札兰丁的儿子、亲族和残兵均被虐杀，札兰丁所携带的金银财宝尽沉河底。

札兰丁渡过河登上对岸之后，收集了几百残兵逃向南方的德里。

成吉思汗又派拖雷与巴拉追击，二将包围了木鲁坦（今巴基斯坦木尔坦），但因暑气逼人，蒙古军不堪忍受，最终撤离。他们一路攻占了木鲁坦、剌火儿（今巴基斯坦拉合尔）、白沙瓦、麦里克布鲁诸地，然后返回哥疾宁，与即将凯旋的蒙古军主力部队会合。

札兰丁最终逃之夭夭，下落不明。

第八章 一代天骄的陨落

一、长春真人的长生之道

在成吉思汗西征途中，有一个人不能不提，他就是长春真人丘处机。

丘处机，生于1148年，山东人，自号"长春子"，曾拜全真教创始人王重阳为师，是著名的"全真七子"之一。幼时，有一看相的先生路过他家，见到丘处机之后说："这孩子相貌不凡，且有神气附体，长大后必为大师之类的人物。"他的父母听说后，遂悉心培养，但这个孩子对求学和功名之类不感兴趣，只一心求道。十九岁那年，丘处机与马钰、谭处端、刘处玄等几位好友到宁海昆山寺拜重阳真人为师。重阳真人一见丘处机，便十分器重他。1217年，丘处机成为全真教第五任掌门。当时战乱纷繁、民生疾苦，很多人为寻找心灵寄托纷纷加入全真教，全真教在北方声名大噪。年届七旬的丘处机鹤发童颜、碧眼方瞳，外界纷纷传说他年届三百岁，精通"长生不老之术"和"治天下之道"。

成吉思汗对他思慕已久，西征途中又有刘仲禄等提及此人，成吉思汗便写下了一封言辞谦恭、恳切的诏书。长春真人接到邀请时，已是

1219年腊月。他带领尹志平、李志常等十八位弟子从山东起程西行，于1220年2月抵达蒙古统治下的燕京（今北京）。此时，率军西征的成吉思汗已越行越远，丘处机便上书《陈情表》表明自己年事已高，并无治国才能，盼望能等大汗东返后觐见。

成吉思汗为了经营西域，无暇顾及汉地。中原民众生活在水深火热之中。官员欺行霸市，夺人妻女，掠夺财物土地等都是常有之事。其中，留在燕（今河北省）、蓟（今山西省）的留守官西毛、客卜多普最为贪婪暴虐，甚至达到杀人示市的程度。长春真人听说后，感伤悲愤，决定返回山东。

刘仲禄以为长春真人是以此为借口讲条件，便建议选一些漂亮女子随行，没想到此举激怒了长春真人。刘仲禄连忙派人将这一情况告知成吉思汗。成吉思汗再次下诏恳切催促长春真人西行。

这样往返联络，耽误了不少时间。直到1221年，长春真人才离开河北深入戈壁沙漠。这里只有衰草和丛生的榆柳，"出沙陀，至鱼儿泺，始有人烟……皆黑车白帐，随水草放牧。尽原隰之地，无覆寸木。四望唯黄云白草"。再向北行，到达捕鱼儿湖迤东的合勒合河，"方见一沙河……河水濡马腹，旁多丛柳"。同年4月30日，长春真人被引见给留守草原的铁木哥斡赤斤，铁木哥斡赤斤提供马和牛各百匹给他使用，以使他能够顺利到达东伊兰面见成吉思汗。

长春真人辞别铁木哥斡赤斤后，取道向西，抵达克鲁伦河，随后沿克鲁伦河岸上溯至图拉河，然后经过图拉河上游及其支流哈儿乌克合河流域，到达鄂尔浑河上游，再下去便是杭爱山，自此渡过鄂尔浑河，继之为布尔合台，再沿察罕湖而行。1222年初夏，长春真人终于到达了大雪山。这里是蒙古大军的休整之地兴都库什山，在这个避暑之地，长春真人见到了成吉思汗。成吉思汗见长春真人仙风道骨，十分敬重。他优赏和犒劳了长春真人一行，说："未经你事先同意就在异国他乡召见你。今天你真的远道而来，我甚为喜悦。"长春真人答道："我奉诏前来，是天意使然。"成吉思汗让长春真人就席，赐予丰盛食物，接着轻声问道:"真人从遥远的地方前来,真的有长生药吗?"年近六旬的成吉思汗身体虽然依旧健壮,但老之将至的感觉不时困扰着他,所以才开门见山地向长春真人讨要长生之术和长生不老药。长春真人显然早有心理准备,他坦率地说:"世界上只有卫生之道,而无长生之药。短命之人皆因不懂卫生之道。而卫生之道以清心寡欲为要,即一要清除杂念,二要减少私欲,三要保持内心宁静。"

成吉思汗的宫廷车舆亭帐望之俨然,即使是古代匈奴的大单于也没有如此规模,长春真人不由得感慨万分。几个随军的皇后(忽兰皇后已回得仁山),如金国公主和唐兀公主,都争先赠送厚礼给这位中土道士。

随后,长春真人在镇海的陪伴下,来到畏兀儿人的边地昌八剌(今彰八里)城,这里是一片肥沃的绿洲。畏吾儿王是镇海的旧友,他在一个高台上设宴款待镇海和长春真人,饷以美酒美食。

之后,成吉思汗重返花剌子模战场。他带着长春真人等辗转于哈剌答忽和阿剌答忽两山之间,下趋到西突厥斯坦的平原,他在这里与长春真人分手,去追击札兰丁。

渡楚河之后,长春真人进入花剌子模国境内,并在这一带游历河川,先后到过锡尔河、塞拉夫香河、撒马尔干城等地。

1222年9月,长春真人奉诏第二次觐见成吉思汗,因附近山里畏兀儿人反叛而延期到10月。再次见到长春真人时,成吉思汗热情地说:"真人每日来我身旁,与我一同膳食如何?"长春真人婉言谢绝了,说自己喜欢清静独处,不欲处于宫廷纷扰之中。成吉思汗又一次表现出宽容与仁慈,答应了长春真人的要求,并以葡萄酒及瓜果等款待长春真人。

这一次请教仙道,成吉思汗问长春真人要不要屏退左右。长春真人回答:"不必。因为所谓仙道,对每个人都有益无害。"当时有镇海在座,太师耶律阿海担任翻译。成吉思汗对于长春真人的指教印象深刻,还命人将长春真人说的话用汉文和蒙古文记录下来。

这次会面,成吉思汗不但放弃了获得灵药的想法,而且还以优礼和虔诚来倾听长春真人讲解《道德经》和庄周的高深理论。

1223年年初,在撒马尔干城,长春真人第三次面见成吉思汗。他对成吉思汗说:"山野学道多年,常乐静处,御帐军马杂沓,精神不爽。请允许我东归。"成吉思汗答应了他的请求。3月10日,长春真人将自己的东西分给撒马尔干的穷人,起程返回中原。文武百官准备了葡萄酒和珍奇鲜果,在城外数十里夹道欢送,挥泪惜别。

长春真人再次经过赛剌木、楚河、伊犁和阿力麻里,过得仁山来到额尔齐斯河畔的多尔布尔津。忽兰皇后已先行回到此处,遵照成吉思汗的旨意,她热情接待了长春真人,并为他们一行准备好路上所需之物,以便横穿准噶尔沙漠。

长春真人回到家乡不久,成吉思汗便遣使前来问候,诏书上说:"朕常念神仙,神仙毋忘朕也。"1228年7月,被成吉思汗称为神仙的长春真人仙逝,享年八十岁。

二、结束远征凯旋

1222年灭掉花剌子模国后,成吉思汗留在撒马尔干过冬,享受着从里海吹来的暖风。他已经有三年多没有回大草原的老营了,1223年春暖花开的时候,他仍然很有兴致地欣赏着阿姆河岸的美丽风景。

一天,一个侍卫来报告说,有人在林子里捉到一只怪兽,非常奇特,让大汗去看看。成吉思汗便兴致勃勃地跟着侍卫来到草坪上。侍卫把那头怪兽指给他看,原来是一只独角兽。它正在吃草,一见成吉思汗到来,竟抬头说:"大汗回蒙,大汗早日回蒙。"说完,它又只顾去吃草,不再说话,也不理人了。成吉思汗心中诧异,让人好好照看它,然后把耶律楚材和博尔术找来,希望他们能解开自己心中的疑团。

耶律楚材听说怪兽会说话，劝大汗回军，心中已明白了几分。世上哪有会说人话的兽，大汗是想回蒙古了，只是对花剌子模国还有些不舍和不放心，但他又不便挑明，便婉言道："这独角兽名叫角端，仅见于高加索山一带，能讲多种语言，是真正的瑞兽。它一般不轻易讲话，现在开口讲话了，定是吉祥的征兆。"

信仰神灵的成吉思汗说："是啊，我征伐花剌子模国正是天神的旨意，所以才这样顺利。既然回蒙古去也是神的指示，那我还有什么可担心的呢。"

耶律楚材说："大汗真的准备回去了吗？此次亲征，历时三年有余，跋涉万里之遥，攻城数百，获地上千，乃惊天动地的壮举，这是一代伟业啊！现在帝国江山一统，威震四方，班师凯旋，正当其时。"

成吉思汗听了心中充满喜悦和自豪，笑着对耶律楚材和博尔术说："你们知道人生在世，什么是最为快乐的事吗？"

心直口快的博尔术说："在这春暖花开的时节，臂上立着雄鹰，身骑快马，到野外去追猎，亲眼看着一只只猎物死于马前，享受一种猎狩之趣，就是人生第一大乐事。"

成吉思汗听了哈哈大笑道："兄弟说得对，也不对。我一生中最为快乐的事情就是征服敌手，征服天下！与自己的仇敌生死相搏，将最强悍的对手斩于马前，夺其宝马，掠其财物，亲眼看见仇敌的亲人在我面前哭泣哀求，搂着仇敌的妻妾取乐和安逸地睡觉，这才叫痛快！"

博尔术说："大汗以征服天下为乐，臣弟的胸怀不及啊！"

至此，成吉思汗做出了一个决定：班师回国。

1223年4月，成吉思汗带着他的朝臣、侍从及部分军队向东北方向回撤，而由他手下的几员大将和王子们去完成剩下的任务。

回程比出征容易多了，这次他们不必穿越克孜勒库姆沙漠，即传说中的"红沙漠"。成吉思汗的第一站是塔什干以南的察尔赤克河（今锡尔河分支）的河谷。在那里，他忠诚的仆从早为他布置好了新的斡耳朵，看上去像庄严的宫殿。他的宝座是用黄金铸成的，他睡觉的龙床则是用洁白的纯银铸成。他的小儿子拖雷一直陪伴在他身边,其他几个儿子则负责从占领区为他提供各种猎物。他还打算让长子术赤派军队将他占领的河中地区的动物驱赶到忽兰皇后布置的休整之地——额尔齐斯河畔,这是一个令人难以想象的计划。

过了几天,察合台和窝阔台也赶到此地,将傲慢的秃儿罕哈敦以及花剌子模的宫眷们都带了过来。成吉思汗见这位国母竟然肤如凝脂,细腻柔润,跟那些年轻妾妃一样貌美,便问秃儿罕哈敦多大年岁,得知这位国母已经五十八九岁,他深感惊奇。为了解开这不老之谜,他让这位老妇侍寝一晚。他还决定把这些女眷全部带回蒙古。这些人见要离开故土,到遥远的异乡去做俘虏,都号啕大哭起来。

成吉思汗一路游猎,缓慢北归,他并不急于回自己的大本营,他现在享受的正是博尔术所说的人生极乐。

1223年冬,成吉思汗在中西亚各地占领区设置达鲁花赤(镇守官),并委派穆斯林商人牙老瓦赤总督中亚一切事务。后来,成吉思汗把占领的花剌子模国分给二儿子察合台,成立了察合台汗国。

1224年初夏,成吉思汗的部分人马抵达额尔齐斯河。

奉命在这里管理行宫的忽兰皇后迎出十里之外,但见胡须皆已雪白的成吉思汗依然精力充沛、精神抖擞,眼睛像猫一样发出锐利的光芒。"臣妾恭迎大汗凯旋。大汗英明神武,不愧为称雄世界的帝王。"忽兰皇后跪地称颂。"爱妃,你等辛苦了,朕虽在前方征战,但每日都在思念你。"成吉思汗见忽兰皇后跪迎在车旁,赶紧下来亲手挽起她。"臣妾在大汗面前哪敢言辛苦,大汗每日阵前厮杀,亲冒矢石,那才叫辛苦呢。前段时间听东返的长春真人言及大汗狩猎坠马,贱妾夜夜祈拜,求长生天保佑大汗平安。"成吉思汗微微一笑,说:"这点小事倒传得很快,让爱妃操心了。"

开宴之时,忽兰皇后命侍女搬出一坛酒,打开后倒满一银碗,亲手端到成吉思汗面前。"大汗,这是臣妾亲手酿制的酒,请您喝上三碗以解鞍马劳顿之乏。"成吉思汗接过银碗喝了一口,只觉甘甜无比,既有浓郁的奶香，又有玉液的甘甜，只觉精神一振，似有一种神力漫过全身。"好酒，好酒！"成吉思汗一面夸奖，一面端起碗来一饮而尽。

连喝几碗后，成吉思汗问道："爱妃，这是什么酒，怎么特别香醇？""此乃奶中之酒，是臣妾无意中酿成的。"面对成吉思汗疑惑的目光，忽兰皇后解释道，"那天清晨，臣妾正在制作酸奶，忽然发现从锅盖里冒出来的蒸气又变成了水珠，恰巧流到放在旁边的一个碗里。臣妾近前一闻，发现味道十分浓郁，喝了以后不但奶香满口、甘甜怡人，而且有一种飘飘欲仙的感觉。臣妾这才明白自己在无意之中发现了一种神奇的玉液，将士们喝了以后定会精神倍增、神力无比。于是，臣妾就命侍女们专门酿制这种奶酒。"成吉思汗非常高兴地称赞道："爱妃不仅贤慈仁德，而且辛劳恤卒，你酿制的奶酒众儿郎喝了之后必然个个神勇，朕决定将此酒列为御酒，专门赏赐给上阵杀敌的将士喝。"

翌日，成吉思汗登上得仁山点将台，不禁感慨万千。他想起苦难的童年，创业的艰辛，征战的血雨，如今功成名就，自己却垂垂老矣……"四年前朕就是在此点兵布阵，操练杀敌的本领，没有当初的苦练精兵，哪来今天的胜利东归呢！神圣的大草原赋予了蒙古人力量，长生天永远为他的儿子们感到骄傲，我们用胜利来祭奠你。"为了纪念这次西征凯旋，他打算仿照花剌子模王宫的样子在附近建造一座世界上最大的宫殿。但他转念一想，西征刚刚结束，被征服的广大地区还没有完全安定下来，许多地区的田野荒芜，百姓生活困苦，此时若置百姓和国家于不顾，而大兴土木，建造华丽的宫殿，是最不明智之举。但他想以此来试探大臣和将士们的想法。

随后，成吉思汗召开一次非正式的政务会议，召集诸王爷、大臣及全军将领都来赴会，就建造宫殿之事发表意见。结果会上一片赞颂之声，大家都认为要打造一座人世间最美丽的宫殿，以显示蒙古人的气魄，纪念蒙古大军征服西域的伟大功绩。

成吉思汗见臣下众口一词，个个得意忘形，心里非常不悦。他让众人散去，只留下耶律楚材，问道："今天会上，众人的建议如此一致，这令我很不理解，我大蒙古帝国十分缺少有远见卓识的大器之才啊！"

耶律楚材想了想说："大汗帐下谋臣如云、猛将如雨，怎么能说没有大器之才呢？只不过人随时势而变罢了。"成吉思汗听了感叹道："是啊，朕最初的目标只是报父仇，光大我乞颜部族；称汗之后，我的想法又变了，想要一统草原；这个目标达成后，又想征服西域，扩大疆土……人心为什么总是不满足呢？"

"这个问题解释起来很简单，时势改变人，左右着我们的心。人们的想法就跟无形的水一样，把它装在什么样的器具里，它就会变成什么形状。"耶律楚材笑道。

"那我如何才能掌控别人的思想呢？"成吉思汗又问。

耶律楚材回道："那就要看大汗提供一个什么形状的器具了。"

成吉思汗点点头，陷入了沉默，开始思考如何管理一个庞大的国家。

此后，成吉思汗又带领大军从事大规模的围猎活动。他在塔拉斯河和楚河的草原度过了1223年的夏天，又在也儿的石河度过了1224年的夏天。

一天，铁木哥斡赤斤派一位信使给成吉思汗送来一封信，他在信中非常委婉地说："苍鹰已经将自己的巢穴建立于大树之巅，但是鹰如果长久滞留于远方，难保卑贱的麻雀不会趁机占据巢穴，威胁鹰的后代。"铁木哥斡赤斤显然在暗示成吉思汗应早日返回蒙古大本营，因为那边的局势已经非常严峻。在中原，自木华黎去世后，金国人再次燃起了重夺黄河以北土地的烽烟；在辽东，曾为金国武将的完颜万奴改姓浦鲜，据地称王，窥伺着蒙古草原；曾经拒绝出兵共伐花剌子模的西夏又与金国结盟……一想到这个用傲慢的口吻拒绝自己的小国家，成吉思汗就不由得怒火中烧。他决定这次回去后，要用最残酷的手段彻底消灭这个国家，让所有敢于反对自己的敌人都胆战心惊，彻底征服一切可能给蒙古帝国带来威胁的对手。

成吉思汗让信使回去，信使临走的时候，成吉思汗突然觉得有必要知道大皇后孛儿帖对他长久不归的看法，是否对他生出了不满情绪，于是嘱咐使者代为试探，并令其尽快回复。信使接受了这一特殊任务后，迅速沿着驿道飞驰而去，两三天时间就回到了位于图拉河畔的大斡耳朵。孛儿帖得知成吉思汗的口信后，立即明白了他的心思，于是另派一名信使带着十一岁的忽必烈和九岁的旭烈兀去迎接他。这两个小家伙都是拖雷的儿子，也是孙儿辈中最受成吉思汗喜爱的两个。他们在叶密立河边与成吉思汗的大军相会了。使者将孛儿帖的话一字不落地复述了一遍："在那湖岸青翠的湖泊，野鸭和天鹅多不胜数，湖泊的主人可以随意捕猎；如今天下已归于一统，年轻貌美的女子与妇人同样多不胜数，作为主子的您自然有权自由挑选，如果看上了谁就请自便吧，另纳新妇和给未被驯服的骏马备鞍都是天经地义的事情。"孛儿帖胸怀宽广，毫无怨言，不愧为皇后之首。

就这样，在1225年春天，成吉思汗班师返回蒙古大草原，抵达图拉河旁边的大斡耳朵。到现在，他离开这里已经整整六年了。

三、血屠斡罗思

成吉思汗虽然决定返回蒙古大草原，但他征战的步伐并未就此停下。

黑海北边的草原是钦察人的领地，这是一群信仰异教的突厥游牧人，过着自由的部落式生活。班师之前，成吉思汗要求哲别和速不台从伊朗北部穿越高加索山，通过斡罗思大草原回到蒙古。之所以绕这么大一个圈子，主要是想前往斡罗思草原一探究竟，也顺便看看那里的民风是否彪悍。成吉思汗把新疆阿尔泰山以西的土地交给了术赤管辖，术赤早就想把美丽富饶的斡罗思草原弄到手。

1222年冬天，哲别和速不台的大军再次袭击了钦察人的驻地，进至克里米亚半岛，占领了萨波罗什城。他们一边屠杀钦察人，一边抢劫财物，抢到的东西大大超过了当初与钦察人议和时所约定的纳贡财物。他们高高兴兴地在水草丰美的钦察大草原度过了一个寒冷的冬天。

第二年春，成吉思汗已经撤军。哲别与速不台完成了这次试探性的攻掠任务后也准备撤军，就在这时，他们突然收到了钦察首领迦迪延派人送来的一封挑战信。

这位钦察人的首领怀着愤怒，在信中写道："你们这些卑鄙的蒙古人用欺骗的手段偷袭了我们，使我族人流离失所、无家可归。我们钦察人决心以牙还牙，以血还血，誓以武力讨回公道……"

哲别向将士们宣读了钦察人送来的挑战书，又重申了成吉思汗对待顽抗的钦察人的政策，然后下达作战命令："我们只有接受钦察人的挑战，继续向斡罗思进军，彻底消灭钦察人的反抗势力，才能完成大汗交给我们的作战任务。"

哲别与速不台当即率蒙古大军向钦察人的老巢萨波罗什城进军。次年春天，蒙古军与迦迪延率领的钦察人交战，钦察人远不是久经沙场的蒙古军的对手，迦迪延的队伍伤亡惨重，溃不成军。迦迪延丢下自己的人马，落荒而逃。蒙古军紧追不舍，一路上大开杀戒，不少无辜的钦察人倒在血泊之中。迦迪延无处可逃，只得向斡罗思公国境内逃去。

斡罗思公国并不大，东至伏尔加河的支流斡迦河。在伏尔加河与卡马河之间的地区居住着不里阿尔人，其东部与南部则是钦察人。

这样一个小国又分裂为几个更小的国家，掌管这些小国家的人称为"公爵"（大公）。迦迪延的女婿哈里克斯就是其中的一个公爵。他带着几十号人马投奔哈里克斯，向他哭诉说："现在成吉思汗野心勃勃，想吞掉斡罗思，公爵们若不联合起来，尽早组织军队抵抗，等如豺狼虎豹一般的蒙古军队来了就晚了。他们不仅会杀害我们钦察人，也会荡平你们斡罗思人的土地，掳掠你们的财物。"

哈里克斯见迦迪延只剩下区区几十号人马，甚是落魄，便想助他一臂之力，于是出面邀请斡罗思的几位大公到基辅来商议对策。

哈里克斯对到场的几位大公说："钦察人是我们斡罗思人最好的邻邦。大家都知道唇亡齿寒的道理，面对豺狼一般的蒙古人，我们只有联合起来共同抗敌，才有生存的空间。请各位不吝出兵，帮助钦察人，这也是帮助我们自己。"

几位大公都愿意出兵，并达成了协议。

这年夏天，弗拉吉米尔大公、基辅公爵哈里克斯、钦察部首领迦迪延及各公国的军队，组成一支联军，列阵于第聂伯河下游，准备与蒙古军决战。逃散到各地的钦察人闻讯也纷纷赶来，加入迦迪延的军队中，合起来有七八万人，对外号称十万大军。

面对浩浩荡荡的斡罗思大军，哲别与速不台心里都没有底，他们召集将领商议对策，一位将领说："敌人是我们的两倍，要取胜不容易，不如分割他们，各个击破。"哲别说："你说得对，各国联合组成的军队，往往是联而不合。因为各路军队首领众多，指挥不一，只是一群乌合之众。"他们决定主动向术赤部队所在的西南方撤退，引敌人来追击，拉长敌人的战线，然后伺机反击。斡罗思与钦察联军见蒙古军未战先退，以为他们人少胆怯，便沿第聂伯河连续追击了十二天。等到联军骑队已经相当疲倦，数支队伍逐渐分开的时候，哲别、速不台认为反击的时机已经成熟。他们一边部署兵力与联军对抗，一边派快骑到里海之东，请求术赤出兵支援。

在迦勒迦河附近，哲别和速不台向斡罗思联军发起了攻击。

这是马利乌波里附近流入阿速海的一条小河。两军沿河进行了一场规模不小的激战，斡罗思军队被蒙古军击退。

第二天，速不台便派出使者到联军中说："我们的军队是为了追击钦察人而来，与你们斡罗思人无冤无仇，何必强出头呢？我们蒙古军队身经百战，并不害怕打仗，但是我们需要向你们斡罗思人讲清楚，一旦把战争强加在我们蒙古人头上，我们将无所畏惧地接受你们的挑战！"

使者的话对斡罗思各国公爵的震动很大，有人当即提出退兵，并且说道："我们为什么要跟一个不愿意与我们为敌的国家打仗呢？"弗拉吉米尔大公劝阻道："蒙古人诡计多端，别相信他的话。"生活在高加索地区的"山民们"生来就具有一种争取自由的传统精神，他们从不轻易向入侵者、占领者低头，所以还有几位大公不想就此撤军。

然而，斡罗思联军中很快便出现了一次大分裂，联军统帅基辅公国大公与加里奇公国大公互相争夺权力，不听调遣，最后，加里奇公国大公与钦察人独自去追赶蒙古军，而基辅公国大公则屯兵于山冈上，按兵不动。此时，斡罗思联军追击蒙古军，突破了他们的后卫，渡过第聂伯河，到达迦勒迦河，加里奇公国、迦迪延联军在这里与蒙古军对阵。斡罗思马匹高大强壮，但奔跑速度较慢；斡罗思联军较少使用弓箭、石炮，武器不如蒙古军先进，但擅长剑击；在战术上，斡罗思联军只习惯于列阵格斗，不习惯机动作战，大兵团运动没有章法，因此与蒙古军作战明显处于劣势。

速不台亲率两万人马迎战。出发之前，他向全军将士动员道："斡罗思联军仗着人多势众，把这场战争强加在我们头上，认为我们蒙古人怯战怕死，硬逼着我们应战。现在，我们的援军已经到来，曾经被我们打败的钦察人就在前面，让我们用大刀去回击敌人的挑战吧！"

经过一场激烈而残酷的拼杀，有六位大公在战斗中死去，迦迪延的钦察军也撤退了。加里奇公国军队顿时乱了阵脚，蒙古军冲破了斡罗思大军的营地。联军人数虽众，但蒙古骑兵的快速冲杀，使习惯于统一号令的联军反应不及、步调大乱，被打得溃不成军。接着，蒙古军又乘胜进击，将自以为是的基辅公国军队团团围住。双方激战三天后，基辅公国大公见败局已定，于是请降。速不台接受了他的投降，但最后还是决定将他杀死，他不服，叫喊道："为什么不守信义，要虐杀投降者？"速不台对他说："我们多次派使者向你们申明，不愿与你们斡罗思交战，是你坚持把战争强加给我们蒙古人，对你还有什么信义可讲？"

联军已败，为了弥补战斗造成的损失，哲别和速不台决定到斡罗思的几个城市进行抢掠。这场野外歼灭战虽然大获全胜，但是缴获的东西并不多。蒙古军打开速答黑城的金库，把里面的金银财宝一扫而空。之后，蒙古军在斡罗思的土地上逐城清剿，所向无敌，凡到达之处没有再遇到激烈的抵抗，哲别和速不台同样对斡罗思人进行了大屠杀，当地百姓死伤无数。

蒙古军从斡罗思南部进军，自第聂伯河进至黑海北岸，再次进抵克里米亚半岛。1223年年底，他们又经过伏尔加河，进入不里阿耳境内，然后经里海、咸海北部，准备与成吉思汗会师。成吉思汗非常满意并认可两个勇将所建立的功勋，对速不台更是赞赏有加。不等这两位英雄凯旋，成吉思汗就派人送给他们大珠、银罂，以表嘉奖。

哲别、速不台带着数不清的战利品，一路快行。途中，哲别骑在马上突然觉得两眼发黑，身子无力，两手竟抓不住缰绳，一头栽下马来，不省人事。速不台赶过来扶起他，命令大军就地扎营。他给哲别鼓气说："你是一位永远不会倒下的顶天立地的勇士！"

哲别昏睡了一夜，到第二天早晨才醒过来。他张开嘴想说话，但半天也没有说出口。速不台过来问他要做什么，他指了指自己那把锋利无比的弯刀。速不台会意，将他的弯刀取来递给他。哲别吃力地接过来，他那两只挥舞大刀的手原来是多么有力，现在却软绵绵的，怎么也无法将刀举起。他突然大声说道："我……太累了！"刀"哐当"一声掉落在地，他两手一松，头一歪，两眼慢慢地闭上了。

哲别，成吉思汗这个最忠诚的伴当、兄弟、臣子，最勇敢的蒙古勇士，战功赫赫的将军，叱咤风云，征战一生，终年只有五十岁。

几天后，速不台的大军赶到了大汗驻地。成吉思汗一见哲别的遗体，心中悲痛万分。他抚摸着哲别的身体，号啕大哭起来。这位跟随他戎马一生的"箭"，实践了成为他的"狗"的诺言，现在却第一个离他而去。哲别在西征中献出了自己的生命，成吉思汗决定把他安葬在西征的路上。

成吉思汗的长子术赤奉命从他的领地赶到斡罗思草原后，并没有参加对斡罗思联军的战斗，因为他病了。在南方待的时间长了，回到北方后反而水土不服。在成吉思汗回师途中，来自斡罗思草原的谣言越来越多，大部分是不利于术赤的言论。有人说，他根本没有生病，天天畅饮美酒；也有人说，他收容了大批被蒙古军击败的各个部族的残余力量，不断扩大自己的兵力；最令成吉思汗感到威胁的言论则是说术赤几次召开狩猎大会——蒙古人的狩猎就是军事训练，每当有大战来临必然要频繁举行。成吉思汗得知这些消息后，对这个原本就有隔阂的儿子更加猜疑，甚至想到了兴师问罪，处罚这个不孝之子。但是就在他刚回到大本营时（即1225年春），使者带来一个不幸的消息：术赤病逝了。在一片哀哭声中，成吉思汗木然呆立，双眼失神，内心感到一种莫名的、无法言喻的悲哀，不知道是为了术赤，还是为了自己。他一直怀疑儿子装病等种种作为都是为了自立为汗，现在所有谣言都不攻自破。他长叹一声，流下了两行热泪。

四、带病西征

1225年2月，蒙古铁骑结束了持续七年的远征，回到了令成吉思汗怀念的故土。这位顽强的世界征服者，完满地达成了征战的目标，降服了畏兀儿（今新疆天山南北）、哈剌鲁（今巴尔喀什湖一带），并西辽（今伊犁河流域及塔里木河流域一带），灭花剌子模（今里海东，咸海西，锡尔河南），平亚速（今里海西，黑海北）、康里（今里海东北），又伐钦察（今里海西，黑海北）及斡罗思（今伏尔加河流域以西莫斯科、基辅一带）各部，占领了今天的中亚细亚到欧洲东部和今伊朗北部大片领土，建立起了横跨亚欧的蒙古大汗国。

成吉思汗把这些占领区作为兀鲁思分封给自己的三个儿子，作为他们的领地。

咸海以西、里海以北之地封给长子术赤。术赤死后，成吉思汗命其子拔都嗣父位，封地如故。

察合台汗国，是成吉思汗封给次子察合台的封地，包括原西辽的旧地，以及天山南北和阿姆河、锡尔河之间的地区，最先建都于阿力麻里。

窝阔台汗国，是成吉思汗封给三子窝阔台的封地，包括额尔齐斯河上游和巴尔喀什湖以东地区，建都于叶密立。

另外，还有伊尔汗国，是成吉思汗之孙、拖雷之子旭烈兀经过西征（几年后），在波斯地区建立的国家，又称波斯汗国。其疆域东起阿姆河，西至地中海小亚细亚，北至高加索与钦察汗国相接，南抵印度洋、阿拉伯海。

回到大本营的第二天，成吉思汗登上了不儿罕山。这里的一草一木都是那样熟悉，他轻轻吸了一口气，感到心里空荡荡的。他徘徊了许久，始终没能找到母亲诃额仑的坟墓。自从诃额仑下葬后，山林已经蔓延开来，将诃额仑彻底融入它的怀抱。成吉思汗只得对着山林跪拜，然后，他又向长生天祈祷，要消灭所有仍与蒙古为敌的仇人，请长生天赐给他力量。

在回老营休整的几个月时间里，成吉思汗心里还搁着一件大事未了——他没有忘记西夏人对他的羞辱。1226 年，他决定亲率大军征讨西夏。

成吉思汗每次征战必师出有名，此次讨伐西夏也不例外。

蒙古国与西夏的关系一直很微妙。

木华黎于 1223 年去世后，其长子孛鲁和大将刘黑马等率大军突然攻入西夏，西夏只好再次乞降。夏献宗还答应派儿子为人质，以求取信于蒙古人，孛鲁等人这才答应退兵。之后，孛鲁大军又大举向金国进攻，金国的新皇帝哀宗完颜守绪依恃黄河天险，一边做垂死抵抗，一边派使者去西域向成吉思汗求和。

当时成吉思汗正准备从呼罗珊地区撤军，金国使者千里迢迢来到大汗营帐，向成吉思汗求和，成吉思汗回应："当初我已告知你们的主子，让他在黄河以南称王，把黄河以北的土地全部让给蒙古，这是我们当时提出的停战条件，但你们没有答应。如今木华黎父子已将黄河北部的土地全部征服了，那些土地已经属于我，这个停战条件已经不存在了。再说，你们是万般无奈才求和，毫无诚意，所以我无法答应你们的请求。"

金国使者苦苦哀求，成吉思汗对降服者一向宽容，他说："念你远道来此，我就再做让步，回去告诉你们的主子，把陕西全部让给我。"

金国使者显然没有这个权力，于是继续软磨硬泡。最后，成吉思汗又做出了一些让步。他之所以做出有限的让步，是因为西夏正在谋求与金国结盟。

但是，西夏人不像金国人那样圆滑世故，他们的态度鲜明，一打就降，一撤就叛。六年前成吉思汗西征时，派遣使者对夏主李遵顼说："现在西方的花剌子模国对大蒙古国无礼挑衅，我们准备出动正义之师对他们问罪。西夏献公主求和时曾经答应我们，在战争到来的时候会出兵作为蒙古大军右臂，现在就请西夏国主兑现自己的诺言吧！"李遵顼皱着眉头正在冥思之时，殿下的大臣阿沙敢不站出来厉声说道："铁木真没有这个实力，为什么要称汗？既然他要占领花剌子模，小小的西夏又怎么敢与他抢功劳呢？"使者听了这样的话，气愤地拂袖而去。成吉思汗对此一直耿耿于怀。

讨伐西夏还有一个更直接的原因：当时木华黎之子孛鲁正在全力对金国用兵，但要想把金国中部完全收入囊中，必须确保与西夏交界的金国区域内完全为蒙古人所控制。因为如果不能在与金国交界的西夏地盘上站稳脚跟，蒙古军就休想彻底攻占金国的潼关等地。为此，成吉思汗找了一个借口：西夏接纳仇人亦剌合桑昆，并且不送质子。

花剌子模国已被彻底摧毁，蒙古大军班师回国后，经过一段时间的休整，更加兵强马壮。向西夏复仇，找那个狂傲的阿沙敢不算账的时刻已经到来了。

1226年春，成吉思汗召开军事会议，向大臣和将军们宣布："西夏背叛蒙古，与金国签订盟约，打算联合起来攻打我们，这是一个严重的威胁。我们要尽早打破他们的美梦，给一个能使他们终生难忘的教训。"

察合台一向性急，立即站起来请求出战。而窝阔台考虑再三，反对马上开战，他说："如果此次用兵只是为报西夏羞辱之仇，大可不必兴师动众。如果是为了扎营攻占金国的潼关一带，也不需这样走曲径。当务之急是拆散西夏与金国的联盟关系，不如出兵增援在金国作战的孛鲁，对金国产生直接压力，然后在谈判桌上达到目的。"

成吉思汗听了窝阔台的话，心里有些不痛快，他原以为窝阔台是最能理解他的用意的，没想到他第一个起来反对。而窝阔台的话让人听起来觉得成吉思汗出兵仅仅是为了泄私愤。

因此，成吉思汗强调说："西夏一向对我们阳奉阴违，这是事实，教训它是必要的。但更重要的是，西夏的地理位置对我们伐金有着不可替代的价值。我们如果直接向南进军，西夏就会在我们背后形成威胁，只有先彻底征服西夏，我们才无后顾之忧。"

博尔术担心他们父子起争执，忙出来打圆场，说："若要出兵西夏，可先让孛鲁率领大军做出攻打金国的样子，以牵制其兵力，防止金国派兵支援西夏。"他还有一句潜台词没说出来：无论打南还是打西，都有可能腹背受敌，不如双管齐下。

速不台也站在成吉思汗一边说："争地盘哪里能靠谈判，只能靠马刀。一个小小的西夏哪能挡住我蒙古大军的攻势，不用一个月定可让它灭亡！"

耶律楚材早已分析了现在出兵的利弊和调兵的关键，他说："大汗既然已经下决心先打西夏，那么打不打就不再是需要讨论的问题了。但我建议这次大汗就不用亲征了，西夏一直是我们的手下败将，大汗只需从大将中点派两名勇士去就够了。"众人见军师这样说，也不再争论出不出兵，转而开始讨论出征人选。

成吉思汗见众将纷纷请战，高兴地说："相信我的每一员大将都可以打下西夏，但我还是想亲征。这一次用不了那么多人，我决定让窝阔台和托雷随我出征，也遂皇后伴驾，察合台留守大营。"

这次出兵的规模虽然远不及征伐花剌子模国那么庞大，但也有八九万之众。誓师后，大军从草原大本营出发，旌旗蔽日，浩浩荡荡地前往遥远的西夏。几天后，成吉思汗率领蒙古大军来到伊金霍洛（鄂尔多斯）草原上，他突然勒住马，四下环顾，只见这里山清水秀，风光秀丽，陶醉之际，手中的镂金马鞭不觉落地，侍从欲去捡起，他却挥手制止，沉思良久道："梅花幼鹿栖息之所，戴胜鸟儿孵化之乡，衰亡之朝复兴之地，白发吾翁安息之邦。"他认为这里是极好的墓葬之地。谁想一语成谶，他这一去便再也没能回到草原。

大军越过贺兰山时，成吉思汗见野驴、野马、健鹿成群结队。喜好打猎的他见此情景，顿时心血来潮，命令大军停止前进，准备进林子里打猎。

窝阔台闻言，上前劝道："父汗，贺兰山森林茂密，荒无人迹，即使是专门的猎户，也很少到林子深处去，父汗还是慎行为好。"

耶律楚材在一旁帮腔道："三王爷说得很对，贺兰山尚处于原生状态，并不适合行猎。听说里面时常会产生一种瘴气，可令人昏迷，大汗年岁已高，哪里经受得住啊！"

博尔术也上前劝道："我的大汗啊，在一个陌生的地方狩猎，是违反我们蒙古人的狩猎习惯的。长春真人亦多次劝告要少猎而养性，不是没有道理的。如果大汗只是过过瘾，不如就守在山坡路口，让侍卫们把那些野兽驱赶过来。"

成吉思汗不出声，算是默许了。于是，博尔术让侍从分几队进入林子深处，成吉思汗则驰马朝一处山坡奔去，那边有一条各种野兽踏出来的小道。

不一会儿，一群野驴被逐出林外，奔至他的马前。成吉思汗盯住一头，准备射杀它。

就在这时，一群野驴一边叫唤一边奔向山下。它们见成吉思汗勒马挡在道路中间，赶紧收住四蹄，想停下来，但后面的野驴还在向这边涌来，它们挤作一团，嘶鸣声响彻山谷。成吉思汗的马受了惊，马首仰起，前蹄悬空而立，这是它示威的表示，目的是警告来犯者，它要发起攻击了。接着，战马奋起四蹄，乱跳乱蹶。成吉思汗试图勒住它，但没有成功，一时失控落下马，被重重地摔在地上。他"哎哟"一声，躺在地上呻吟不止，几个侍从赶紧跑过来，将他送到临时营帐里。

窝阔台立即下令全军将士停止狩猎，就地扎营。

第二天一大早，也遂皇后让人把各亲王和诸位大将叫来，告诉他们大汗的伤情。她说："昨夜大汗神志不安，浑身疼痛，且发着高烧，现在怎么办呢？你们商议做个决定吧。"

大将脱仑扯儿首先说道："大家都知道西夏人住在固定房所，筑城而居，不会随意迁动营地，一时也跑不到哪里去，我们不如把征讨西夏的事往后推一推，等大汗养好了伤，再发兵也不迟。"

诸位亲王和将领都认为这个建议很好，但成吉思汗却坚决不同意，他坚定地说："我们不能撤军。箭已在弦上，如果我们的大军撤回去，西夏人一定会认为我们胆怯，不敢与他们交战，他们不就更猖狂了吗？以后再征服他们的代价就会更大。"

博尔术说："不撤军也可以，但大汗无须亲征。您的身体状况怎能再经得起折腾？不如我们先派使者去西夏劝降，如果西夏人愿意归降就撤军，若是不从，再进剿也好。"

耶律楚材说："兵者，胜于气。不管是进是退，我军在气势上都不能输给西夏人。既然要派使者去谈判，我们的声势就要造得大一些，这样才能在谈判时占据优势。"

窝阔台补充道："大家的意见都很好。父汗可以住在这里一边养伤一边等候使者的消息。但无论是进是退，我们都要做好两手准备，既不能让将士懈怠，也不能让西夏人看出破绽。"

成吉思汗终于点头同意道："那好，我们就等李德旺（西夏新国王）的答复，再决定进退。"

随后，成吉思汗派了几名使者前往西夏与李德旺谈判。使者很快赶到西夏的兴庆府，向西夏王转达了成吉思汗的旨意。为了造势，成吉思汗的语气十分强硬："你们曾发誓要做我的右手，可是我发兵攻打花剌子模时，要你派兵马随军出征，你却言而无信，拒绝出兵相助；更有甚者，你还说了许多挖苦讥讽的话。那时我们要去攻打花剌子模，所以推迟到现在才找你们算账，你们还有什么话可说？"

西夏王李德旺一听，这哪里是谈判，分明是专程来问罪的，可那是老国王当政时的事情。他心生恐惧，只得解释道："当时表态的是大臣阿沙敢不，并不代表西夏王（指老国王李遵顼）本人，请大汗不要误会。"

事实也是如此，长期以来，西夏相国阿沙敢不专权，掌控朝政，他的话比西夏王的话更管用。西夏王与使者谈话的时候，阿沙敢不又来了，他见西夏王这般软弱，心里很是生气，直言不讳地说："那些话的确是我阿沙敢不说的，成吉思汗要责怪就责怪我好了。但现在我仍然是原来的态度，他有本事就放马过来，一决雌雄。我西夏有贺兰山作为营地，有兴庆、西凉这样财物富足的后方，你们蒙古人明抢也好，暗夺也罢，西夏人是不会屈服的。"

既然如此，归降谈判已经不可能了。使者急忙赶回营地，向成吉思汗汇报谈判结果。成吉思汗一听，怒不可遏，他便不顾高烧，走出营帐向长生天发誓："长生天啊，我要告诉你，不是我容不下西夏人，是他们对你的宠子（指自己）不恭不从，我决心宁死不回，不灭亡西夏，决不罢休！"

随后，成吉思汗对大臣和将军们说："小小西夏国如此狂妄，我们怎么能忍气吞声？西夏人自取灭亡，上天都不怜悯。我要将西夏所有的城池踏平，消灭所有西夏人！"他马上通告全军，每个军士饭前都要喊口号：灭绝西夏！

一场灭国亡族的战争就这样不可避免地发生了。

五、征西夏对战贺兰山

成吉思汗以八九万大军进剿西夏,而西夏并没有阿沙敢不吹嘘的那样强大。西夏军主力充其量五六万人,大部分部署在贺兰山以东地区,主要是为了防备蒙古和金国。东边城市额济纳(即黑水城)位于戈壁滩,是西夏东边的门户。西夏的核心地带是甘州、肃州及兴庆府,而且防守较弱。成吉思汗对西夏十分熟悉,他分析敌情后,决定兵分两路,东路从东面推进,扫荡沿途城镇;西路绕道去攻打西面的城镇,由西向东推进,最后合围西夏都城兴庆府,整体上呈东西夹击之势。

成吉思汗亲率东路军,进入西夏;速不台率领西路军,绕道向西夏兵力较为薄弱的西部进军。

窝阔台担心成吉思汗受不了骑马的颠簸,特意命人精心制作了一辆特大牛车。车上放着他平日住宿的金顶帐房,他可以在帐中或立或卧,或走或坐,如履平地。牛车用六十四头犍牛拉着,行驶虽慢,却很平稳。

当金帐牛车来到阿尔泰山下时(这是成吉思汗第六次跨越阿尔泰山),由于山路险陡,牛车很难翻越,成吉思汗只得改乘一个带顶肩舆,由八人抬在肩上,但这样也难以通过,只好又派一千士兵拓宽山路,进军速度极为缓慢。

速不台率领西路轻骑四万人,快马加鞭,一个多月后进抵沙州城。沙州城是一座坚固的石头城,守将杰里不脱决心与蒙古军血战到底。

速不台帐下有一将领名叫昔里钤部,他向速不台自荐去劝降。

速不台十分高兴,便派他一人进城。过程出人意料的顺利,沙州守将杰里不脱满口答应归顺,并派人弄到一百头牛、一百只羊、一百坛酒，送到蒙古军帐来。送礼的使者临走时，还邀请速不台去沙州城赴宴。

昔里钤部担心杰里不脱摆的是鸿门宴，自愿替速不台去冒险。第二天，昔里钤部与忽都铁穆儿领着三千人马来到沙州城下。城头上只有一个人，他对昔里钤部说，他是奉杰里不脱将军之命在此恭候。昔里钤部率部刚一进城，四下便响起了喊杀声，城里埋伏的西夏人马一齐冲杀出来。昔里钤部气得大骂不止，即令忽都铁穆儿指挥队伍向城门外撤退，他自己殿后。

但西夏兵首先扑向正在撤退的忽都铁穆儿，他们用绊马索将忽都铁穆儿从马上拉下来。昔里钤部见势不妙，赶紧过去搭救，二人弃马后挥刀杀入敌阵，经过一番苦战，终于杀退了围过来的敌兵。待他们出城一看，三千兵马仅逃出数十人。

速不台闻报，怒火中烧。第二天，他自领大军出战。蒙古军先将沙州城紧紧围住，然后大声叫骂挑战。

沙州守将杰里不脱来到城头，冷笑着对速不台说："别小看了这小小的沙州城，有本事你就放马来攻吧，我已经备好美酒佳肴招待你们。"

速不台不想与他多言，命令大军分几个梯队进攻，但他们从早晨打到傍晚，沙州城依然挺立如初。回营后，速不台立即找来几个将领商议对策。忽都铁穆儿说："沙州城虽坚固，但这一带是沙地，我们干脆挖地道进去。"速不台认为此计可行，便让他们快去准备。

昔里钤部在城中吃了亏，急于报仇，建议道："趁杰里不脱正在得意之时，今夜我们就动手干吧！"

这天晚上，杰里不脱正在城里犒赏将士，饮酒庆贺，速不台则率领部下分几处开始挖地道。蒙古人第一次把这种笨办法用于攻城战，因而格外小心。他们连续挖了两夜，至第三晚下半夜已挖出了十多条地道。

速不台知道，即使偷偷入城，城中守军依然会拼死抵抗，因此，他从四万大军中挑出敢死勇士八千人入城，其他人则在外面佯攻，分散敌人的注意力和兵力。

这天夜里，蒙古军分别从十几条地道中悄悄进城，但还是被敌人发现了。沉睡中的杰里不脱被士兵喊醒后，急忙集合兵马，准备反击，一场近身肉搏战开始了。

昔里钤部带着几百人直扑杰里不脱的住处。杰里不脱见城门出乎意料地被攻破，便乱了阵脚。他首先想到的是夺门而逃，但城门早已被蒙古军把住。眼下要么与蒙古人拼杀到底，要么放下兵器乞降。但这两条路都是一样的结果，所以他准备跟蒙古军拼死一搏。若能打败他们，还可以把他们赶出城去，或是冲破包围，逃出城去。杰里不脱正思考间，突然看见自己的一队人马朝这边冲来，忙抖擞精神，准备拼杀。他大喊道："为了活命，一定要杀死蒙古人，杀啊！"

杰里不脱一边喊着，一边拍马飞驰。近万名士兵紧随其后，往前直冲。一些冲在前面的士兵纷纷倒在蒙古军的箭雨下，乱作一团，分不清是敌是友。直到天大亮以后，杰里不脱才发现自己仍置身于蒙古军的包围圈中，身边仅剩下三四百人。

速不台拍马追了过来，挥刀朝杰里不脱直砍。他并不知道这人就是敌军头目，但他从其言语做出了判断，大声喝道："狂妄的家伙，都死到临头了，还不下马投降！"

杰里不脱心里明白，继续反抗下去不仅无益，还会给其他人带来灾难性的后果，他不想看到全城生灵涂炭，于是跳下马来，跪在速不台面前。然而，蒙古军并没有网开一面放过沙州城的人，除了三千年轻士兵被编入签军外，其余不管男女老少，全部被斩杀。

与此同时，蒙古军的东路人马首先攻占了西夏边城额济纳，打通了从东面进入西夏的要道，然后往西攻打西凉府的搠罗、河罗等县，之后大军越过沙漠，进抵黄河九渡，攻占应里等县。蒙古军一路打下来，西夏军民"免者百无一二，白骨蔽野"。

隆冬时节，东路蒙古军又去攻打甘州。甘州位于河西走廊腹地、古"丝绸之路"南北两线和"居延古道"交会点上，素有"塞上江南"的美誉。甘州守将名叫曲也怯律，是成吉思汗的部将察罕的父亲。蒙古军兵临城下后，成吉思汗让察罕去劝降，争取免动干戈。

察罕奉命去劝降，因城门紧闭进不去，他便用箭将信射进城内。

劝降信几经周折终于传到了曲也怯律手里。他来到城墙上与儿子对话，经过一番攻心战，曲也怯律被说动了，答应回去与其他守将商议，让察罕过两天来听消息。但是两天后，察罕等来了噩耗：他父亲曲也怯律被杀了！西夏人指责曲也怯律叛降。三十多名将领一致支持另一名守将阿绰也儿，要求处死曲也怯律，誓死抗战。

窝阔台闻讯怒火中烧，下令立即攻城。

次日，蒙古大军倾巢而出，大举攻城，察罕一马当先，冒着矢石，带领部众从云梯爬到城头，与城上守军进行肉搏战。

在察罕的带动下，蒙古士兵英勇顽强，前赴后继，很快攻克了甘州城。杀害曲也怯律的三十多名将军全被察罕活捉。战后，窝阔台代父奖励忠诚勇敢的察罕，问他想得到怎样的奖励，察罕回答说："我的父亲、弟弟及其他亲戚都被杀害了，但甘州是我的故乡，恳请大汗不要对城中百姓施以严罚而大开杀戒。"窝阔台答应了他的请求，只将那三十多名将军诛杀，甘州避免了被屠城的厄运。但是，甘州作为西夏的繁华之地，各种财物对蒙古人的诱惑太大，不可避免地被抢劫一空。

1226年年底，东路军围攻灵州，不几日城破。

灵州离西夏都城兴庆府只有六十里，成吉思汗命令速不台率领大军直抵兴庆府，准备东、西两路兵马会师后，与阿沙敢不决战。

阿沙敢不闻讯，知道西夏生死存亡的关键时刻已经来临，他集中西夏最精锐的部队约六万人迎击蒙古军。双方对峙于贺兰山下，远远望去，旌旗蔽日，战马如云，刀枪林立，盔甲在冬日阳光的照耀下闪着寒光。

按照以往的习惯，成吉思汗想亲自去察看地形和敌军布防情况，但被将军们劝阻了。他的伤势不仅没有好转，反而因路途颠簸和严冬气候影响越来越严重。但这一战必须给西夏致命一击，所以战前他两次与诸将商讨战略战术问题。成吉思汗说："阿沙敢不现在屯兵于野，说明他有一些实力,但野战是我军的优势,这又说明阿沙敢不并不太懂战法,我军正好可以一举歼灭其主力。你们说说如何能尽快取胜?"

耶律楚材见成吉思汗有些轻敌,但又不便明说,便提醒道:"阿沙敢不在野外布兵,是抱定了誓死的决心,想跟我们决一死战,此战必定惨烈。他弃其长而用其短,并非不懂战法,而是想保护他的都城不受战火摧毁。而且,这一带地形崎岖,不利于蒙古骑兵大显身手。"

拖雷说:"我们的军队是久经战斗、敢拼敢杀的铁军,将士们有丰富的作战经验,有无坚不摧的意志,管他怎样排兵布阵,我们都要攻入兴庆府,等活捉了西夏王,我们就可以同饮庆功酒了!"

耶律楚材见大汗和王子都这般乐观,心想要制订一个详细的作战计划是不可能了,也就沉默了。成吉思汗身体状况不佳,心情也不佳,于是不再言语,让将士们先打打再说。

阿沙敢不想趁蒙古军立足未稳之机先发制人,于是指挥大军分左中右三路气势汹汹地杀了过来。他们一边喊着"活捉成吉思汗"的口号,一边挥动大刀,冲进蒙古军的阵营。蒙古军故伎重演,弃营帐而"退"。阿沙敢不见蒙古军败走,大喜过望,喊道:"左右两路快追,教训蒙古人的机会来了,一定要活捉成吉思汗!"

就在这时,号角鸣响,埋伏在山道两边的蒙古军齐声呐喊,包围上来,双方展开了一场混战。

两军实力相当,双方人马在两山之间的狭窄平地上往来厮杀,兵对兵,将对将,人来马往,场景该是何等壮观。其时寒风凛冽,冰路泥滑,但蒙古骑兵都脱去外套,只穿着一件皮坎肩,使劲地挥舞着大刀,在西夏兵马中横冲直撞,英勇拼杀。蒙古军毕竟久经沙场,他们越战越勇,渐显优势。西夏人开始时气势如虹,混战一阵后就显得后继无力,眼见攻势越来越弱。阿沙敢不有些心慌了,他挥动旗子,使出了他的秘密武器——骆驼装甲军。只见百余头骆驼从中路冲出,西夏士兵拿着长枪,在骆驼的掩护下,专刺蒙古军轻骑,蒙古兵的刀和箭都被铁甲骆驼挡住了。

对付骆驼队，蒙古军有过一些经验，但因事先毫无准备，猝不及防，才让西夏人占了便宜。窝阔台担心蒙古军损失太大，忙下令收兵回营。

第二天再战时，窝阔台调整部署，有备而来，派出铁车阵阻挡骆驼队，轻骑则直接朝阿沙敢不的中军阵营杀去。阿沙敢不的中路先锋曲亦留多率近万人马杀出，善于捕捉战机的蒙古军且战且退，故意引诱西夏军深入宽敞的平地，然后两翼骑兵猛然合拢，如巨人的两臂突然一抱，把曲亦留多的兵马围在平地上。蒙古军像在菜园里割菜一样，飞快地割下西夏人的脑袋。经过一阵拼杀，曲亦留多的队伍被就地歼灭，仅有少数人逃脱。

阿沙敢不见势不妙，忙命中路的其他兵马撤退。蒙古骑兵乘势向前追击，如猛虎下山般冲入西夏兵马之中，又杀敌数千。阿沙敢不本想在后营止步，但蒙古军穷追不舍，他来不及喘息，准备撤入城内。他逃了一阵后又觉得不对：自己当初冒险布阵于城外的目的，不就是为了保护都城完好无损吗？现在逃回城去，不仅军队会被歼灭，整个兴庆府也将被夷为平地。

这时，左右两路将军也逃过来了，他们艰难摆脱拖雷四万人马的围剿，伤亡惨重。将军龙儿敦建议说："眼下回城不得，在蒙古的铁蹄下，还没有过哪座城是靠死守保全的。我们面前只有一条路，那就是上山去。"

阿沙敢不战前已经做好了撤进山里的打算和物资准备，退守山林会很安全。但现在是深冬季节，到山上过不了几日便会缺衣少粮，并非长久之计，但也只能先躲过今日的危险，再图来日了。

此时天色渐晚，经过一天的拼杀和追击，双方的军队都已人困马乏。窝阔台、拖雷眼睁睁地看着阿沙敢不带领残余人马逃上山去。

六、灭西夏转战金国

西夏军队的主力一部分被歼灭,一部分逃入山中,都城防务变得十分空虚。西夏朝廷一片惊慌,君臣个个惶恐不安,束手无策。太上皇李遵顼将责任推到夏献宗李德旺身上,说:"蒙古人是老虎屁股摸不得,你不是不知道,为什么偏偏要触怒他们呢,这不是自讨苦吃吗?如今西夏危在旦夕,看你怎么办!"

李德旺觉得很冤枉,他说:"西夏衰败始于你朝,怎么能指责我呢?那胆大妄为的相国阿沙敢不还不是你提拔起来的,是他惹恼了成吉思汗。"

"对付蒙古人,手段太硬了不行,太软了也不行,金国人就比我们聪明。打得赢就打,打不赢就降,要软硬兼施。"

"现在阿沙敢不也逃了,说什么都太迟了,还是想想怎么保命吧!"李德旺想保命,但在蒙古军的进逼之下,他惊悸万分,还没过完这个灾年的最后一天就一命呜呼了。西夏立李睍为王,他就是西夏末主。1227年1月,李睍继位。

在西夏最后的日子里,由太师嵬名令公掌握大权。末主让他全权处理朝中军政要务。嵬名令公认为,阿沙敢不虽然被成吉思汗打败了,但他的抗战决心和精神可嘉,他带走的人马还有三四万,如果能再从各地筹集兵马援助他,方有机会反败为胜。君臣们都觉得这是西夏唯一的希望。

西夏的兵马与蒙古军略有不同,蒙古人可以全民皆兵,而西夏的军队则由相对固定的职业军人构成,筹集兵马并没有那么容易。但嵬名令公接受任务后,还是征募到八九万人。如果他与阿沙敢不合兵一处,在数量上就比蒙古军占优势。他的计划与阿沙敢不最初的想法一致——与蒙古军决战于贺兰山下。

再说，阿沙敢不带着几万败军逃入山林后，躲在用冰块和木桩垒成的雪城里，过着饥寒交迫的日子，整天神情沮丧，悔恨交加。他派人深夜出山搬救兵，但好几天都没有回音。他开始绝望了，甚至想拔出刀剑自尽，幸亏几个部将劝阻，他才打消此念头。后来，他听说新国主不但没有责怪他，反而给他征募援军，又信心大增，准备杀下山去，与援军会合。

山下的蒙古军此时还扼守着要道，防止阿沙敢不突围。成吉思汗带病熬过了一个凄冷的冬天，情绪越来越暴躁，正准备派人进山搜剿残敌，活抓阿沙敢不。此时，突然得到消息说西夏增兵十万，要与蒙古军决战。成吉思汗认为西夏不可能在短短两个月之内招募十万人马，肯定是敌人在虚张声势。大将们又在一起分析了一下敌我双方的态势，认为进山追剿已无必要，当务之急一是切断阿沙敢不的退路，二是缩小对兴庆府的包围圈，防止敌军合兵一处或逃跑。

成吉思汗决定，留一部分兵力继续围攻兴庆府和阿沙敢不，他本人则带领另一部分人马渡黄河进攻积石州，彻底切断西夏兵的后路。同时，他又传令在金国西部作战的孛鲁率兵来援。

围困兴庆府和阿沙敢不的蒙古主将速不台对兴庆府采取了围而不攻的策略，他把重点放在逼攻山上之敌。他接受一位部将的建议——用火攻。当他摸清阿沙敢不占据的山头后，便在天气转暖的时候，放火烧山。阿沙敢不见山上待不住了，便乔装成士兵混在人群中悄悄逃跑，但被精明的昔里钤部发现，终于落到了蒙古人手里。这支近三万人的队伍除留下几千人被充入签军外，其余全部被杀掉。

与此同时，成吉思汗和两个儿子率领中军主力沿黄河北上，去阻击西夏太师嵬名令公号称的十万人马。

成吉思汗中军主力于 2 月初准备强渡黄河，与嵬名令公的先锋部队交战。嵬名令公的部队由南向北攻，欲进到北岸，而蒙古军则由北向南攻，想过到南岸，双方在黄河两岸展开激战。由于河上尚有坚冰，不适宜骑兵作战，所以双方先以弓箭远距离对射，然后，再由步卒持刀展开近距离肉搏。将士们的鲜血流淌在冰面上，使黄河变成了一条血河。

这种消耗战使双方损失都不小，但这种战法很君子，谁也要不了阴谋，谁都占不了便宜。但如果一直这样拼下去，等到嵬名令公的主力到了，蒙古军就要吃亏。成吉思汗不得不另谋出路，他让拖雷带一支队伍绕到另一处偷偷过河，从敌人背后偷袭。结果，嵬名令公的先锋部队一万余人被全歼。

等嵬名令公的主力赶到时，战斗已经结束了。为了尽快与阿沙敢不会合，嵬名令公不打算与蒙古军纠缠。但当他得知阿沙敢不的部队已经被歼灭后，便放弃了与之合兵一处的计划，准备退守积石州。这里正是成吉思汗要抢夺的军事要地。

成吉思汗担心嵬名令公入城后会增加攻打的难度，便命令轻骑快速冲击，将嵬名令公的部队分割成几段，一段一段予以围歼。混战中，嵬名令公被乱军杀死。他的数万人马大部分被歼，其余人马分别逃到积石州和兴庆府。

成吉思汗分析认为，嵬名令公被击败后，积石州不会有太多敌军，回师与速不台攻打兴庆府的时机已经成熟。因此，他决定暂时放下积石州，只要打下都城，西夏就亡了，回头再来拿下积石州便易如反掌。

1227年3月，成吉思汗将中军主力调回，开始攻打围困半年之久的兴庆府。

末主李睍一筹莫展，嘱托右丞相高良惠调动全国所有军队到都城抵抗。兴庆府虽为都城，守军却不多，原本有八万人，但阿沙敢不带走六万多人，已经被蒙古军歼灭。现在加上从外面逃回的人总共不过两万人。高良惠是个忠诚之士，接受使命后，他"内镇百官、外励将士"，领兵在都城日夜据守，积劳成疾。即使躺在病床上，他仍在为抗蒙保国操心。部下劝他保重身体，他感叹道："我身为国臣，不能消除祸乱，使敌寇深入至此，有何颜面苟活于世？"最后精疲力竭而死。

此时，蒙古军并没有全力攻城，他们就像一群狼要对付一只庞大的猎物一样，只是困住它，慢慢地拖垮它，最后再给予致命一击。成吉思汗见大局已定，便留下拖雷善后，实际上也是给拖雷一个立大功的机会，他自己则带上窝阔台、速不台等人，率领主力前往积石州。

转眼到了5月，黄河早已解冻，影响了进军路线。成吉思汗大军只得沿金国边境而进，首先攻打金国的临洮城。

临洮城位于贺兰山支脉下的一块平地上，东靠六盘山，处于吐蕃、西夏、南宋交界地带。据说这里是金国某皇族的封地，也是金国西部边陲的一个重镇，守将名叫兀瑚嘎里，是金国皇室后裔。

攻打临洮城本是蒙古军计划之外的事情，不知出于何种目的（有可能是身体原因），成吉思汗把这个任务交给了窝阔台，他自己则置身事外。窝阔台兵分四路，其中三路分别攻打临洮的南、北、西城门，主力在一处埋伏，防敌逃跑。兀瑚嘎里听说蒙古军要来攻城，顿时慌了手脚，他毫无守城的打算，想趁夜逃走。由于蒙古军已围住了三个城门，兀瑚嘎里打算率部从东门逃走，结果正好进入蒙古军主力的埋伏圈，一切正如窝阔台事前所料。一万金军在城外被围杀。

临洮城得手后，成吉思汗把善于用计的窝阔台大大夸赞了一番，让他再接再厉，领兵去打西宁州。

攻打西宁州难度很大，但成吉思汗还是没有亲自指挥。他的伤痛越来越剧烈，身体难以支撑。夏季天气炎热，在众将领的极力劝说下，成吉思汗来到六盘山设立营帐休养。临走时，他对窝阔台面授机宜，直到攻打西宁州的一切都布置妥当了，他才依依不舍地离开，就像要永远离开战场了一样。

成吉思汗走后，窝阔台用十多天便破了西宁州。之后，窝阔台渡黄河，向积石州进发。

积石州位于洮河流入黄河的入口处，地理位置险要。夏季多雨，无数条溪流汇聚成滔滔江河，泥沙俱下，漩涡滚滚。由于蒙古人不善水战，窝阔台有些犯愁，他召集几个善谋者和出身本地的将军商议："几万人渡河，靠我们那些牛皮筏子是不行的，你们有何高招？"

察罕说："这一带既没有河桥，也没有渡船，过河一般是伐木为舟。"

昔里钤部说："木舟只适合山洪之前使用。这里水流湍急，没有绳索牵引，木筏很容易被冲走。"

耶律楚材说："你们所说的关键点是，只要在岸上留根绳子牵着，河水流得再急也不怕，是吗？"两位将军点点头。

窝阔台连忙问道："那这根绳索要多粗多长，又如何到对面固定呢？"

昔里钤部说："我们可以绕道在河面较宽、水流较缓的下游，用有限的几只牛皮筏子过河，再爬过对岸的悬崖，将绳索固定在对岸。不过，要通过悬崖很危险。"

耶律楚材说："再险也要试试，几个人爬悬崖总比几万人都去爬要好。我们需要多准备些绳索，这样就可以同时牵引多只木筏过河了。"

窝阔台立即命人准备十多条又粗又长的绳索，找到几个猎户出身的士兵，让他们爬过悬崖，找几棵大树固定绳索，然后又令将士们伐木做舟。

几天后，数百个木筏做好了。5月中旬，窝阔台下令攻打积石州城。蒙古军在清晨乘木筏顺利渡过浊浪滚滚的黄河，扑向积石州城，经过一天的激战，占领了这座水上坚城。

这时，孛鲁的部队也赶来了。两军会师后，又乘胜而进，攻打金国的洮州、河州、德顺等地，攻克了金朝西部地区的主要城镇。西夏的主要城镇除都城外，都落入蒙古手中。拖雷围着兴庆府，只等西夏末主来投降。西夏已经名存实亡。

七、葬身之地成谜

从1227年4月以后，对于成吉思汗的所有活动，正史中都语焉不详。这两个多月里，他做过什么事，说过什么话，因何而亡，临终时将偌大的帝国交付给了谁，死后又葬于何处……种种疑惑令人难解。

《元史》记载："二十二年丁亥（猪儿年）春，帝留兵攻夏王城（兴庆），自率师渡河攻积石州。二月，破临洮府。三月，破洮、河、西宁二州（疑为三州），遣斡陈那颜攻信都府，拔之。夏四月，帝次龙德，拔德顺等州，德顺节度使爱申、进士马肩龙死焉。五月，遣唐庆等使金。闰月，避暑六盘山。"有人怀疑 蒙古大军于1227年春围攻西夏都城，成吉思汗之所以要带一部分军队离开，是因为西夏太师嵬名令公招募了十万人增援兴庆府，他去拦截这支队伍，这很合理。但令人费解的是，他击败嵬名令公的援军后，又回头继续攻打兴庆府，**他**是最希望尽早占领该城的。但是，为什么还没有打下该城，他又**匆匆**去攻打金国的边城临洮？人们猜测，成吉思汗是因为身体原因才离开，他直接去了六盘山，根本没有参加对临洮、洮河、西宁、龙德、德顺等地的战斗。

史书中的有些记载很模糊，但可以肯定的是，成吉思汗一生中最后的岁月是在六盘山度过的。

神秘的事件总是被后人演绎得精彩纷呈。哪一种更接近历史真相，全凭世人的分析、理解和探究。

据《元史》记载，成吉思汗驻跸于六盘山营地。这里森林茂密，水甘草丰，号称黄土高原上的"绿岛"。夏季气候凉爽宜人，有"清凉六盘"的美誉。成吉思汗虽说在此地休养，但他仍时刻关注着西夏的战事，甚至想到了攻占西夏后的管理问题。同时，考虑到日后对金作战的战略问题，他还精心制订了灭亡金国的作战计划。

这时，金国也像西夏一样，无力抵抗蒙古大军的进攻。金朝皇帝再三派遣使者觐见成吉思汗，请求接受他们的求和。成吉思汗无奈，在六盘山行宫接见了金国派来的使者。此时，成吉思汗的伤势尚未好转，原来的箭伤又复发了，身体越来越差。在接见金国使者时，他表现出了出人意料的平和。

成吉思汗对自己身体康复已不抱什么幻想，只要求拖雷和他的将领们尽快攻下西夏的都城兴庆府。在他的一再敦促下，拖雷加强了攻势。

6月，正是炎热的日子，成吉思汗来到六盘山下清水县西江，在那里看望了一些负伤未愈的士兵，然后登上一处山坡，四下眺望。烈日像一团火在空中燃烧，大地上热浪滚滚，连树叶都冒着热气。突然，他看见天空中有一只黑羽金眼的雄鹰飞翔，它那矫健轻捷的身影，时而穿过云层，如箭一般向天的尽头飞去；时而盘旋于云层之上，向下俯视着人间万物；又像是想以那硕大无比的羽翼，拥抱整个大地。

成吉思汗十分诧异，这不是大草原的鹰吗，怎么会光临此地？他正疑惑间，一阵热风吹过，本来万里无云的天空立刻乌云笼罩，在连续炸响了几声闷雷之后，暴雨倾盆而下，干涸的渭河平原上空雨雾迷蒙，隆隆的雷声驱散了热浪……那只鹰呢，它到哪里去了，难道在暴风雨中坠落了？

成吉思汗的侍从赶紧将他搀回营帐。进入帐内，他仍眺望帐外的天空，试图寻找那只突然消失的鹰。

过了几天，拖雷那边传来了好消息：西夏新主李睍走投无路，请求献礼求和。李睍开始筹备礼物，想面见成吉思汗。不巧的是，成吉思汗病倒了，旧伤未愈加上热伤风，这位征服世界的铮铮铁骨的蒙古勇士被病痛打倒了。他回到了六盘山行营（开城），没有接见李睍。

李睍深感惋惜，于是让失都儿忽转告成吉思汗，请求给他一个月的时间准备贡品，迁徙民户，成吉思汗答应了他的请求。但是，成吉思汗已经等不了这么长时间了，自从那只突然出现的鹰失去踪影，他便有了死之将至的预感。神情恍惚间，他仿佛看见那只雄鹰仍在空中翱翔，它不畏电闪雷鸣，不顾暴雨如注，奋力扑打着双翅，穿过厚实的云层，如流星一样飞越，隐没在缥缈无际的天穹——然后，突然坠落。

弥留之际的成吉思汗，慢慢睁开眼睛，他目光灼灼，拳头紧握，猛地举起拳头，在胸前一挥，仿佛他又回到了厮杀的战场，正在挥刀跃马……他开始做自己最后的事情——密授遗言。

成吉思汗留下了灭夏攻金的策略及继承人，并且命令他去世后秘不发丧。遗言的内容包括：

一是安排了继承人。史载：窝阔台、拖雷二子驻兵于附近五六程之地，汗召之至，与共朝食毕，时将校满帐中，汗命诸人暂避，密语二子曰："我殆至寿终矣，赖天之助，我为汝等建一广大帝国。自国之中央达于诸方边极之地，皆有一年行程。设汝等欲保其不致分解，则必须同心御敌，一意为汝等之友朋增加富贵。汝等中应有一人承大位，将来我死后应奉窝阔台为主，不得背我遗命。"

接着，他讲述了一头蛇和九头蛇的故事："如我的儿子个个都想成为汗，想当帝王，不相互谦让，岂非又像一头蛇和多头蛇的故事？"严寒的冬天降临，一头蛇很快钻进洞内，而九头蛇争抢不让，进不到洞中，结果冻死了。他又以折箭训诫儿子们，说："一支脆弱的箭，当它成倍地增加，得到其他箭的支持，哪怕大力士也折不断它。因此，只要你们弟兄互相帮助，彼此坚决支援对方，就算你们的敌人再强大，也战胜不了你们。""我遗命无他，汝等欲能御敌，多得名人，必合众心为一心，方可长享国祚。我死后汝等奉斡歌歹（窝阔台）为主。"他死后，按照遗嘱，窝阔台继承了汗位。

二是"联宋灭金"的战略部署。"金精兵在潼关，南据连山，北限大河，难以遽破。若假道于宋，宋、金世仇，必能许我，则下兵唐、邓，直捣大梁。金急，必征兵潼关。然以数万之众，千里赴援，人马疲惫，虽至弗能战，破之必矣。"后来，拖雷向窝阔台禀报了这个战略意图,窝阔台告诉诸王、大臣说:"昔太祖尝有志此举,今拖雷能言之,真赛因也。"

三是秘不发丧与彻底剿灭西夏。这二者是联系在一起的,秘不发丧的目的是不让西夏人知道这一消息,以彻底消灭西夏。

成吉思汗对异密(指侍卫、随从)们遗告说:"我死后,你们不要为我发丧、举哀,好叫敌人不知我已死去。当西夏国王和居民在指定时间从城里出来后,你们可将他们一下子全部消灭掉。"

1227年8月25日,一代雄狮成吉思汗留下了汗位、领地和国家,离开了这个世界。异密们按照他的命令秘不发丧,直到西夏人从城里出来,当时就把他们全部杀死。随后,异密们运送他的灵柩回去了。他们在抵达大汗斡耳朵前,将一路上遇到的人畜全部杀死。附近地区的宗王、后妃全都聚来为他秘密举哀。

成吉思汗从起病到去世的时间很短,据《元史》记载:"秋七月壬午,不豫。己丑,崩于萨里川哈老徒之行营。"但后世人认为成吉思汗的死因及后来的丧葬存在很多疑点,最终魂归何处也是一个谜。

《元史》称:"帝深沉有大略,用兵如神,故能灭国四十,遂平西夏。其奇勋伟迹甚众,惜乎当时史官不备,或多失于记载云。"正因为当时史官不备,多失于记载,有关成吉思汗之死才说法众多。有的说成吉思汗卧病一年零八个月,是病死的,有的说他是因雷击而死,还有的说他是在攻打喀吉城时中箭负伤而死。此外,有一个民间传说更为有趣,说成吉思汗在征伐西夏时,俘获西夏王美丽的后妃库别路金豁阿。这位美丽的后妃为了给西夏国复仇,假装顺从,主动要求献身成吉思汗。成吉思汗被库别路金豁阿的美貌迷惑,遂同意让她侍寝。待成吉思汗熟睡之后,她取出事先藏在褥子下的利刃刺死了成吉思汗。事后,这位后妃投黄河自尽而死。

成吉思汗的死因众说纷纭,埋葬地更是一个谜。作为游牧民族,蒙古人自古以来并无陵寝制度。15世纪,一些通晓蒙古风俗的学者著书称,元朝宫廷陵墓,向北深埋,以万马踏平,之后待青草茂盛,即解除警戒，但此时已不见任何遗迹。《元史》中只有"葬起辇谷"四个字。辇谷究竟位于何处？至今无人知晓。据说成吉思汗生前曾留下遗言，死后要深葬保密。成吉思汗的遗体在运往蒙古故土肃肃北行时，杀掉了沿途相遇的老百姓，一直运到克鲁伦河源，在原来的大斡耳朵安葬。当然，这只是一种传说。还有一种说法是：成吉思汗死后，皇子、公主、众将帅从各地会于斡难、克鲁伦、图拉三条河流的发源圣地——不儿罕山，因为成吉思汗生前曾在不儿罕山上的一棵大树下休息，假寐之时梦见瑞鸟来朝，并鸣唱道："此地乃龙潭虎穴，若葬于此，后世子孙必成大统。"成吉思汗死后，皇子、公主和众将帅便将他葬于这棵大树下。不久，此处树木便茂盛起来，后来成为一片密林，谁也分辨不出成吉思汗究竟葬在哪里了。

正是因为如此神秘，引得后人诸多猜想，人们做了这样一个假设：他在伊金霍洛（马鞭失落处）说的话便是遗言。成吉思汗的话不能违背，他的儿子和将领据此决定将他葬在伊金霍洛和萨里川。他们先在伊金霍洛葬其衣冠。据说，灵车路经伊金霍洛时，发生了一件很奇怪的事情：萧瑟秋风再临大地，蒙古草原满目荒夷。天地低沉，万物齐喑，风不吹，云生愁，阳光失去色彩，百鸟不再吟唱。一切都被无边的哀思笼罩。忽然，遥远的天边出现了一支队伍，他们身穿丧服，护卫着中间的灵车，郁郁而行。他们知道，灵车上的棺椁中装殓着一位伟人的遗体，这位逝去的盖世英雄正是他们心中至高无上的神圣君主——成吉思汗。走到伊金霍洛时，灵车突然深陷泥潭之中，用五匹马拉仍纹丝不动。大家决定在此建陵园。那里有八个白色的蒙古包，被蒙古族视为全民族的圣迹，称为"八白室"。留下卫队中的五百户在此专门侍奉，称作"达尔扈特"。

据说，坐落在鄂尔多斯高原上的成吉思汗陵，是从窝阔台汗为其父汗灵寝建造的四白室（四座白色的毡帐）演变而来，而守卫汗陵的达尔扈特人则是成吉思汗八位功臣的后裔。

内蒙古鄂尔多斯的成吉思汗陵，可以说是现今世界公认的成吉思汗陵墓，此处虽然并未葬有成吉思汗的骸骨，但这里栖息着他的灵魂。成吉思汗陵能够保存下来，与达尔扈特人世代的看护是分不开的。

不过，一个离成吉思汗时代不太远的外国人马可·波罗经过实地考察，在《马可·波罗游记》中写道："可汗或汗的称号，等于我们语言中的皇帝。一切鞑靼人的大汗和成吉思汗——他们的第一个主人死后，按例应葬在一座名叫阿尔泰的山区，无论他们死在什么地方，哪怕相距一百天的路程，也要把他的灵柩运送到阿尔泰山去。在把君主的灵柩运往阿尔泰山途中，护送的人要将遇到的所有人作为殉葬者。"

七百多年来，人们一直没有找到成吉思汗的陵墓，主要原因是元朝皇家实行的是秘葬制度，即帝王陵墓的埋葬地点不立标志、不公布、不记录在案，而且不许外族人参加葬礼。

总之，作为历史上最伟大的政治家暨军事家之一，成吉思汗在政治和战场上的辉煌成就，在20世纪之前，很少有人能跟他媲美。他为子孙后代留下了宝贵的遗产。

1265年（至元二年）10月，元世祖忽必烈追尊成吉思汗为"太祖"。1266年（至元三年）10月，太庙建成，制尊谥庙号，元世祖追尊成吉思汗谥号为"圣武皇帝"。1271年（至元八年），忽必烈将国号"大蒙古国"改为"大元"。1309年（至大二年）12月，元武宗海山尊谥"法天启运"，庙号"太祖"。从此，成吉思汗的谥号变为"法天启运圣武皇帝"。

成吉思汗铁木真家谱

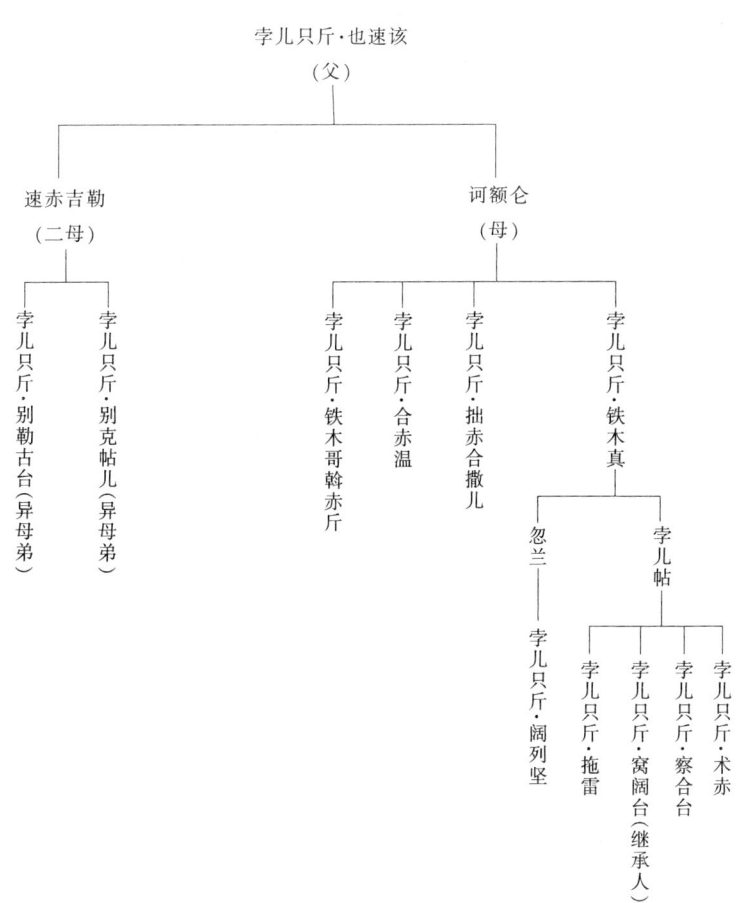